엔트리로 시작하는 프로그래밍 첫걸음

문택주, 김재휘 공저

EASY **ENTRY** PROGRAMMING

YoungJin.com Y.
영진닷컴

엔트리로 시작하는
프로그래밍 첫걸음

독자님의 의견을 받습니다.

이 책을 구입한 독자님은 영진닷컴의 가장 중요한 비평가이자 조언가입니다. 저희 책의 장점과 문제점이 무엇인지, 어떤 책이 출판되기를 바라는지, 책을 더욱 알차게 꾸밀 수 있는 아이디어가 있으면 팩스나 이메일, 또는 우편으로 연락주시기 바랍니다. 의견을 주실 때에는 책 제목 및 독자님의 성함과 연락처(전화번호나 이메일)를 꼭 남겨 주시기 바랍니다. 독자님의 의견에 대해 바로 답변을 드리고, 또 독자님의 의견을 다음 책에 충분히 반영하도록 늘 노력하겠습니다.

등 록 : 2007. 4. 27. 제16-4189호
이메일 : support@youngjin.com
주 소 : (우)08505 서울시 금천구 가산디지털2로 123 월드메르디앙벤처센터2차 10층 1016호 (주) 영진닷컴 기획1팀

파본이나 잘못된 도서는 구입하신 곳에서 교환해 드립니다.

STAFF

저자 문택주, 김재휘 **| 총괄** 김태경 **| 진행** 정소현, 김민경 **| 표지 · 내지 디자인** 최동연 **| 인쇄** 예림인쇄

머리말

소프트웨어는 사람을 대신해 단순 반복 작업을 빠르고 정확하게 해줌으로써 우리 생활을 편리하게 만들었을 뿐만 아니라 산업의 비약적인 발전을 가져왔습니다. 앞으로 10년 후면 현재 직업의 절반 정도가 사라진다고 합니다. 하지만 사라지는 직업보다 훨씬 더 많은 새로운 직업들이 생겨날 것입니다. 특히, 소프트웨어와 로봇이 대체할 수 있는 직업들은 차차 사라지게 될 것입니다. 그렇다고 소프트웨어와 로봇을 배척할 수는 없습니다. 과학자, 경영자, 의료 종사자, 예술가 등 모든 직업에서 소프트웨어는 뗄 수 없는 관계가 되어가고 있습니다. 인간만이 할 수 있는 창의적인 일을 소프트웨어와의 융합을 통해 시너지를 내는 일이 미래에 살아남거나 새로 생겨나는 직업이 아닐까요?

19세기 산업혁명 때, 도시로 이주해 온 노동자가 일을 하기 위해 필요한 역량은 '읽고, 쓰고, 셈하기'였습니다. '21세기에 요구되는 역량'에 따르면, 앞으로 창의력과 혁신능력, 비판적 사고력, 문제해결력, 의사결정능력 등 컴퓨터가 대체하기 어려운 사고의 방식이 요구되는 것을 볼 수 있습니다. 또한 일의 도구로서 정보소양, 정보통신기술 소양 등 소프트웨어와 관련된 도구를 다루는 능력이 강조되고 있습니다. 이러한 역량들은 기존에 학교에서 배우는 과목들로는 충분하게 기를 수 없기 때문에 새로운 교육의 필요성이 대두되는 것입니다.

최근 큰 이유가 되고 있는, 소프트웨어 교육의 목적은 '컴퓨팅의 개념과 원리를 활용하여 문제를 효율적으로 해결할 수 있는 사고 능력', 즉 '컴퓨팅 사고력'을 기르는 것입니다. 이러한 '컴퓨팅 사고력'을 키우는데, 교육용 프로그래밍 언어가 사용됩니다. 교육용 프로그래밍 언어란, C, JAVA와 같이 진입장벽이 높은 전문 언어가 아닌, 아이들이 프로그래밍을 쉽게 할 수 있게 고안된 언어입니다. 교육적인 목적을 가지고 개발되었으며 학습자에게 친숙한 일상 언어를 사용하여 블록형 또는 텍스트형으로 손쉽게 프로그램을 만들 수 있습니다. 쉬운 프로그래밍 방법과는 달리 복잡한 알고리즘의 구현이 가능하여 컴퓨팅 사고력 향상에 적합한 도구입니다. 초등학교에서 활용할 수 있는 대표적인 교육용 프로그래밍 언어로 이 책에서는 엔트리를 다루고 있습니다.

엔트리는 소프트웨어 교육의 다양한 방법에 따라 적합한 학습 도구를 지원함으로 연계성 있는 교육을 지원합니다. 소프트웨어 교육은 크게 〈언플러그드 활동〉, 〈기초 알고리즘 활동〉, 〈교육용 프로그래밍 언어〉, 〈피지컬 컴퓨팅〉의 4가지 방법으로 이루어집니다. 엔트리에서는 컴퓨터 없이도 컴퓨터의 원리를 학습할 수 있는 〈언플러그드 활동〉 교구를 출시하고, 게임을 하듯 미션을 해결하며 프로그래밍의 기본 원리를 익히는 〈기초 알고리즘 활동〉 콘텐츠를 제공합니다. 또한 블록형, 텍스트형 〈교육용 프로그래밍 언어〉를 통해 자유로운 창작 활동을 가능하게 하며, 다양한 센서, 모터 등을 엔트리 프로그래밍으로 제어할 수 있도록 30여 가지의 다양한 〈피지컬 컴퓨팅〉 도구와 연결됩니다.

엔트리에서는 선생님을 위한 다양한 기능도 제공합니다. 〈학급 기능〉을 통해 학급만의 공간을 만들 수 있으며, 학생들의 계정과 학습 진도를 관리할 수 있습니다. 또한 〈강의 기능〉을 통해 수업에 필요한 기능들로만 학습 환경을 구성함으로써 더 효율적인 수업을 가능하게 합니다. 조만간 〈학급·강의기능〉이 더욱 강화되어 학급에 가입된 학생들의 진도율을 용이하게 파악하는 기능, 선생님의 도움 없이도 쉽게 배울 수 있는 다양한 콘텐츠가 탑재된다고 합니다. 더 나아가 '엔트리 파이선'도 출시가 된다고 하니, 블록코딩에서 텍스트코딩(전문언어)로 자연스럽게 연계되는 역할도 할 수 있을 것 같습니다.

본 '엔트리로 시작하는 프로그래밍 첫걸음' 교재는 다음과 같은 3가지 집필 의도를 가지고 만들어졌습니다.

첫째, 현장의 선생님들께서 실제로 수업에서 바로 활용하실 수 있도록 SW 교육의 다양한 방법(언플러그드/알고리즘/프로그래밍/피지컬 컴퓨팅)을 모두 다루어서 본 교재 한권으로도 SW 교육의 모든 분야에 대해 이해하실 수 있게 하자!

둘째, 초·중등 SW 교육과정에서 꼭 다루어야할 개념들을 순차적으로 배치하여 프로젝트 중심으로 재구성하고, 콘텐츠를 따라 만드시며 자연스럽게 SW 핵심 개념에 대해 이해하실 수 있게 하자!

셋째, SW 교육의 필요성과 교육방법론, SW 교수·학습 모델에 대한 내용도 다루어 현장의 선생님들께서 수업에 적용하시기 용이하게 하자!

위의 3가지 조건을 100% 충족시켜드릴 수는 없겠지만, 지난번보다 더욱 발전된 엔트리 교재를 만들기 위해 최선을 다했습니다.

마지막으로, 저는 2015년~2016년 2년간의 SW선도학교 운영을 거쳐, 2017년 올해 교육부 지정 SW연구학교를 운영하게 되었습니다. 아직도 많이 부족하지만, 교사가 되기 전에 경험했던 3년간의 IT프로그래머 경력이 'SW 교육은 어렵지 않고, 누구나 할 수 있다.'라는 믿음을 심어주는 데 밑거름이 되어준 것이라고 믿습니다. 지금은 저보다 더 훌륭하신 분들께서 이미 SW 교육을 위한 수많은 책들을 내 놓은 상황에서 또 하나의 SW 교육 교재를 내 놓는다는 것은 저희와 출판사에게 큰 부담이 되었던 것은 사실입니다. 하지만 SW선도학교를 추가 1년 더 운영하며 학생들의 SW 수업을 위해 만들었던 자료들을 또 하나의 사례집으로 내놓고, 현존하는 SW 교육 교재에 또 하나의 모델을 제시하고 싶었습니다. 올해와 내년 SW연구학교를 운영하며 많은 어려움과 두려움이 있겠지만, "예측할 수 없다면 창조하면 된다." 라는 믿음을 가지고 끊임없이 연구하고 부지런히 전파하는 후배, 선배교사이고 싶습니다. 부족하지만 본 교재가 나오기까지 많은 도움을 주셨던 분들께 감사의 말씀을 드립니다.

– 김재휘, 문택주 드림 –

– 저자 소개 –

문택주
(서울 진관초 교사)

– 교육부 지정 SW연구학교 주무
– 서울시교육청 정보교육 우수교사 표창
– 서울, 경기, 인천, 대전, 충북, 울산, 경북, 제주교육연수원 강사
– IT병역특례 프로그래머 3년 경력
– 선생님을 위한 ICT, 스마트, SW교재 10여종 집필

김재휘
(엔트리교육 연구소 연구원)

– 네이버 커넥트재단 SW교육팀 연구원
– 교육부, 전국 SW연구학교 교원 연수
– 교육부, 전국 소프트웨어 선도 교원 연수
– APEC 국제교육협력원, 말레이시아 교원 SW 교육
– 미래창조과학부, 신흥국 공무원 SW 리더십 교육

이 책의
구성 ★ PREVIEW ★

엔트리로 시작하는 프로그래밍 첫걸음은 엔트리에 대해 CHAPTER별로 나누어 설명합니다. 각 CHAPTER마다 SECTION으로 나누어서 체계적으로 엔트리를 배울 수 있도록 구성하였습니다. 매 SECTION마다 학습정리와 퀴즈를 통해 배운 것을 복습하고 따라하기와 스스로 해보기를 통해 응용할 수 있도록 하였습니다.

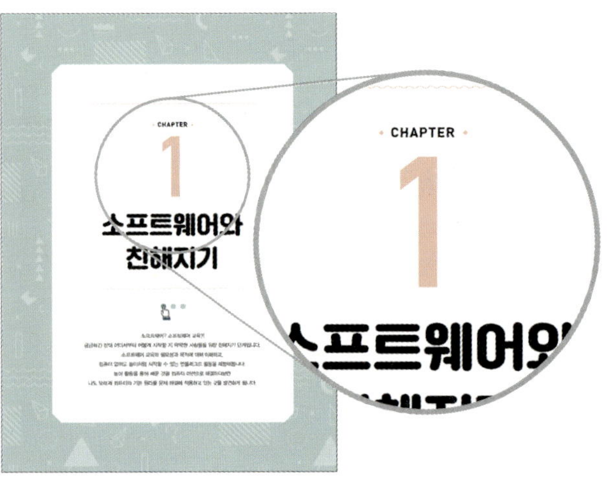

CHAPTER

프로그래밍을 시작하면서
엔트리를 어떻게 배우고 활용하는지
CHAPTER별로 나누어 설명합니다.

SECTION

프로젝트 특징에 맞게 구성하여
필요한 내용을 쉽게 찾아 볼 수 있습니다.

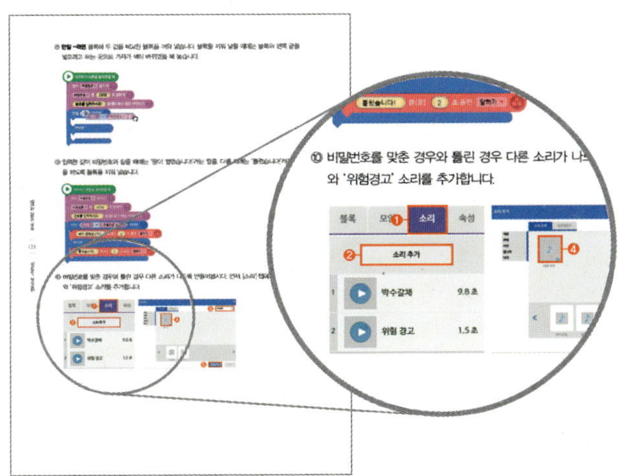

따라하기

내용을 직접 따라해 볼 수 있도록
구성하였습니다.
그림과 설명을 함께 보면서
프로젝트를 완성해봅니다.

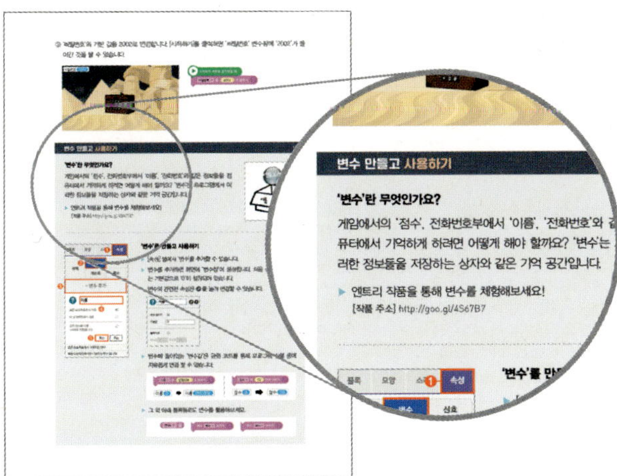

부연설명

엔트리를 더 자세히 이해 할 수 있도록
참고할 내용들을 부연 설명합니다.

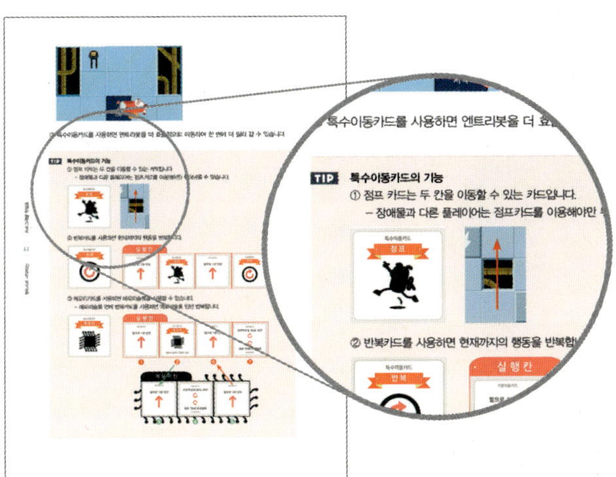

TIP

배우면서 놓칠 수 있는 부분들과
알아두면 좋은 내용들을 소개합니다.

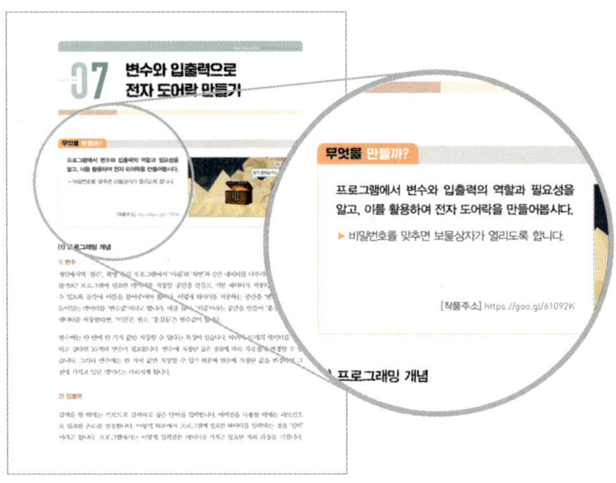

무엇을 만들까?

엔트리 완성 프로젝트를
미리 확인 할 수 있습니다.

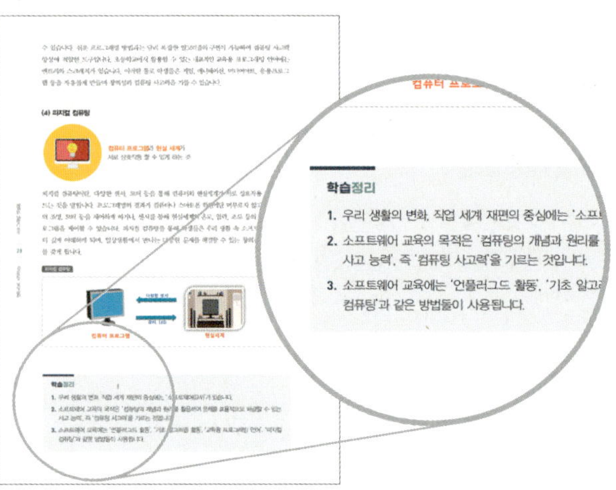

학습정리

SECTION이 끝날 때마다
배운 것을 정리해줍니다.

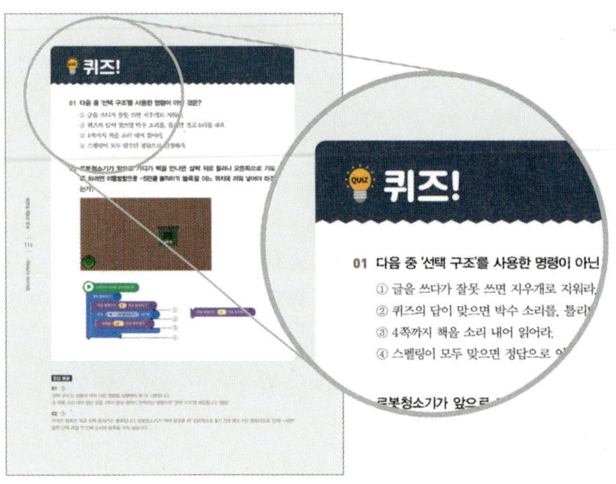

퀴즈

배운 내용에 대한 퀴즈를 풀어봅니다.

스스로 해보기

배운 것을 스스로 확인해보도록 해줍니다.

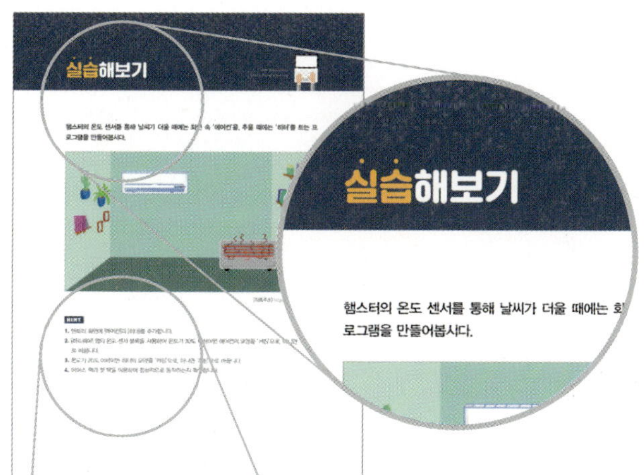

실습해보기

배운 것을 토대로 응용해볼 수 있습니다.

HINT

스스로 해보기와 실습해보기를 작업할 때
도움이 되는 참고 내용을 담았습니다.

목차 ★ CONTENTS ★

EASY ENTRY PROGRAMMING

1

소프트웨어 친해지기

소프트웨어? 소프트웨어 교육?!

궁금하긴 한데 어디서부터 어떻게 시작할지 막막한 사람들을 위한 친해지기 단계입니다.

소프트웨어 교육의 필요성과 목적에 대해 이해하고,

컴퓨터 없이도 놀이처럼 시작할 수 있는 언플러그드 활동을 체험해봅니다.

놀이 활동을 통해 배운 것을 컴퓨터 미션으로 해결하다 보면

나도 모르게 컴퓨터의 기본 원리를 문제해결에 적용하고 있는 것을 발견하게 됩니다.

SECTION 01 소프트웨어 교육 왜, 어떻게 해야 하나?

01 시대의 변화와 소프트웨어

(1) 소프트웨어와 우리 생활의 변화

'소프트웨어'라고 하면 우리는 컴퓨터 속 프로그램, 스마트폰 속 애플리케이션 등을 주로 떠올립니다. 하지만 조금 더 생각해보면 우리 주변은 소프트웨어로 가득합니다. 신호등, 엘리베이터, 센서등, 화장실 자동 물내림 기능까지 소프트웨어는 우리 생활 곳곳에서 발견할 수 있습니다.

세상이 빠르게 변화해가고 있고 이제는 일상적이고 당연한 것처럼 느껴지는 일들이 몇 년 전에는 상상할 수도 없는 일이었습니다. 가정용 프린터는 30여 년 전 처음 등장했고, 충전식 버스카드는 15년, 내비게이션은 10년 전에 등장했습니다. 스마트폰이 지금처럼 보편화 된 것도 불과 5년 밖에 되지 않았죠. 그리고 이러한 변화의 중심에는 소프트웨어가 있었습니다.

소프트웨어로 인한 일상생활의 변화

최근 스마트폰, 웨어러블 기기, 사물인터넷(IoT), 빅데이터 등의 발달로 소프트웨어는 더욱 우리 생활 깊숙이 다가왔습니다. 이제 우리는 TV, 청소기, 에어컨과 같은 가전제품에서는 물론, 숟가락, 칫솔, 소파, 책상, 변기에서도 소프트웨어를 만날 수 있습니다. 더 나아가 이제 소프트웨어는 사람이 일일이 명령하지 않아도 패턴을 분석해 필요한 데이터들을 쌓고, 스스로 필요할 때를 알고 동작하며, 사람과의 소통뿐만 아니라 사물들끼리의 소통을 가능하게 하고 있습니다.

[출처] https://pixabay.com/photo-782707/

[출처] http://www.kidd.co.kr/news/183950

세상은 우리가 생각하는 것보다 더 빠른 속도로 변화하고 있습니다. 하늘을 나는 자동차, 투명 망토, 움직이는 신문 등 아직까지 SF영화에서나 등장할 것 같은 기술들도 연구가 이미 실용화 단계까지 이르렀습니다. 기술적으로는 개발이 완료되었으나 경제적, 윤리적, 사회적 측면의 문제들로 아직 상용화를 거치지 못했을 뿐입니다. 이러한 미래 기술의 가장 핵심 부분을 차지하는 것 또한 소프트웨어입니다.

[출처] https://youtu.be/PD83dqSfC0Y

(2) 소프트웨어와 직업의 미래

소프트웨어는 사람을 대신해 단순 반복 작업을 빠르고 정확하게 해줌으로써 우리 생활을 편리하게 만들었을 뿐만 아니라 산업의 비약적인 발전을 가져왔습니다. 그러나 소프트웨어가 발전하면서 인간만이 가능하다고 여겼던 영역까지 침범하기 시작했습니다. 최근 이세돌과 알파고의 대결로 인해 소프트웨어에 대한 관심과 함께, 소프트웨어에게 인간의 일자리를 모두 빼앗기는 것이 아닌가 하는 우려의 목소리도 커지고 있습니다.

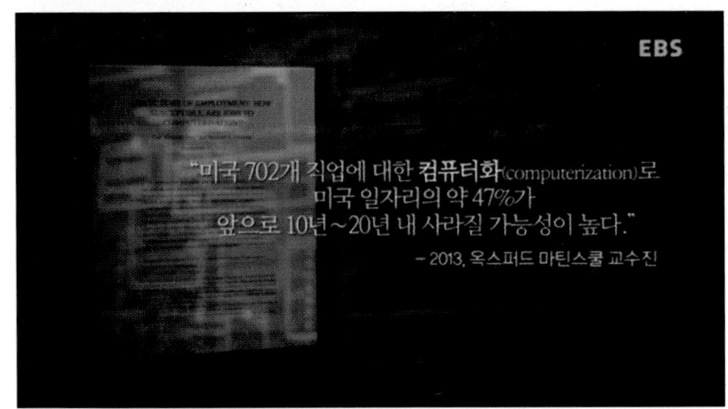

[출처] https://youtu.be/jiqOZdcJXN4

앞으로 10년 후면 현재 직업의 절반 정도가 사라진다고 전망됩니다. 지금은 많은 사람들에게 좋은 직업으로 꼽히고 있는 회계사, 의사, 변호사, 교사와 같은 일들도 위험합니다. 하지만 너무 걱정할 필요는 없습니다. 사라지는 직업보다 훨씬 더 많은 새로운 직업들이 생겨날 것이니까요. 그렇다면 어떤 직업들이 사라지고, 어떤 직업들이 새로 생겨날까요?

그중 3D 프린터의 발달은 제조업에 혁신을 가져올 것입니다. 지금은 한 제품을 위해 수많은 디자인이 개발되고, 그중 단 몇 개의 디자인만이 선택되어 대량 생산되는 산업 구조입니다. 그러나 3D 프린터가 상용화되면 '제품'이 아닌 '디자인'을 사고파는 시대가 오게 될 것입니다. 수많은 디자인들이 버려지지 않고 소비자가 선택할 수 있도록 시장에 나오며, 소비자는 원하는 디자인과 재료를 선택하여 가까운 곳에 있는 3D 프린터로 프린팅할 수 있습니다. 또 소비자가 디자이너와 직접 연결되어 자신만을 위한 디자인을 요청하게 되며, 어떤 소비자는 스스로 3D 디자인을 하기도 할 것입니다. 이렇게 대량 생산 체제가 바뀌게 되면 디자이너, 홍보 마케팅, 제조업 종사자들이 하는 일들이 지금과는 크게 달라질 것입니다. 즉, 3D 프린터의 발달로 인해 현존하는 많은 직업들이 사라지고, 새로운 직업들이 생겨나게 되는 것입니다.

이렇게 개인화되어 생산된 제품은 로봇에 의해 조립되고 포장됩니다. 백스터(Baxster) 로봇은 운반, 포장과 같이 인간이 할 수 있는 많은 단순 노동을 대신해주는 로봇입니다. 백스터의 가격은 약 2천만 원으로 한 사람의 1년 연봉 수준밖에 되지 않습니다. 백스터의 특별한 점은 몸체 곳곳에 여러 센서를 가지고 있어 인간과 같은 장소에서 일해도 위험하지 않게 설계되었습니다. 이는 인간과 협업이 가능하다는 큰 의미를 가지고 있습니다. 또한 백스터는 계속해서 새로운 일을 가르칠 수 있습니다. 특별히 교육받은 사람이 아니라, 일반인들도 누구나 쉽게 새로운 일을 가르칠 수 있기 때문에 지속적으로 다양한 용도로 활용할 수 있습니다. 이처럼 로봇은 더 정교해지고 저렴해지며 인간이 해오던 단순 반복 노동을 대체하게 될 것입니다. 하지만 이러한 로봇들을 가르치고 관리하는 직업들은 새로 생겨날 것입니다. 이제는 로봇과 협업하는 방법에 대해 고민해봐야 할 때입니다.

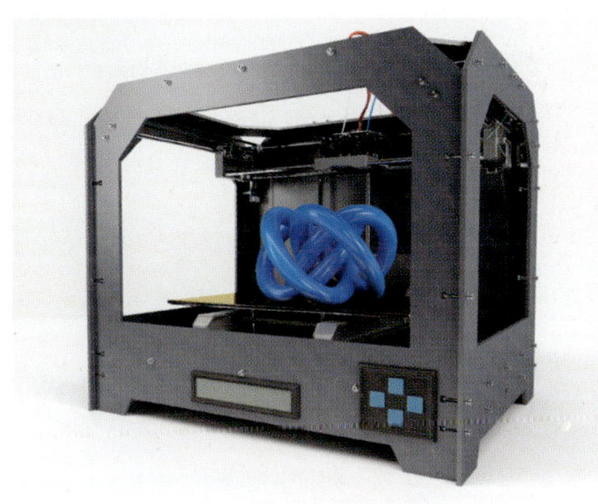

[출처] https://en.wikipedia.org/wiki/Baxter_(robot)

인터넷으로 주문이 들어오면 키바(Kiva) 로봇은 수많은 제품들이 쌓여있는 물류창고에서 주문받은 제품을 재빨리 찾아 배송대로 옮깁니다. 아마존 물류창고에서 일하고 있는 키바 로봇들은 서로를 탐지할 수 있어 부딪치지 않고 대형 창고에서 빠르고 정확하게 주문받은 물건을 가지고 옵니다. 주문부터 배송 준비까지 단 15분이면 충분합니다. 수천 평의 물류창고에 사람은 한 명도 필요 없게 되었으니, 수백 명이 일자리가 사라진 것이죠. 그러나 키바 로봇들이 원하는 주문받은 제품을 잘 찾아오게 하기 위해서는 창고의 물건들을 어떻게 더 체계적이고 효율적으로 정리할지 계획해야 하며, 그에 따라 키바 로봇들이 어떻게 움직이게 할지도 계획해야 합니다. 조금이라도 실수를 하면 그 큰 물류창고에 쌓인 물건들이 도미노처럼 쓰러지게 될 것입니다. 즉, 이러한 일들을 계획하고 검증하는 직업들이 새로 생겨났다고 할 수 있습니다.

이렇게 배송대에 올라온 제품은 드론을 통해 소비자의 집 앞까지 배달됩니다. 한가득 물건을 싣고 달리는 대형 트럭을 대신해 작은 드론이 주문받은 장소로 즉시 물건을 배달하는 것입니다. 물류업계에 큰 변화가 생길 것입니다. 수많은 배송 기사들이 직업을 잃게 되겠죠. 그러나 이것이 상용화되기 위해서는 아직 많은 과제들이 남아있습니다. 드론끼리 부딪히지 않도록 해야 하고, 원거리 배송일 경우 배터리가 부족하면 중간에 충전소에도 들러야 할 것입니다. 또, 이렇게 수많은 드론이 하늘에 떠있는 것이 보안이나 사생활 침해의 문제는 없는지도 검토해야 합니다. 결국 이것과 관련된 수많은 직업들이 생겨날 것입니다.

[출처] https://assets.bwbx.io/images/users/iqjWHBFdfxlU/
iccEWtR1diIl/v3/-1x-1.jpg

구글에서는 무인자동차의 상용화 목표를 최대 2020년으로 잡고 있습니다. 이미 2009년부터 주행을 시작한 무인자동차는 지금까지 단 12건의 경미한 사고를 냈으며, 그것은 모두 다른 차가 무인자동차를 들이받은 사고였습니다. "사고가 나면 누가 책임질거야?"라고 생각하기 쉽지만, 도로에서 가장 위험한 존재는 '사람'입니다. 무인자동차 시대가 오면, 걱정과는 달리 현재의 교통사고의 97%가 줄어든다고 합니다. 무인자동차가 상용화되면 사라질 직업은 무엇일까요? 각종 운전기사들, 자동차 보험, 면허관련 직업 종사자, 교통경찰까지 꼬리에 꼬리를 물고 다양한 직업들에 영향을 미칠 것입니다. 그러나 혹시라도 무인자동차가 사고를 냈을 경우 책임의 소재를 어떻게 할 것인지 법률적인 검토도 필요하고, 무인자동차를 만들 때 고려해야 할 윤리적인 문제들도 검토해야 합니다. 무인자동차를 만들기 위한 기술직들 외에도 다양한 직업들이 새로 생겨나게 되는 것입니다.

[출처] http://www.itworld.co.kr/news/92226

소프트웨어는 인간만이 가능한 영역이라고 생각했던 전문직, 연구직까지 위협하고 있습니다. 인공지능 컴퓨터는 스스로 학습할 수 있는 능력을 갖추고 있기 때문에 다양한 전문 영역에까지 손을 뻗치고 있습니다. 회계사, 변호사와 같은 직업은 전문성을 가진 사람들만이 할 수 있는 일로 여겨지지만, 이러한 직업이 하는 일 중 많은 부분은 수많은 자료를 분석하고 정해진 규칙과 확률에 따라 새로운 자료를 재해석하는 일입니다. 그리고 그것은 컴퓨터가 가장 잘 할 수 있는 일 중 하나입니다. 실제로 인공지능 컴퓨터 '왓슨'은 암 치료에 관해 의료전문가보다도 두 배 가량 높은 수준으로 정확한 의사결정을 해냅니다. 의사들은 인공지능과 대적하는 것이 아니라 협업을 통해 더 많은 사람들을 더 안전하게 치료합니다.

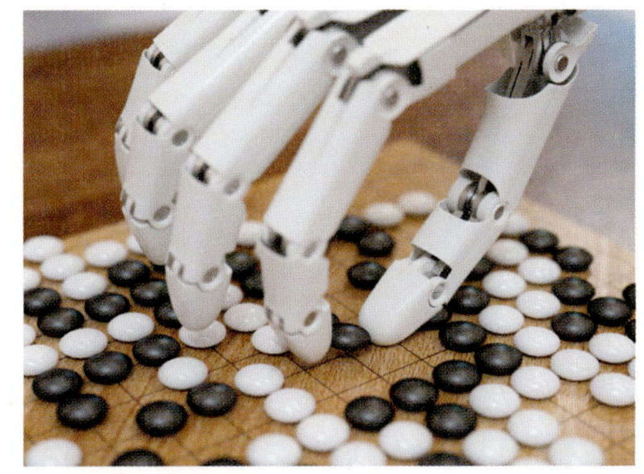

다음은 2000년부터 2013년까지 세계 10대 브랜드를 보여주고 있습니다. 2010년 즈음 급격한 변화를 볼 수 있는데, 애플과 구글이 1, 2위로 우뚝 서게 되었다는 것입니다. 나머지 기업들도 살펴보면 소프트웨어 관련 브랜드이거나 소프트웨어와 잘 융합한 브랜드입니다.

Best Global Brands, 2000–2013

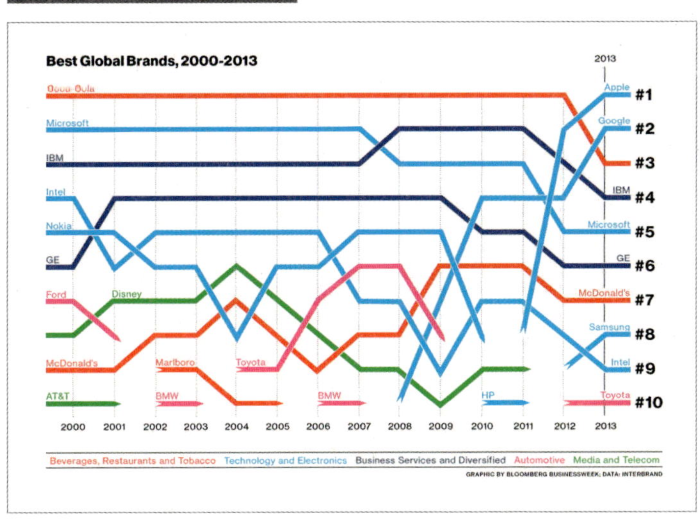

[출처] http://www.bloomberg.com/news/articles/2013-10-03/the-most-valuable-brands-in-america-2000-to-2013

그렇다면 20년 후에는 어떤 직업들이 살아남고, 어떤 직업들이 새로 생겨날까요? 소프트웨어와 로봇이 대체할 수 있는 직업들은 차차 사라지게 될 것입니다. 그렇다고 소프트웨어와 로봇을 배척할 수는 없습니다. 과학자, 경영자, 의료 종사자, 예술가 등 모든 직업에서 소프트웨어는 뗄 수 없는 관계가 되어가고 있습니다. 우리는 이러한 변화를 인식하고 소프트웨어와 싸우려고 하기 보다는 잘 협업할 수 있는 방법을 고민해야 합니다. 인간만이 할 수 있는 창의적인 일을 소프트웨어와의 융합을 통해 시너지를 내는 일이 미래에도 살아남거나 새로 생겨나는 직업이 아닐까요?

(1) 변화되는 요구 역량

글로벌 경제의 저성장 기조와 생산성 하락으로 신성장동력이 필요한 가운데, 주요국들이 산업경쟁력 강화 전략을 추진하면서 '4차 산업혁명'이 촉발되고 있습니다. 4차 산업혁명은 3차 산업혁명을 기반으로 한 디지털, 생물학, 물리학 등의 경계가 없어지고 융합되는 기술 혁명을 의미합니다.

제 4차 산업혁명

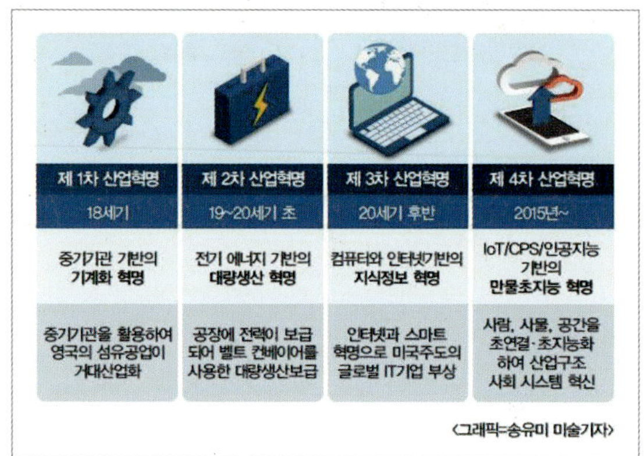

[출처] http://www.newspim.com/news/view/20160102000009

4차 산업혁명에서는 3D 프린팅, 사물인터넷(IoT), 바이오 공학 등이 부상하며, 이들 주요 기술이 융합되어 새로운 기술을 창출할 것으로 내다봅니다. 물리학적 기술에서는 무인 운송수단, 3D 프린팅, 로봇 공학 등, 디지털 기술에서는 사물인터넷(IoT), 빅데이터 등, 생물학적 기술에서는 유전 공학 등이 부상할 것으로 예상하고 있습니다. 특히, 3D 프린팅과 유전 공학이 결합하여 생체 조직 프린팅이 발명되고, 물리학적, 디지털, 생물학적 기술이 사이버 물리 시스템으로 연결되면서 새로운 부가가치를 창출할 것이란 전망입니다.

4차 산업혁명에서 새롭게 등장하는 기술의 기반이 되는 것이 소프트웨어입니다. 이렇게 소프트웨어가 혁신과 성장, 가치 창출의 중심이 되고, 개인·기업·국가의 경쟁력을 좌우하는 사회를 소프트웨어 중심 사회라고 합니다. 19세기 산업혁명 때, 도시로 이주해 온 노동자가 일을 하기 위해 필요한 역량은 '읽고, 쓰고, 셈하기'였습니다. 그러나 시대의 변화에 따라 사람들에게 요구되는 역량도 달라지게 됩니다. 21세기에 요구되는 역량에 따르면, 창의력과 혁신능력, 비판적 사고력, 문제해결력, 의사결정능력 등 컴퓨터가 대체하기 어려운 사고의 방식이 요구되는 것을 볼 수 있습니다. 또한 일의 도구로서 정보소양, 정보통신기술 소양 등 소프트웨어와 관련된 도구를 다루는 능력이 강조되고 있습니다. 이러한 역량들은 기존에 학교에서 배우는 과목들로는 충분하게 기를 수 없기 때문에 새로운 교육의 필요성이 대두되는 것입니다.

사고의 방식 (Ways of Thinking)	창의력과 혁신능력
	비판적 사고력, 문제해결력, 의사결정능력
	학습을 위한 학습능력(Learning to learn), 상위인지력
일의 방식 (Ways of Working)	의사소통능력
	협업능력(collaboration/teamwork)
일의 도구 (Tools for Working)	정보소양(Information literacy)
	정보통신기술소양(ICT Literacy)
삶의 세계 (Living in the World)	지역 및 세계 시민의식(Citizenship–local and global)
	직업진로의식(Life and career)
	개인적, 사회적 책무성(Personal & social responsibility)

(2) 국내 · 외 소프트웨어 교육 동향

시대의 변화에 따른 요구 역량의 변화에 근거하여 세계 곳곳에서 소프트웨어 역량 강화를 위한 교육을 필수로 채택하는 움직임이 일어나고 있습니다. 영국에서는 컴퓨팅 과목을 5세에서 16세까지 필수과목으로 지정하였고, 일본과 인도, 미국 등에서도 초 · 중 · 고등학교에 걸쳐 소프트웨어를 의무적으로 배우게 됩니다. 그 외에도 전 세계적으로 소프트웨어 교육의 필요성을 느끼고 관련 캠페인을 진행하고 있으며, 정규 교육과정에 편성하는 움직임을 보이고 있습니다.

세계 주요국의 소프트웨어 교육과정 변화

[출처] http://edzine.kedi.re.kr/autumn/2014/article/special_02.jsp

이에 우리나라에서도 2015년 소프트웨어 교육의 의무화를 발표하여, 2018학년도부터 모든 학생들이 초등학교 '실과' 교과에서 17시간, 중학교 '정보' 교과에서 34시간의 교육을 받게 됩니다. 외국에 비해 수업 시간이 현저히 부족한 편이지만 이렇게 소프트웨어 교육이 시작되었다는 것에 의의를 두어야 할 듯합니다.

2015 문·이과 통합형 교육과정의 총론 주요사항 발표
– 미래사회가 요구하는 창의융합형 인재육성을 위한 방향 제시 –

□ 교육부(장관: 황우여)는 '14년 9월 24일 '2015 문·이과 통합형 교육과정(초·중등학교 교육과정)'의 총론 주요사항을 발표하였다.

○ 새 교육과정은 학생들이 인문·사회·과학기술에 대한 기초 소양을 함양하여, 인문학적 상상력과 과학기술 창조력을 갖춘 창의융합형 인재로 성장할 수 있도록 우리 교육을 근본적으로 개혁하자는 취지로 추진되었다.

[출처] 교육부

	기존 교육과정	개편안
초등학교	실과 과목의 ICT 활용 단원으로 존재	• 실과 ICT 활용 단원을 소프트웨어 기초소양 단원으로 확대 • 17시간 이상 필수 교육
중학교	선택 과목으로 정보 교과 존재	• '과학/기술·가정/정보' 교과군 신설 • 정보 과목을 소프트웨어교육 중심으로 개편 • 정보 과목을 필수과정으로 34시간 이상 교육
고등학교	심화선택 과목으로 정보 교과 존재	정보 과목을 일반선택으로 전환하여 운영

– 초등학교 및 중학교 전체 학생을 대상으로 '정규 교육과정' 내에 소프트웨어 교육 실시

(3) 소프트웨어 교육의 목적

지금까지는 컴퓨터과학이 단순히 컴퓨터 및 첨단 정보통신기기에 대한 지식을 가지거나 다양한 소프트웨어를 활용하는 능력에 관한 분야로 인식되었습니다. 하지만 소프트웨어 교육은 미래 사회의 핵심적인 사고 과정이라고 할 수 있는 컴퓨팅 사고력(Computational Thinking)을 함양하는 것이라고 할 수 있습니다. CT(Computational Thinking)에 대한 논의를 본격적으로 시작한 Wing 교수는 CT를 '해결해야 할 문제를 만났을 때 컴퓨터과학자처럼 사고하는 것'이라고 정의하였습니다. 또한 교육부의 소프트웨어 교육 운영 지침에서도 소프트웨어 교육의 목표를 '컴퓨팅 사고력을 가진 창의·융합 인재 양성이라고 명시하고 있습니다.

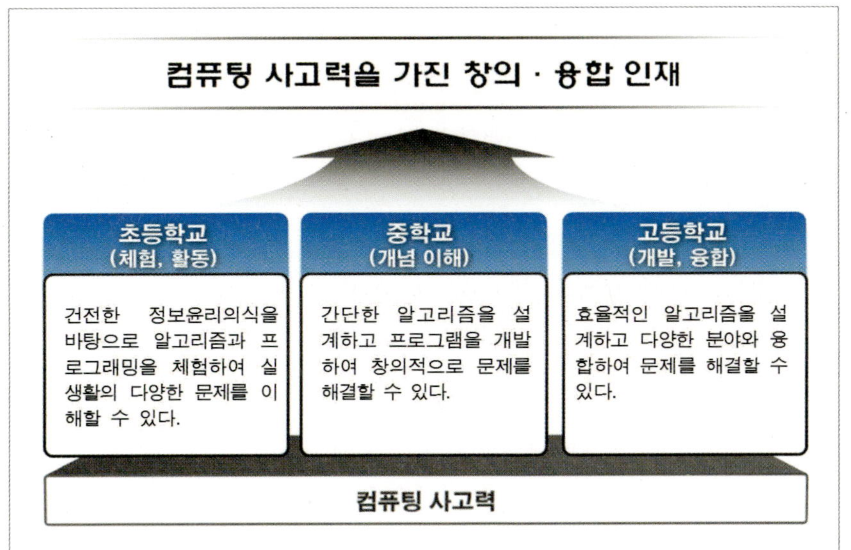

[출처] 교육부

컴퓨팅 사고력이란 '컴퓨팅 사고를 통해 문제를 해결할 수 있는 사고 능력'입니다. 그렇다면 '컴퓨팅 사고력'은 기존에 교육에서 강조해 온 '문제해결력'과 어떤 점이 다를까요?

> 컴퓨팅 사고력은 컴퓨팅 시스템의 역량을 활용하여 해결하고자 하는 문제를 효과적이고 효율적으로 해결할 수 있는 절차적 사고 능력이다. (한국과학창의재단, 2014.)

사람은 같은 일을 반복하는 것을 쉽게 지루해합니다. 그 때문에 우리 생활 속 많은 단순 작업들을 기계가 대신하도록 만들고 우리는 좀 더 고차원적인 활동하기를 원합니다. 우리가 일상생활에서 어떤 문제를 만났을 때에도 마찬가지입니다. 한 번 문제해결 방법을 찾으면 그 이후부터 같은 문제를 만났을 때는 컴퓨터나 기계가 미리 찾아놓은 방법에 따라 문제를 자동으로 해결해 주기를 원합니다. 그러기 위해서는 우리가 문제해결 방법을 찾을 때 '사람'이 아니라 '컴퓨터'가 자동으로 해결할 수 있도록 해야 하는데, 바로 이렇게 컴퓨팅 시스템을 활용하여 문제를 효과적이고 효율적으로 해결할 수 있는 사고력이 바로 '컴퓨팅 사고력'입니다.

컴퓨팅 사고력	정의
자료 수집	해결해야 하는 문제와 관련된 알맞은 자료를 모으는 과정
자료 분석	자료를 이해하고, 패턴을 찾아 결론을 도출
자료 표현	적절한 그래프, 차트, 글, 그림 등으로 자료 정리
문제 분해	문제를 해결가능한 수준의 작은 문제로 나누기
추상화	문제를 해결하기 위해 반드시 필요한 핵심 요소를 파악하고, 복잡함을 단순화
알고리즘과 절차	문제를 해결하거나 어떤 목표를 달성하기 위해 수행되는 일련의 단계
자동화	컴퓨팅 시스템이 수행할 수 있는 형태로 해결책 나타내기
시뮬레이션	자동화의 결과이며, 문제를 해결하기 위하여 만든 모델을 실행시켜 결과 파악하기
병렬화	목표를 달성하기 위한 작업을 동시에 수행하도록 자원을 구성

실제로 우리 주변의 많은 문제들이 소프트웨어와 융합하여 시스템화와 자동화됨으로써 새로운 모습으로 새로운 가치를 창출하고 있습니다. 컴퓨팅 사고력을 통해 새로운 가치를 발견하고 미래 산업의 동력을 찾아내는 것이 소프트웨어 교육의 목적입니다.

03 소프트웨어 교육 방법

소프트웨어 교육에서 일반적으로 활용되는 교육 방법을 '언플러그드 활동, 알고리즘 활동, 교육용 프로그래밍 언어(EPL), 피지컬 컴퓨팅'으로 나누어볼 수 있습니다. 소프트웨어 교육의 입문 단계에서는 각 단계를 차례로 따르면 좀 더 쉽게 접근할 수 있으나, 이후부터는 교사의 의도에 따라 다양한 방법을 융합하여 사용할 수 있습니다.

소프트웨어 교육 방법

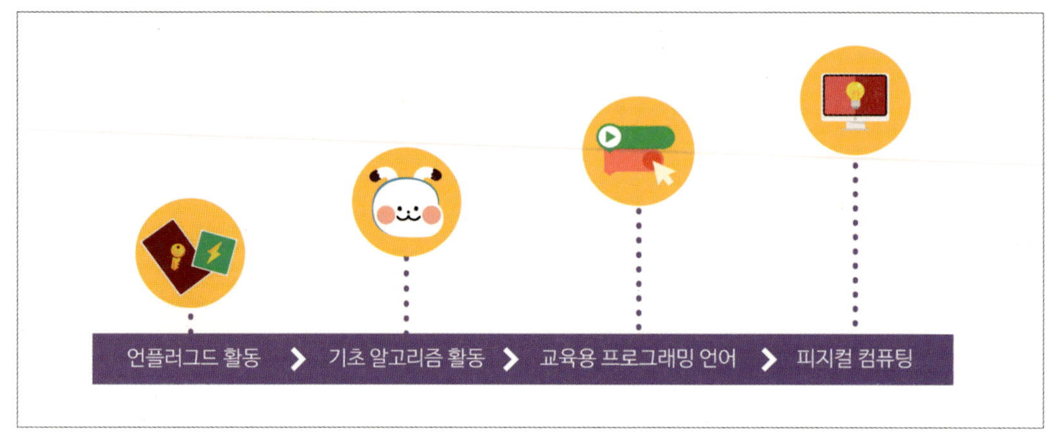

(1) 언플러그드 활동

컴퓨터 없이 컴퓨터과학의 원리와 알고리즘을
학습할 수 있는 놀이 활동

언플러그드 활동이란, 컴퓨터 없이 컴퓨터과학의 원리와 알고리즘을 학습할 수 있는 놀이 활동을 말합니다. 언플러그드란 플러그를 꽂지 않았다는 뜻으로, 언플러그드 활동은 컴퓨터실 환경이 없는 경우에도 학습지, 구체물, 신체 활동 등으로 쉽게 진행할 수 있다는 장점이 있습니다. 또한 학생들이 손으로 만지고 직접 체험하며 자연스럽게 컴퓨터과학의 원리와 알고리즘을 학습할 수 있어, 프로그래밍을 하기 전 단계에서 그 원리를 파악하기 위해 활용되기도 합니다.

(2) 기초 알고리즘 활동

게임을 하듯 미션을 해결해나가며
프로그래밍의 기초 알고리즘을 습득하는 활동

기초 알고리즘 활동이란, 자유로운 창작 활동을 하기 전에, 제한된 문제 상황을 제한된 명령어를 통해 해결해보는 활동을 말합니다. 알고리즘이란, 문제를 해결하는 방법을 작은 단계로 나누어 순서대로 나열하는 것을 말합니다. 엔트리의 '미션 학습' 모드나 code.org에서는 이러한 알고리즘 학습을 게임을 하듯 즐겁게 배울 수 있도록 문제해결 과정을 제공합니다.

(3) 교육용 프로그래밍 언어(EPL: Educational Programming Language)

일상 언어로 이루어진 **블록 명령어**를
레고를 가지고 놀듯 조립하며 다양한 작품 만들기

교육용 프로그래밍 언어란, C 언어나 JAVA와 같이 진입장벽이 높은 전문 언어가 아닌, 아이들이 쉽게 프로그래밍을 할 수 있도록 고안된 언어입니다. 교육적인 목적을 가지고 개발되었으며 학습자에게 친숙한 일상 언어를 사용하여 블록형 또는 텍스트형으로 손쉽게 프로그램을 만들 수 있습니다. 쉬운 프로그래밍 방법과는 달리 복잡한 알고리즘의 구현이 가능하여 컴퓨팅 사고력 향상에 적합한 도구입니다. 초등학교에서 활용할 수 있는 대표적인 교육용 프로그래밍 언어에는 엔트리와 스크래치가 있습니다. 이러한 툴로 학생들은 게임, 애니메이션, 미디어아트, 응용프로그램 등을 자유롭게 만들며 창의성과 컴퓨팅 사고력을 기를 수 있습니다.

(4) 피지컬 컴퓨팅

컴퓨터 프로그램과 **현실 세계**가
서로 상호작용 할 수 있게 하는 것

피지컬 컴퓨팅이란, 다양한 센서, 모터 등을 통해 컴퓨터와 현실세계가 서로 상호작용 하도록 만드는 것을 말합니다. 프로그래밍의 결과가 컴퓨터나 스마트폰 화면에만 머무르지 않고, 현실세계의 조명, 모터 등을 제어하게 하거나, 센서를 통해 현실세계의 온도, 압력, 조도 등의 정보들을 프로그램을 제어할 수 있습니다. 피지컬 컴퓨팅을 통해 학생들은 우리 생활 속 소프트웨어에 대해 더 깊게 이해하게 되며, 일상생활에서 만나는 다양한 문제를 해결할 수 있는 창의적인 아이디어를 갖게 됩니다.

피지컬 컴퓨팅

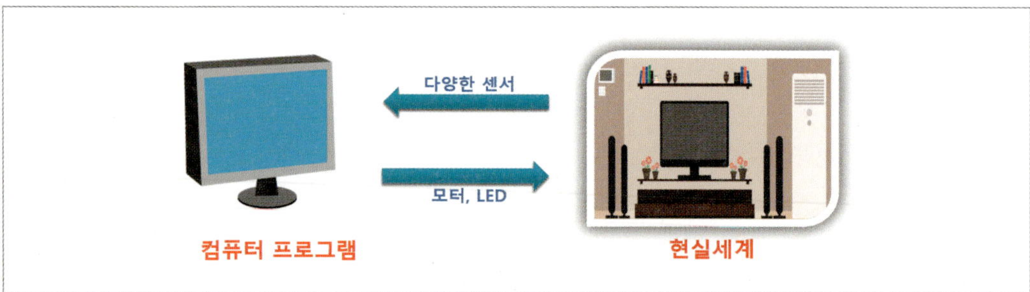

학습정리

1. 우리 생활의 변화, 직업 세계 재편의 중심에는 '소프트웨어(SW)'가 있습니다.

2. 소프트웨어 교육의 목적은 '컴퓨팅의 개념과 원리를 활용하여 문제를 효율적으로 해결할 수 있는 사고 능력', 즉 '컴퓨팅 사고력'을 기르는 것입니다.

3. 소프트웨어 교육에는 '언플러그드 활동', '기초 알고리즘 활동', '교육용 프로그래밍 언어', '피지컬 컴퓨팅'과 같은 방법들이 사용됩니다.

01 다음 중 소프트웨어 교육의 필요성이 아닌 것은?

① 시대의 변화를 이끄는 핵심 기술들의 중심에 소프트웨어가 있다.

② 소프트웨어가 다양한 분야와 융합하여 시너지 효과를 낸다.

③ 미래에는 모든 사람이 소프트웨어 개발자가 되어야 한다.

④ 컴퓨터를 활용하여 일상생활의 다양한 문제를 해결하는 역량이 요구된다.

02 소프트웨어 교육의 목적으로, 아래 내용에 해당하는 것을 적어보자.

> 컴퓨팅 시스템의 역량을 활용하여 해결하고자 하는 문제를 효과적이고 효율적으로 해결할 수 있는 절차적 사고 능력

(   )

03 다음 중 소프트웨어 교육의 방법이 아닌 것은?

① 언플러그드 활동

② 놀이 활동

③ 교육용 프로그래밍 언어

④ 피지컬 컴퓨팅

정답 해설

01 ③

소프트웨어 교육은 모든 사람을 소프트웨어 개발자로 만들기 위한 것이 아니다. 변화하는 시대 흐름 속에서 미래 사회의 기본적인 역량으로서 컴퓨팅 사고력을 함양하여 다양한 분야와 융합할 수 있도록 하기 위한 것이다.

02 컴퓨팅 사고력

03 ②

소프트웨어 교육에서 컴퓨터 없이 컴퓨터과학 또는 알고리즘을 익히기 위해 진행되는 놀이 활동을 '언플러그드 활동'이라고 합니다. 언플러그드 활동에는 반드시 학습하고자 하는 개념이 있으며, 끝난 후에는 활동의 의미를 반드시 정리해주어야 하므로 일반적인 놀이 활동과는 다릅니다.

SECTION 02 컴퓨터 없이 배우는 언플러그드 활동

01 언플러그드 활동이란?

(1) 언플러그드 활동

언플러그드 활동이란, 컴퓨터 없이 활동이나 놀이를 통해 컴퓨터과학 개념, 알고리즘을 학습할 수 있는 활동을 말합니다. 언플러그드 활동이 가진 첫 번째 특성은 컴퓨터 없이도 컴퓨터를 배울 수 있다는 것입니다.

언플러그드 활동의 두 번째 특성은 활동이나 놀이를 통해 찾을 수 있습니다. 언플러그드 활동은 학생 중심의 즐거운 체험 활동으로 이루어집니다.

마지막으로 언플러그드 활동은 '컴퓨터과학 개념' 또는 '알고리즘/프로그래밍'을 학습하기 위한 분명한 목적을 가지고 이루어집니다. '컴퓨터과학 개념'을 학습하기 위한 언플러그드 활동을 통해 학생들은 컴퓨터가 동작하는 원리인 이진수, 컴퓨터가 이미지를 표현하는 방법, 컴퓨터가 통신하는 방법 등을 익히게 됩니다. 또한 '알고리즘/프로그래밍'을 학습하기 위한 언플러그드 활동을 통해서는 컴퓨터에게 절차적이고 효율적으로 명령하는 '순차, 반복, 선택' 등의 원리를 익힐 수 있습니다.

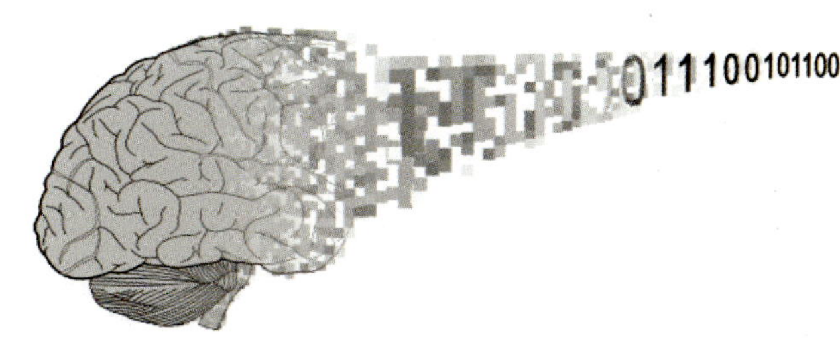
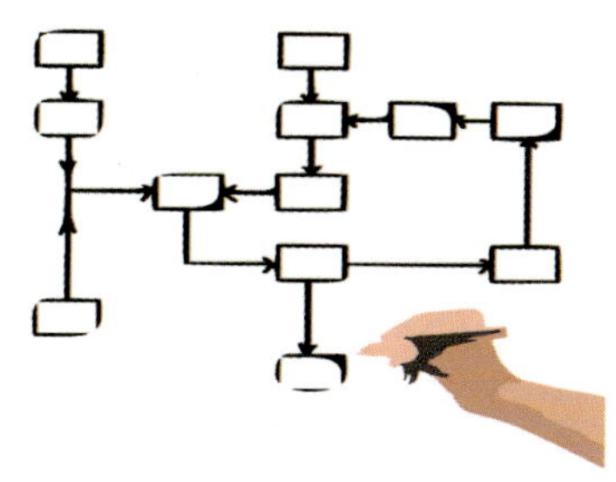

(2) 언플러그드 활동의 장점

언플러그드 활동의 장점은 첫째, 재미있게 학습할 수 있습니다. 놀이가 중심이 되기 때문에 학생들이 수업에 높은 몰입과 관심을 보이며 참여하게 됩니다.

둘째, 개념을 이해하기 쉽습니다. 직접 몸으로 체험을 통해 배우기 때문에 개념을 쉽게 이해하고 기억에 오랫동안 남습니다. 특히 특별한 프로그래밍 언어와 문법에 종속되지 않기 때문에 초등학교 저학년에게도 수업이 가능합니다.

셋째, 비용이 많이 들지 않습니다. 컴퓨팅 기기 없이 수업이 진행되기 때문에 저비용으로 학습을 할 수 있습니다. 특히 기기 불평등 현상이 심한 학교 현장에서는 간단한 도구만으로 수업을 진행할 수 있는 언플러그드 활동을 선호하고 있습니다.

(3) 언플러그드 활동의 주의점

언플로그드 활동을 할 때 주의 할 점은 첫째, 활동이 놀이로만 끝나지 않게 해야 합니다. 실제 수업을 진행하다보면 학생들은 언플러그드 활동을 재미있어하며 적극적으로 참여합니다. 그러나 교사가 활동의 의미를 활동 전후에 정리하지 않으면 수업이 자칫 놀이로만 끝나버리고, 컴퓨터과학 개념 습득이나 알고리즘적 사고 향상이라는 수업 목표에서 멀어질 수 있다는 것을 주의해야 합니다.

둘째, 활동의 결과를 컴퓨팅 환경으로 연결시켜야 합니다. 특히 알고리즘의 원리를 배우거나 알고리즘을 만들었다면, 언플러그드에서만 끝나지 않고 배운 내용이 실제 컴퓨터상에서 어떻게 표현되고 동작하는지 컴퓨팅 환경에서 원리를 적용하고 실습해보도록 하는 것이 좋습니다.

(4) 언플러그드 활동의 분류

언플러그드 활동을 내용에 따라 컴퓨터과학 개념 중심 활동과, 알고리즘/프로그래밍 중심 활동으로 분류할 수 있습니다. 원래는 컴퓨터과학 안에 '알고리즘/프로그래밍'이 들어가 있지만 여기서 컴퓨터과학은 '컴퓨터의 동작원리'라는 의미로 제한하여 사용하겠습니다.

내용별 분류

컴퓨터과학 개념 중심	• 이진수 • 이미지 표현 • 텍스트 압축 • 오류 탐색
알고리즘/프로그래밍 중심	• 순차 • 정렬 알고리즘 • 반복 • 탐색 알고리즘 • 선택 • 기초 알고리즘

02 컴퓨터과학 개념 중심 언플러그드 활동

언플러그드 관련 연구는 뉴질랜드의 팀벨(Tim Bell) 교수 팀에서 시작되었습니다. 팀벨 교수팀에서 발간한 언플러그드 교육 자료(CS Unplugged)는 대부분 '컴퓨터과학(CS)'중심으로 되어있습니다. 국내에서는 팀벨 교수의 팀에서 만든 교재를 '놀이로 배우는 컴퓨터과학' 이름으로 번역해서 출간했습니다.

[출처] 팀벨 교수 연구팀 홈페이지 : http://csunplugged.org/

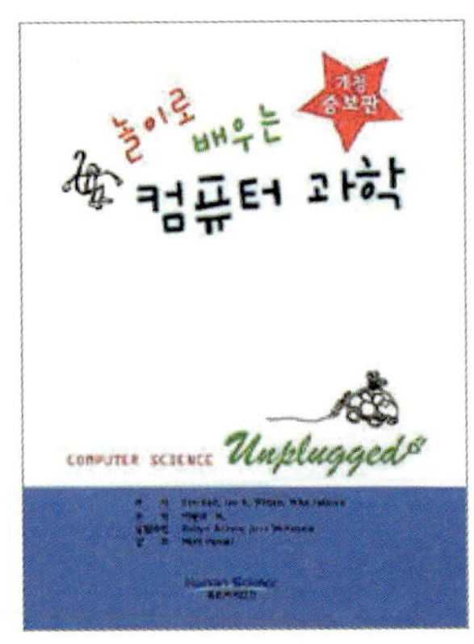

[출처] 놀이로 배우는 컴퓨터 과학(휴먼싸이언스)

이 자료에서는 컴퓨터가 데이터를 표현하고 처리하는 방식, 통신하는 방식 등 컴퓨터가 동작하는 원리를 알 수 있는 시스템적인 부분들을 다룹니다. 지금부터 몇 가지 언플러그드 활동을 살펴봅시다.

내용영역	내용요소	언플러그드 활동
데이터	이진수의 이해	카드의 점 개수 세기
	이미지표현	숫자로 색깔 표현하기
	텍스트 압축	텍스트 압축하기
	오류 탐지 및 수정	카드 뒤집기 마술
	정보 이론	20개의 질문하기
난해성	그래프 색칠하기	가난한 지도제작자
	지배 집합	관광 마을
	스타이너 트리	얼음길
암호화	정보 은닉 프로토콜	비밀 공유
	암호화 프로토콜	페루 동전 던지기
	공개키 암호화	키드 크립토
컴퓨터와 상호작용	휴먼 인터페이스 설계	초콜릿 공장
	튜링 테스트	김퓨터와 내화하기

(1) 카드의 점 개수 세기

컴퓨터는 0과 1로 모든 정보를 표현합니다. '카드의 점 개수 세기'는 카드의 점 개수를 세며 자연스럽게 0과 1만으로 모든 수를 표현할 수 있는 방법을 이해하는 활동입니다.

1) 활동 방법

① 개인별로 아래와 같이 점이 찍힌 5장의 카드를 가져갑니다. 카드에는 각각 점이 1, 2, 4, 8, 16개 찍혀 있습니다. 카드를 오른쪽에서 왼쪽으로 갈수록 점의 개수가 많아지도록 배치합니다.

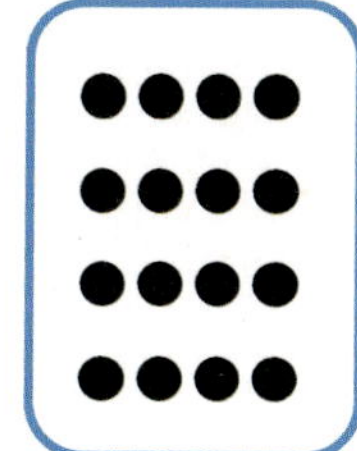 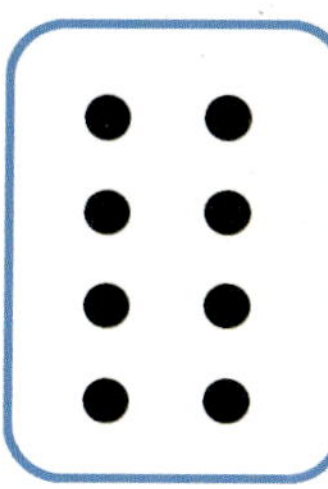 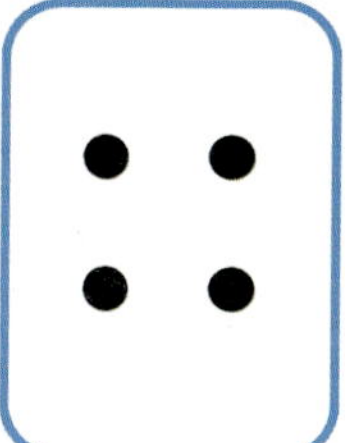  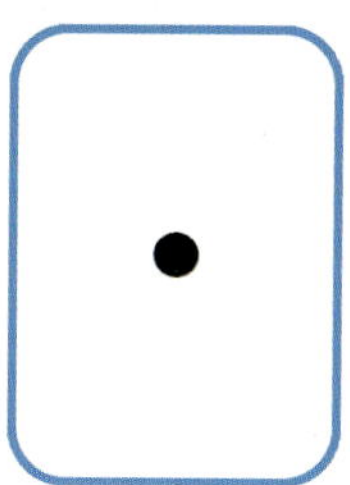

② 카드에 적힌 점의 특징을 찾아봅시다.
- 오른쪽에서 왼쪽으로 갈수록 카드의 점이 2배씩 늘어납니다.

③ 카드를 모두 뒤집어 놓고, 일부 카드를 뒤집어 점의 개수를 세어봅시다.

	카드				점의 개수		카드				점의 개수
					5						21
					12						15

④ 카드로 표현할 수 있는 최소, 최대 숫자가 얼마인지 생각해봅시다.

   – 5개의 카드로는 최소 0, 최대 31을 표현할 수 있습니다.

	최소				점의 개수		최대				점의 개수
					0						31

⑤ 카드가 앞면이면 1, 뒷면이면 0으로 적어 여러 가지 수를 0과 1로만 표현해봅시다.

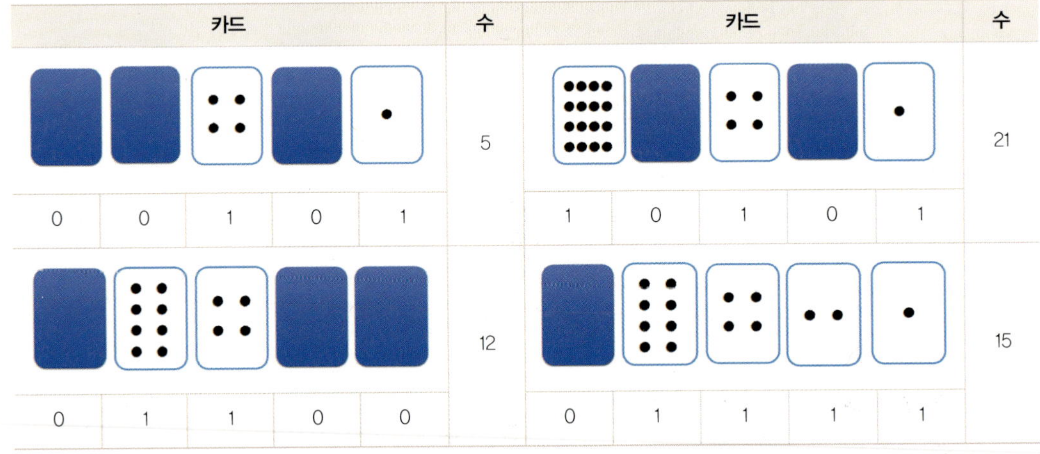

	카드				수		카드				수
					5						21
0	0	1	0	1		1	0	1	0	1	
					12						15
0	1	1	0	0		0	1	1	1	1	

⑥ 10101, 11111은 무엇인지 말해봅시다.

   – 10101은 21, 11111은 31이 됩니다.

⑦ 짝과 함께 서로 문제를 내고, 교환해서 맞추어봅시다.

⑧ 심화활동으로 이진카드의 원리를 떠올리며 0~127 사이의 수를 표현해보는 활동을 진행해볼 수 있습니다.

   – 기존에 사용하던 이진카드 5장 외에 점이 32개, 64개 찍힌 카드가 추가로 있다고 상상하며 진행합니다.

2) 컴퓨터과학 개념

오늘날 컴퓨터는 정보를 표현하기 위해서 이진수 체계를 사용합니다. 이진수란 0과 1이라는 숫자 두 개만을 사용하여 붙여진 이름입니다. 컴퓨터는 0과 1로 모든 정보를 표현합니다. 큰 숫자, 문자, 심지어는 이미지나 동영상도 0과 1로 이루어져 있습니다.

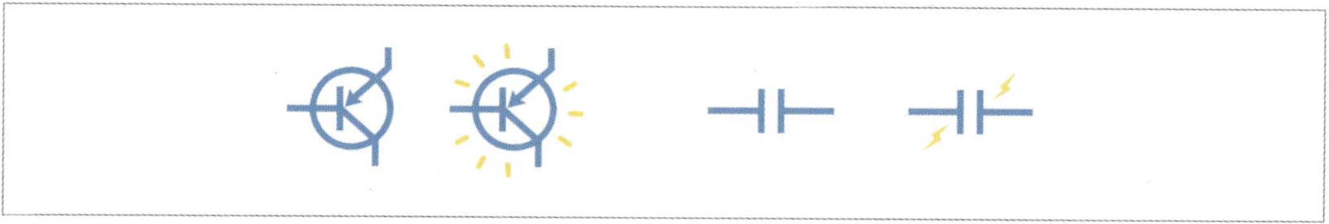

[활동 영상] "소프트웨어야 놀자" http://www.playsw.or.kr/repo/cs_unplugged/325

(2) 숫자로 이미지 표현하기

1) 활동 방법

① 컴퓨터에서 그림을 확대하고 원본 그림과의 차이점을 이야기해봅시다.
   – 작은 이미지를 확대하면 그림이 마치 모자이크를 한 것처럼 보입니다.

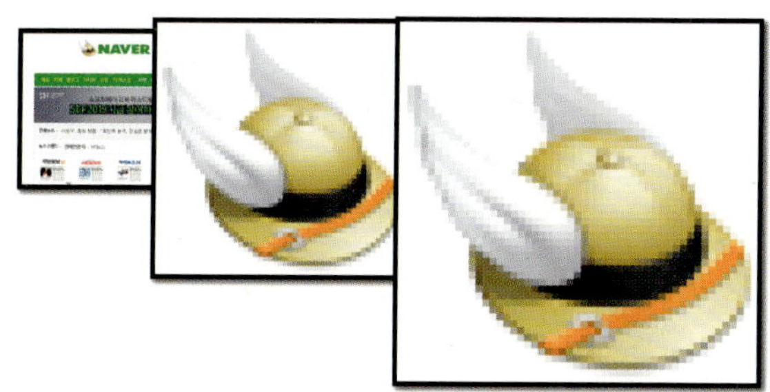

② 컴퓨터는 모든 정보를 숫자로 나타냅니다. 모눈종이 위의 이미지를 어떻게 숫자로 나타낼 수 있을지 생각해봅시다.
   – 학생 스스로 자신만의 방법을 찾을 수 있도록 하고, 자신의 방법을 친구와 비교해보도록 합니다. 각자의 방법이 어떠한 장·단점이 있는지 비교해봅니다.

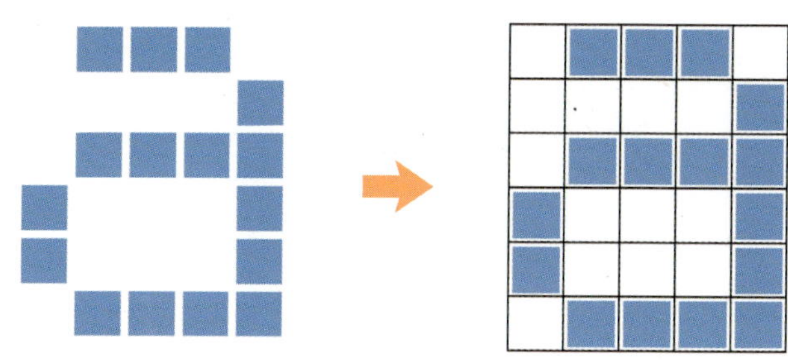

②-1 왼쪽 상단부터 차례로 칸이 채워져 있으면 1, 채워져 있지 않으면 0으로 나타냅니다.

• 장점 : 간단하고 누구나 이해하기 쉽습니다.

• 단점 : 5×6 모눈종이 위의 그림을 표현하는 데 항상 30개의 숫자가 필요합니다. 따라서 이미지의
　　　　종류와 상관없이 크기에 따라 용량이 커집니다.

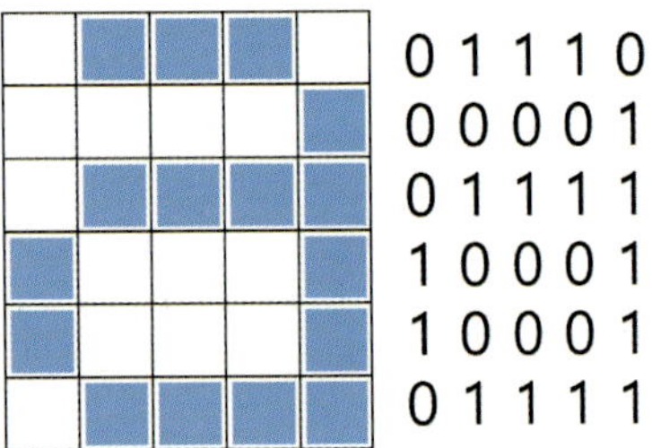

②-2 채우는 방법이 바뀔 때마다 연속되는 □ 또는 ■ 개수를 숫자로 나타냅니다. (단, 처음은 □로
　　　합니다.)

• 장점 : 모눈종이 위의 그림이 단순하다면, 이미지의 크기가 커지더라도 적어야 하는 숫자가 많아지
　　　　지 않습니다. 즉, 이미지의 크기가 커지더라도 용량이 비례하여 커지지 않게 됩니다.

• 단점 : 개수를 일일이 세야 하는 불편함이 있으며, 규칙을 이해하기가 조금 어렵습니다.

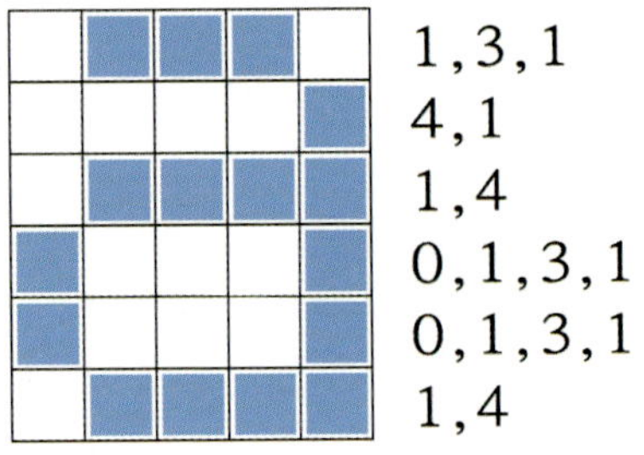

③ 이미지 정보를 숫자로 나타내고 설명서를 적어봅시다.

　　- 다양한 이미지가 그려진 서로 다른 학습지를 학생들에게 나누어줍니다. 학생들이 자신이 생각한
　　　방법에 따라 다양한 이미지를 숫자로 나타내보도록 합니다. 자신이 사용한 방법을 친구가 이해할
　　　수 있도록 설명서를 적어보도록 합니다.

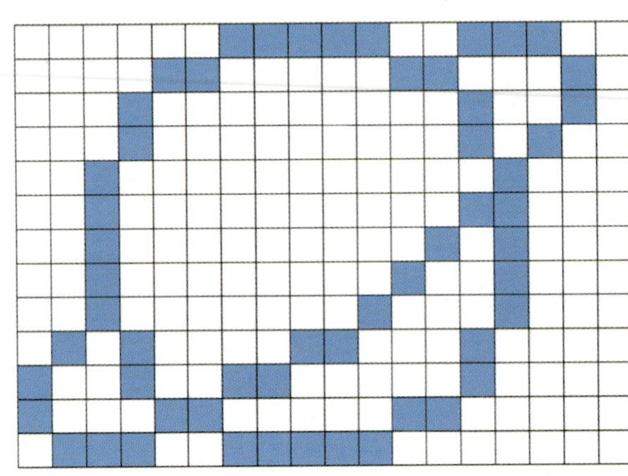

④ 친구가 적은 숫자를 보고 숫자를 이미지로 나타내봅시다.

   – 친구가 적은 숫자와 설명서를 보고 빈 모눈종이에 이미지를 그려봅니다.

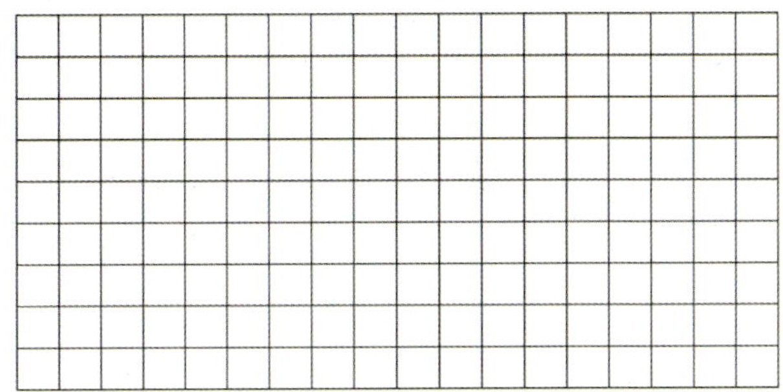

⑤ 심화 활동으로 모눈종이 위에 직접 그림을 그리고 숫자로 나타내볼 수 있습니다. 친구와 적은 숫자
를 바꾸어 모눈종이에 그려보도록 합니다. 여러 방법에 따라 숫자를 적는 시간과 해독하는 시간을
비교해보도록 합니다.

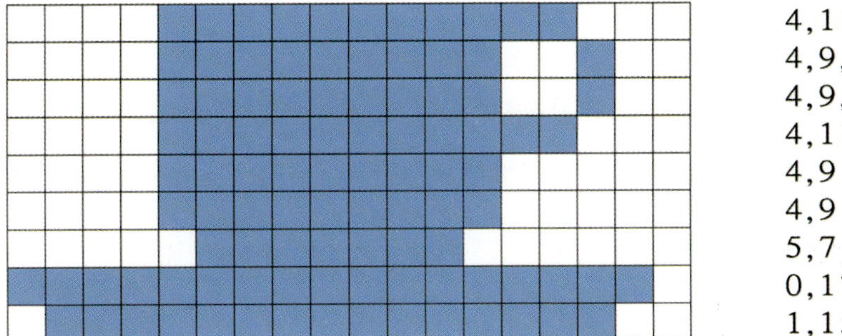

2) 컴퓨터과학 개념

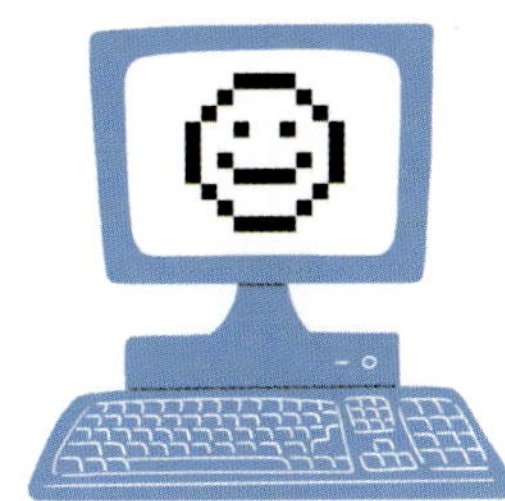

컴퓨터는 숫자로 이미지를 표현, 저장, 전송합니다. 특히 비트맵 이미지
는 모눈종이 한 칸 한 칸에 해당하는 '픽셀'의 위치와 색상 정보를 담아
이미지를 표현합니다. 이미지의 크기가 커지면 숫자가 길어지기 때문에
용량이 매우 커지게 되므로 숫자를 압축하는 방법이 필요합니다.

[활동 영상] "소프트웨어야 놀자" http://www.playsw.or.kr/repo/cs_unplugged/326

(3) 텍스트 압축하기

1) 활동 방법

① 제시된 문자에서 반복되는 부분을 찾아서 아래 그림과 같이 만들어보도록 합니다.
　　– 이렇게 반복되는 부분을 줄이면 긴 단어를 짧게 줄여 표현할 수 있습니다.

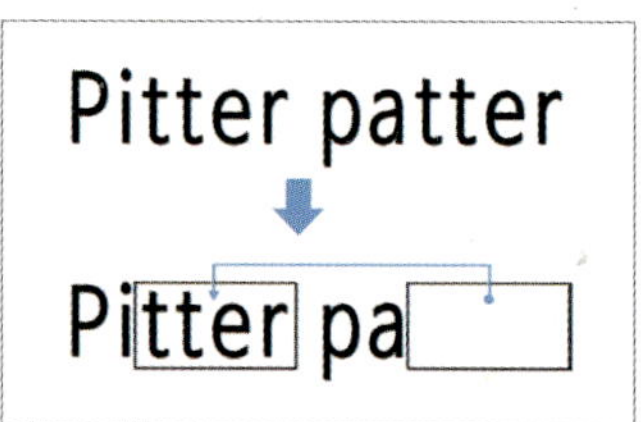

② 아래 그림을 보고 빈칸을 채워보도록 합니다.
　　– 여러 번 반복되는 부분은 더 효율적으로 줄여 표현할 수 있습니다.

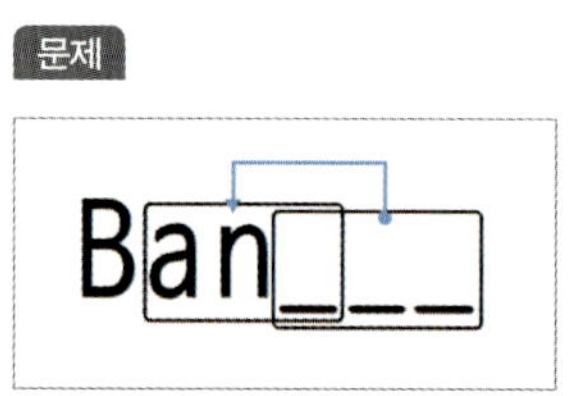
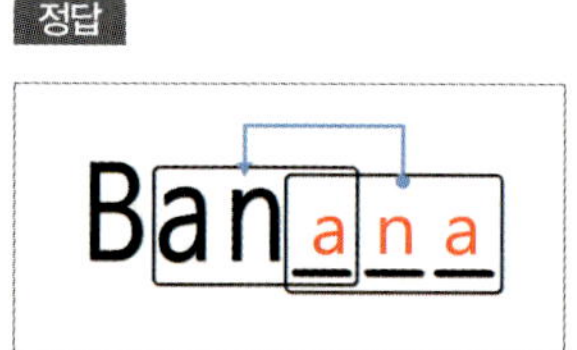

③ 그림을 보고 빠진 단어와 글자를 채워 시를 완성해보도록 합니다.
　　– 반복되는 부분이 많을수록 긴 텍스트를 훨씬 효율적으로 압축할 수 있습니다.

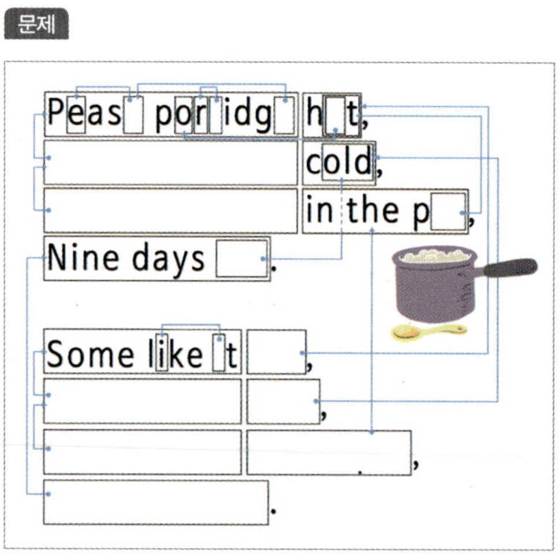
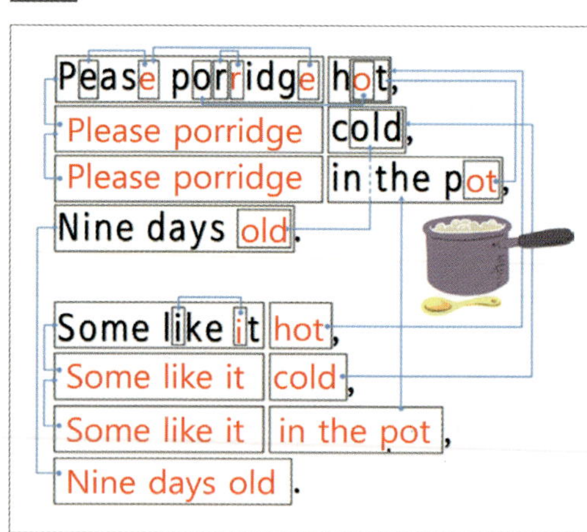

④ 간단한 이야기, 기사, 글을 다음처럼 압축해보도록 합니다.

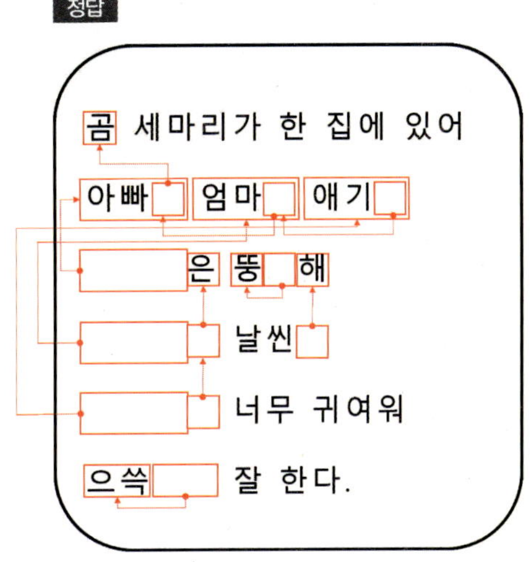

[활동 영상] "소프트웨어야 놀자" http://www.playsw.or.kr/repo/cs_unplugged/327

2) 컴퓨터과학 개념

대량의 정보를 저장, 전송할 때 정보를 '압축'해야 합니다. 컴퓨터는 반복되는 부분을 줄이는 등 다양한 방법으로 정보를 압축합니다.

03 알고리즘/프로그래밍 중심 언플러그드 활동

(1) 알고리즘/프로그래밍 중심의 언플러그드 활동이란?

컴퓨터에게 명령할 때에는 컴퓨터가 알아들을 수 있는 언어와 방식으로 명령해야 합니다. '알고리즘/프로그래밍 중심 언플러그드 활동'은 컴퓨터가 명령을 처리하는 방식을 이해하고 절차적 사고를 돕는 활동입니다. 또한 같은 결과를 가져오는 알고리즘이라도 좀 더 효율적인 알고리즘을 찾는 활동을 하기도 합니다.

내용영역	내용요소	언플러그드 활동
알고리즘과 프로그래밍	순차	• 보물 찾기 • 길 안내하기
	반복	• 노래 가사 묶기 • 율동 묶기
	선택	• 게임 규칙 표현하기 • 도형, 재활용품 분류하기
	검색 알고리즘	• 전화놀이
	정렬 알고리즘	• 가벼운 것과 무거운 것 찾기

(2) 순차 개념을 배우는 언플러그드 활동

컴퓨터는 명령을 순서대로 처리하기 때문에 사람은 컴퓨터에게 문제 해결 순서에 따라 명령을 내려야 합니다. 이를 '순차'라고 합니다. 순차는 문제 해결방법이나 특정한 일을 순서대로 설명하는 활동을 통해 학습할 수 있습니다. 보물을 교실에 숨겨놓고 간단한 명령들을 순서대로 나열해서 보물을 찾는 활동이라든지, 지도의 특정 지점을 갈 수 있게 설명하는 활동 등을 예로 들 수 있습니다.

1) 활동1 : 일상생활에서 하는 일들을 작은 단계로 나누고, 이를 순서대로 나열하기

문제

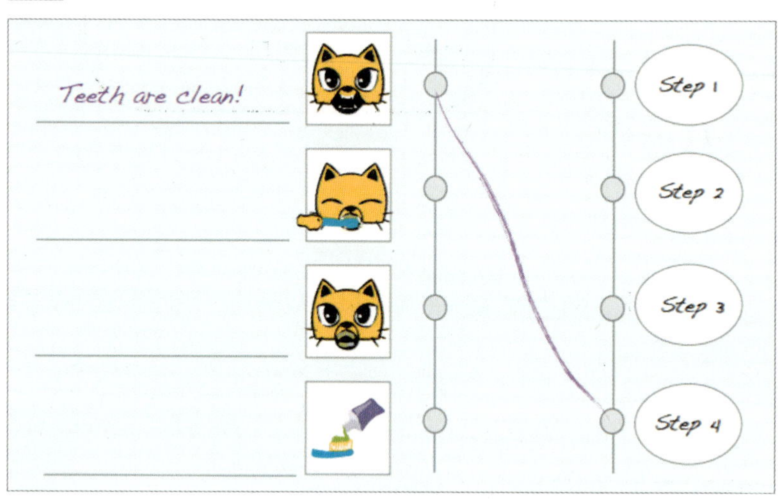

정답

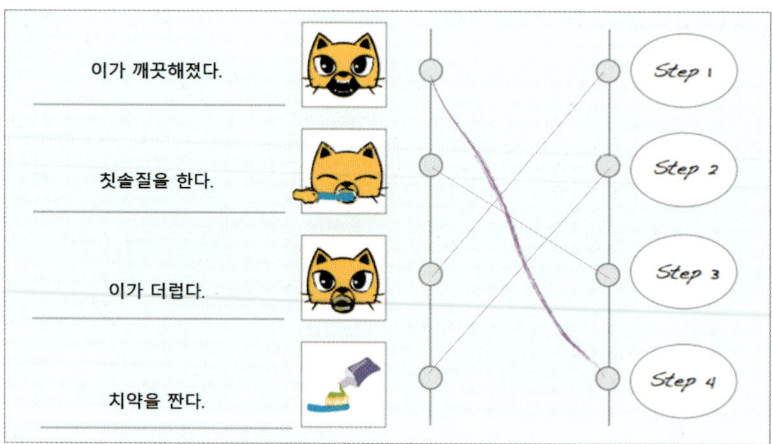

[출처] 이미지 code.org(언플러그드 활동지)

① 일상 생활에서 하는 행동 중 한 가지를 고르도록 합니다.
　예 양치질, 라면 끓이기, 학교 갈 준비하기 등

② 자신이 고른 일을 하기 위해 해야 하는 행동들을 작은 단위로 나누어 적어봅니다.

> **예** 양치질
> - 이가 깨끗해졌다.
> - 칫솔질을 한다.
> - 이가 더럽다.
> - 치약을 짠다. 등

③ 작게 나눈 단계를 순서대로 배열해봅니다.

> **예** 양치질
> - 이가 더럽다.
> - 치약을 짠다.
> - 칫솔질을 한다.
> - 이가 깨끗해졌다.

2) 활동2 : 종이 접기 과정 중 필요 없는 과정을 빼고 순서대로 나열하기

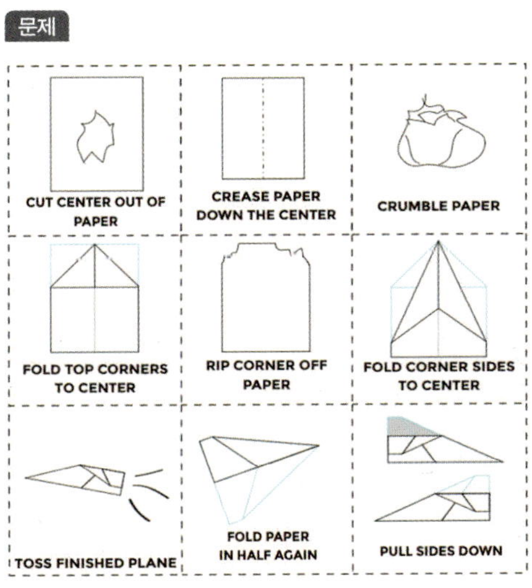

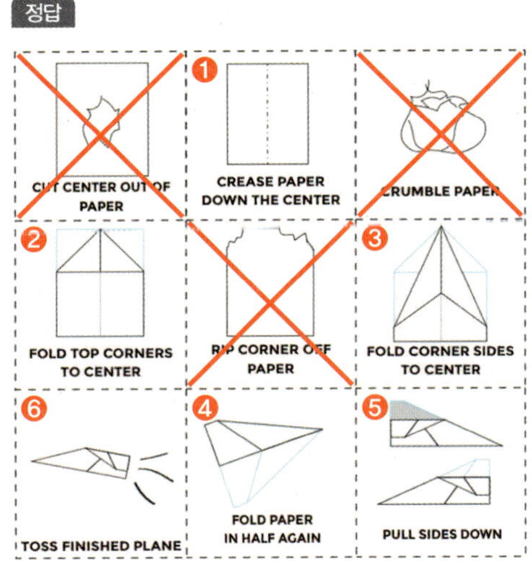

[출처] code.org(언플러그드 활동지)

① 종이 접기 과정 카드들을 하나씩 살펴봅니다.

> **예** 종이 비행기

② 카드 중 비행기를 만들기 위해 필요 없는 카드를 버립니다.

– 프로그래밍에서 사용할 수 있는 다양한 명령어 중 필요한 명령어만 골라내는 과정입니다.

> **예** 종이 비행기 만들기에서 필요 없는 과정
> - 종이의 가운데를 자른다.
> - 종이의 모서리 부분은 찢는다.
> - 종이를 구긴다.

③ 종이 접기를 완성할 수 있도록 카드를 순서대로 배열합니다.

> **예** 종이 비행기
> - 종이의 가운데를 접는다.
> - 윗 모서리를 중앙으로 접는다.
> - 옆부분을 다시 중앙으로 접는다.
> - 종이를 다시 반으로 접는다.
> - 옆부분을 아래로 내린다.
> - 비행기를 날린다.

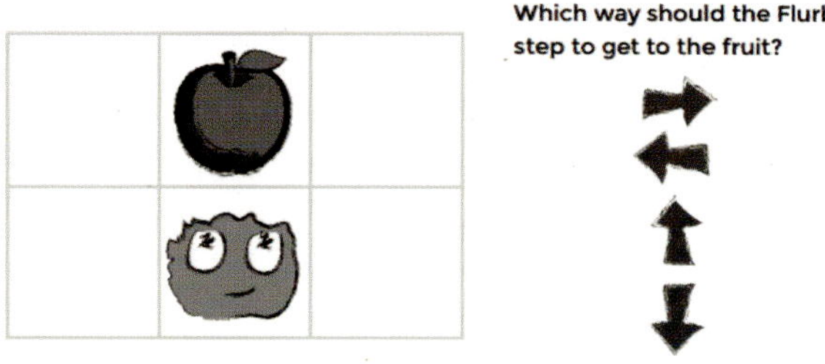

[출처] code.org(언플러그드 활동지)

① 화살표 명령어를 살펴보고 각각의 명령어가 캐릭터를 어떻게 움직이게 하는지 알아봅니다.
　– 각 화살표 명령어는 화살표가 가르키는 방향으로 캐릭터를 한 칸 움직이게 합니다.

② 캐릭터를 움직여 목표 지점까지 갈 수 있도록 화살표 명령어를 순서대로 써봅니다.

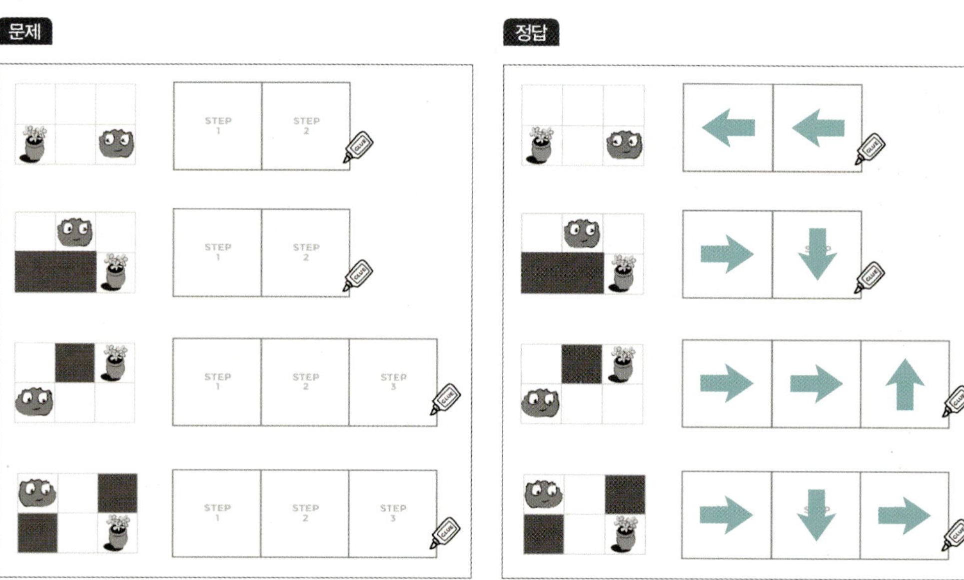

③ 모둠별로 문제를 내고 다른 모둠과 바꾸어 문제를 풀어보도록 합니다. 그릴 수 있는 지도의 크기를 점점 늘려 난이도를 높이도록 합니다. 지도 위에 막다른 길 등 함정을 만들도록 하면 더 재미있게 활동할 수 있습니다.

(3) 반복 개념을 배우는 언플러그드 활동

알고리즘을 만들 때 반복되는 명령이 있으면 그것을 계속 나열하지 않고 반복으로 묶어서 표현하면 보다 쉽게 알고리즘을 표현할 수 있습니다. 이를 '반복'이라고 합니다. 반복을 학습하기 위해서는 가장 먼저 반복 되는 부분을 찾는 연습을 해야 합니다. 노래 가사나 이야기에서 반복되는 부분 찾아서 묶어보기, 율동에서 반복되는 부분 찾아서 묶어보기 등을 통해 반복 개념을 학습할 수 있습니다.

1) 활동1 : 노래 가사에서 반복 되는 부분을 찾아서 묶기

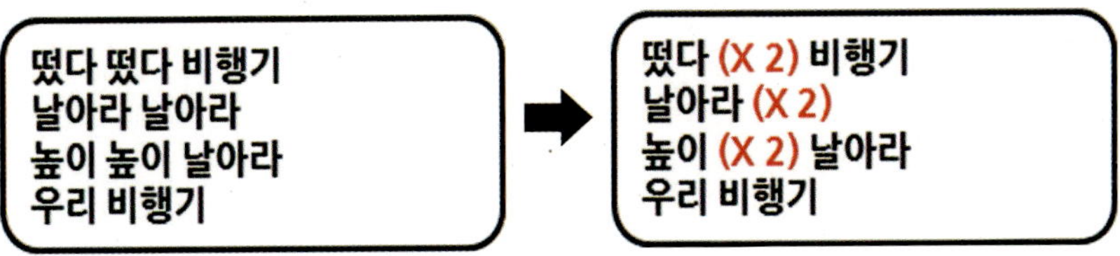

① 좋아하는 노래의 가사를 적어봅니다.

② 연속해서 반복되는 부분을 X2, X3와 같이 묶어 표현합니다.

③ 반복되는 부분을 묶어 표현한 가사를 친구와 바꾸어 노래를 불러봅니다.

2) 활동2 : 율동 설명서 만들기

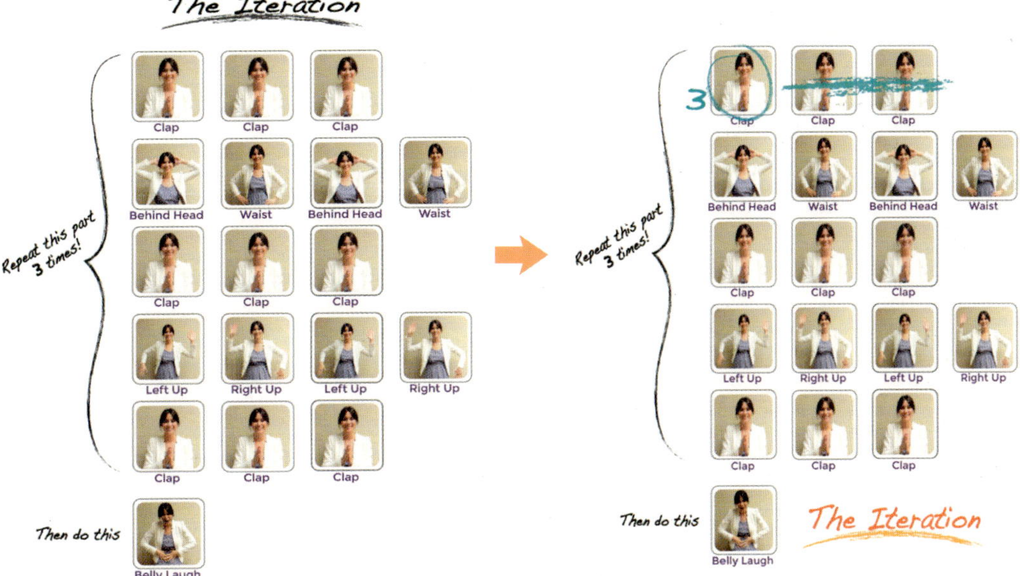

[출처] code.org(언플러그드 활동지)

① 율동을 하며 율동에 등장하는 동작들을 적어봅니다.

② 율동에 등장하는 각 동작의 사진을 촬영해봅니다.
  – 반복되는 동작은 사진을 한 번만 촬영하면 됩니다.

③ 찍은 사진을 활용하여 율동 설명서를 만들어봅니다.
  – 기호 등을 사용하여 반복되는 부분을 줄여 간결하게 표현하도록 합니다.

④ 율동 설명서를 따라 노래에 맞추어 율동을 해봅니다.

(4) 선택

알고리즘을 만들 때 상황에 따라 다른 일을 하게 하려면 '선택' 구조를 사용합니다. '선택'은 보통 '만약 〈조건〉이라면', '만약 〈조건〉이라면, 아니면'으로 이라는 명령을 사용하여, 조건이 참인 경우와 거짓인 경우 각각 어떤 명령을 수행할지 나타냅니다. 자신이 평소에 하는 간단한 놀이나 게임을 조건으로 나타내보거나, 다양한 사물을 특정 조건에 따라 나누어보는 활동 등을 통해 선택에 대해 익힐 수 있습니다.

1) 활동1 : 도형 분류하기

제시된 그림은 (정사각형, 직사각형, 마름모)를 조건 2개를 이용하여 분류하는 것입니다. 여기에 평행사변형을 끼워 넣으면 조건 3개로 분류하는 활동으로 확장할 수 있습니다. 이와 같은 방법으로 재활용품 자동분류 로봇 알고리즘을 만들거나 범인을 찾는 알고리즘을 만드는 등의 활동도 할 수 있습니다.

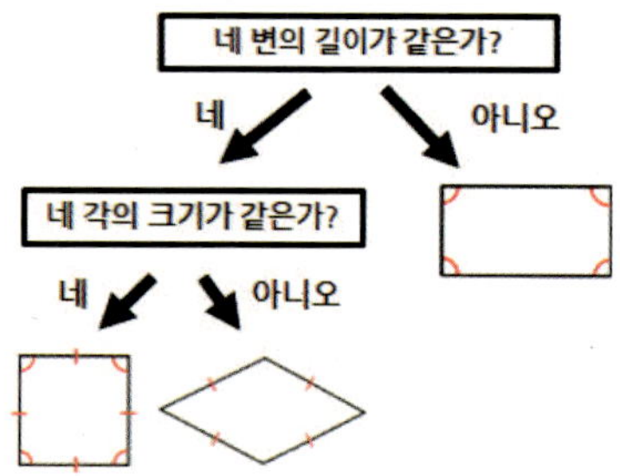

① 다양한 도형 카드를 보고 '예/아니오'에 따라 두 그룹으로 분류할 수 있는 기준을 찾도록 합니다.
　– '네 변의 길이가 같은가?'

② 분류된 도형을 또 다른 기준으로 분류해보도록 합니다.
　– '네 각의 크기가 같은가?

③ 자신의 분류 기준을 친구들과 비교해보도록 합니다.
　– 제시된 도형 카드의 종류에 따라 색깔/크기 등으로 분류하는 등 다양한 조건을 만들어볼 수 있습니다.

④ 도형을 효율적으로 분류할 수 있는 기준을 찾아보도록 합니다.
　– 다양한 분류 기준 중 모든 도형을 어떤 조건과 순서로 분류할 때 더 효율적인지 찾아 도식화하여 나타내보도록 합니다.

2) 활동2 : 학생들이 많이 하는 간단한 놀이나, 보드게임의 규칙을 조건으로 표현해보는 활동입니다. 예를 들면, 할리갈리 게임의 규칙을 아래와 같이 조건문으로 나타내 볼 수 있습니다.

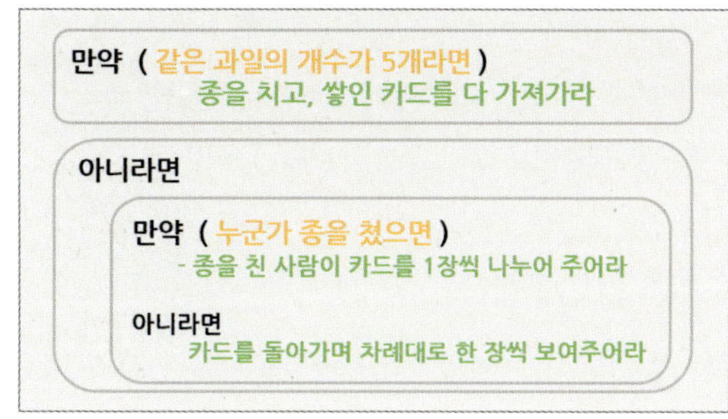

(5) 검색 알고리즘

휴대폰에서 원하는 연락처를 찾거나 도서관에서 책을 찾는 일, 또 컴퓨터에서 파일을 찾는 일 등 우리는 대량의 데이터에서 정보를 찾아야 하는 경우를 쉽게 접할 수 있습니다. 컴퓨터에서 이런 작업을 하는 것을 '검색' 또는 '탐색'이라고 하며, 이를 좀 더 빠르고 효율적으로 수행하기 위해서 다양한 검색 알고리즘을 활용합니다. 학생들은 '사탕 찾기 놀이', '친구가 가진 숫자 맞히기 놀이' 등을 통해 검색 알고리즘을 학습할 수 있습니다.

1) 활동1 : 사탕 찾기 놀이

① 교사는 15개의 종이컵을 일렬로 늘어놓고, 그 중 하나에 사탕을 숨깁니다.

② 학생들은 돌아가며 종이컵 중 하나를 선택해 안에 사탕이 있는지 확인하고, 사탕을 찾은 사람이 사탕을 갖도록 합니다.

③ 위와 같이 무작위로 사탕을 찾는 방법으로 몇 번 게임을 진행합니다.

④ 이번에는 규칙을 바꾸어서 학생이 사탕이 없는 종이컵을 고르면, 교사는 사탕이 있는 종이컵이 그보다 더 오른쪽에 있는지, 왼쪽에 있는지 알려주도록 합니다.

⑤ 변형된 방법으로 몇 번 게임을 진행한 후, 힌트를 주는 경우와 주지 않는 경우 더 빠르게 숫자를 찾을 수 있는 전략에 대해 이야기를 나누어보도록 합니다.

2) **활동2** : 친구가 갖고 있는 숫자 맞히기 놀이

① 15명의 학생들이 교실 앞에 일렬로 서도록 합니다. 학생들에게 숫자카드를 무작위로 하나씩 나누어 주고 나머지 학생들에게는 보이지 않도록 숨기도록 합니다.

② 게임에 참여를 원하는 학생에게 사탕 5개를 줍니다. 그 학생은 앞에 서있는 15명의 학생 중 선생님이 얘기한 숫자를 가지고 있는 학생을 맞추어야 하는데, 맞출 때마다 사탕을 1개씩 지불합니다. 사탕 5개를 다 쓰기 전에 숫자를 맞추면 가지고 있는 사탕 나머지를 줍니다.

③ 게임을 여러 번 진행합니다.

④ 이번에는 방법을 바꾸어봅니다. 15명에게 다시 한 번 숫자카드를 섞어 나누어 주되, 이번에는 학생들이 자리를 옮겨 각자가 가지고 있는 숫자가 오름차순이 되도록 순서대로 서도록 합니다.

⑤ 새로운 방법으로 다시 게임을 여러 번 진행합니다.

⑥ 15개의 숫자가 무작위로 섞여 있을 때와 순서대로 있을 때 각각 더 빠르게 숫자를 찾을 수 있는 방법에 대해 이야기를 나누어보도록 합니다.

3) **컴퓨터과학 개념**

컴퓨터는 필요한 정보를 검색하기 위해 상황에 따라 다양한 알고리즘을 사용합니다. 정보가 무작위로 섞여 있는 경우에는 '선형 검색' 방법을 사용합니다. 첫 번째 정보부터 차례로 하나씩 찾는 정보가 맞는지 확인하는 방법입니다. 컴퓨터는 정보를 빠르게 처리하기 때문에 정보의 수가 적은 경우에는 큰 무리가 없습니다. 그러나 정보의 수가 많아질수록 '선형 검색' 방법은 비효율적일 수밖에 없습니다.

그러나 정보가 오름차순 또는 내림차순으로 정렬되어 있는 경우에는 훨씬 효율적으로 정보를 찾을 수 있습니다. 가장 중앙의 정보를 확인하여 찾는 것보다 더 큰 쪽인지, 작은 쪽인지를 결정합니다. 또 남은 정보들 중 가장 중앙의 정보를 확인하여 같은 과정을 반복하는 방법입니다. 이러한 방법을 반씩 나눈다고 하여 '이진 검색'이라고 합니다. 검색 활동을 통해 학생들은 자연스럽게 '정보가 정렬되어 있을 때 원하는 정보를 더 효율적으로 찾을 수 있다'는 것을 체험하며 뒤에서 배울 '정렬'의 필요성에 대해 알게 됩니다.

[**활동 영상**] "소프트웨어야 놀자" http://www.playsw.or.kr/repo/cs_unplugged/336

(6) 정렬 알고리즘

우리는 컴퓨터에서 파일 이름을 가나다 순으로 정렬하기도 하고, 메일을 날짜 순으로 정렬하기도 합니다. 정렬을 하면 원하는 정보를 빠르게 찾을 수 있고, 가장 최근에 온 메일을 찾는 등 양 끝에 위치한 극단값을 보기도 쉽습니다. 하지만 컴퓨터에서도 잘못된 정렬 알고리즘을 사용하면 정렬하는데 시간이 오래 걸리게 됩니다. 학생들은 양팔저울로 무게를 모르는 물체들을 무거운 순서대로 정렬하는 활동을 통해 정렬 알고리즘을 학습할 수 있습니다.

1) 활동 방법

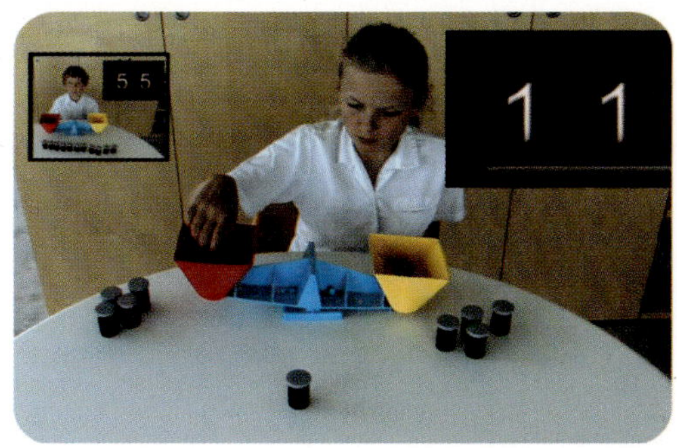

① 필름통 10개에 각각 동전의 개수를 달리하여 넣고 섞습니다.

② 양팔저울을 이용하여 필름통을 가벼운 것부터 순서대로 나열하는 방법을 찾습니다.

③ 양팔저울을 한 번 사용할 때마다 횟수를 기록합니다.

④ 정렬이 끝나면 필름통을 열어 제대로 정렬했는지 확인합니다.

⑤ 친구들과 자신의 방법을 비교하고 더 적은 시도로 정렬할 수 있는 방법에 대해 이야기합니다.

2) 컴퓨터과학 개념

도서관에서 책을 찾거나 옷가게에서 옷을 찾을 때, 잘 정리되어있다면 원하는 것을 찾기가 훨씬 빠르고 쉽습니다. 마찬가지로 컴퓨터에는 무수히 많은 자료들이 있습니다. 이 자료들이 일정한 규칙을 가지고 잘 정리되어있다면 우리가 원하는 자료를 찾을 때 컴퓨터가 훨씬 빠른 처리 속도로 찾아줄 수 있습니다. 그러나 우리가 컴퓨터에 자료를 넣을 때 잘 정리된 형태로 넣어주지는 않습니다. 그 때문에 컴퓨터 스스로 자료를 잘 정리할 수 있도록 하는 '정렬' 프로그램이 필요합니다. 정렬의 방법은 다양하고, 각 방법마다 유리한 상황이 다릅니다. 여러 가지 정렬 방법 중, 자료를 작은 것부터 오름차순으로 정렬하는 세 가지 정렬 방법에 대해 알아봅시다.

① 선택 정렬

전체 자료 중에서 가장 작은 자료를 선택하여 첫 번째에 놓고, 또 남은 자료들 중에서 가장 작은 자료를 선택하여 두 번째에 놓는 과정을 반복하여 모든 자료를 정렬하는 방법을 '선택 정렬'이라고 합니다.

② 삽입 정렬

첫 번째 자료를 고정하고, 두 번째 자료를 확인하여 첫 번째와 비교해 앞과 뒤 중 어느 위치에 삽입할 지를 결정합니다. 그리고 세 번째 자료를 확인하여 첫 번째와 두 번째 자료들과 비교하여 어느 위치에 삽입할 지를 결정합니다. 이렇게 자료를 하나씩 알맞은 위치에 삽입하는 과정을 반복하여 모든 자료를 정렬하는 방법을 '삽입 정렬'이라고 합니다.

③ 버블 정렬

전체 자료 중 첫 번째와 두 번째 자료를 비교해 자리를 바꿀지 말지를 결정하고 다음으로 두 번째와
세 번째를 비교해 자리를 바꿀지 말지를 결정합니다. 이렇게 두 개씩 연속적으로 비교하는 과정을
끝까지 진행하고 나면, 가장 마지막에 있는 자료가 가장 큰 자료가 됩니다. 그럼 이미 정렬된 마지막
자료를 제외하고 나머지 자료들로 처음부터 두 개씩 비교하는 과정을 다시 진행합니다. 이렇게 되면
마지막 두 개의 자료가 정렬됩니다. 남은 자료들로 같은 과정을 계속해서 반복하여 모든 자료를 정
렬하는 방법을 '버블 정렬'이라고 합니다.

[활동 영상] "소프트웨어야 놀자" http://www.playsw.or.kr/repo/cs_unplugged/338

학습정리

1. 컴퓨터 없이 활동이나 놀이를 통해 컴퓨터과학 개념, 알고리즘을 학습할 수 있는 활동을 '언플러
   그드 활동'이라고 합니다.

2. 언플러그드 활동은 내용을 바탕으로 '컴퓨터과학 개념 중심'과 '알고리즘/프로그래밍 중심' 활동
   으로 분류할 수 있습니다.

3. 컴퓨터과학 개념 중심 언플러그드 활동에서는 '데이터 표현, 암호화' 등의 컴퓨터 시스템과 관련
   된 내용을 다루고, 알고리즘/프로그래밍 중심 활동에서는 '순차, 반복, 선택, 정렬, 탐색 알고리즘'
   과 같이 절차적 사고와 관련된 내용을 다룹니다.

01 다음 중 언플러그드 활동의 특징이 아닌 것은?

① 컴퓨터 없이도 컴퓨터과학 개념, 알고리즘을 학습한다.

② 활동이나 놀이가 중심이 되어 학생들이 몰입하게 된다.

③ 비용이 많이 드는 단점이 있다.

④ 활동 후에는 반드시 배운 내용이 컴퓨터에서 어떻게 적용되는지 정리해야 한다.

02 다음 중 알고리즘/프로그래밍 중심 언플러그드 활동이 아닌 것은?

① 이진수 관련 활동   ② 순차 관련 활동

③ 반복 관련 활동   ④ 정렬 알고리즘 관련 활동

03 아래 언플러그드 활동에 대한 설명으로 바르지 않은 것은?

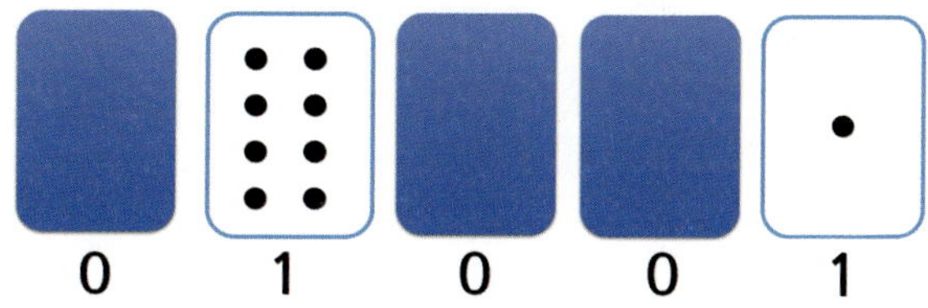

① 이진수 1001은 숫자 9를 나타낸다.

② 이진카드 5장으로 표현할 수 있는 최대 숫자는 32이다.

③ 이진수 개념을 배우기 위한 언플러그드 활동이다.

④ 컴퓨터 0과 1로 모든 정보를 표현한다는 점을 아는 것이 목표이다.

정답 해설

01 ③

언플러그드 활동은 컴퓨터 없이도 컴퓨터과학 개념, 알고리즘을 학습할 수 있는 놀이 활동이다. 비용이 거의 들지 않는 장점이 있으며, 활동 후에는 반드시 배운 내용이 컴퓨터에서 어떻게 적용되는지 정리하여 자칫 놀이로만 끝나지 않도록 주의한다.

02 ①

이진수 컴퓨터가 데이터를 표현하고 처리하는 방식을 배우는 활동으로 '컴퓨터과학 개념 중심' 언플러그드 활동에 속합니다.

03 ②

위 이진카드 5장으로 표현할 수 있는 최대 숫자는 31이다. 모든 카드를 뒤집었을 때 점의 개수를 센다.

SECTION 03 | 게임으로 배우는 언플러그드 활동

01 엔트리봇 카드게임으로 배우기

(1) 엔트리봇 카드게임이란?

엔트리봇 카드게임은 간단한 카드게임을 통해서 '순차, 반복, 선택' 개념을 학습할 수 있는 언플러그드 교구입니다. 최소 2명에서 최대 4명이 즐길 수 있으며, 초등학교 3~4학년부터 적용 가능합니다. 블록형 프로그래밍 언어를 다루기 전 블록형 언어에 대한 이해도를 높일 수 있습니다.

엔트리 마을에 폭탄들이 나타났다!
폭탄마다 다른 능력을 잘 활용하여
폭탄이 안전하게 해제될 수 있도록 도와주세요!

준비물
- 폭탄 카드 28장 (주황, 초록, 파랑, 빨강, 카드 각 12장씩)
- 성공 카드 1장, 폭발 카드 1장
- 요약 카드 4장
- 설명서 1부

[활동 영상] http://tvcast.naver.com/v/603268

(2) 엔트리봇 카드게임 시작해보기

1) 게임 목표

성공 카드 칸에 자신의 카드가 가장 많이 들어간 사람이 이기는 게임으로 자신의 턴에 카드를 하나씩 내려 놓아야 하며, 내려놓은 카드의 능력에 따라 카드를 재배치합니다. 성공 카드와 폭발 카드 사이에 5장의 카드가 놓여지면 첫 번째와 두 번째 카드는 성공 카드 칸으로 이동하고 맨 뒤의 카드는 폭발 카드 칸으로 이동합니다. 남은 카드는 앞으로 당겨지고 12장의 카드를 다 내려놓으면 게임이 끝납니다.

2) 게임 준비

① 플레이어들은 주황, 초록, 파랑, 빨강 중 자신의 색을 정하고 12장으로 이루어진 해당 색의 폭탄 카드 세트를 갖습니다.

② 폭탄 카드를 잘 섞어 자신의 앞에 뒤집어 놓고 맨 위의 4장만 손에 듭니다. 이후 손에서 폭탄 카드를 내려놓을 때마다 더미에서 카드를 1장씩 가지고 와 손에 쥔 카드를 4장으로 유지합니다.

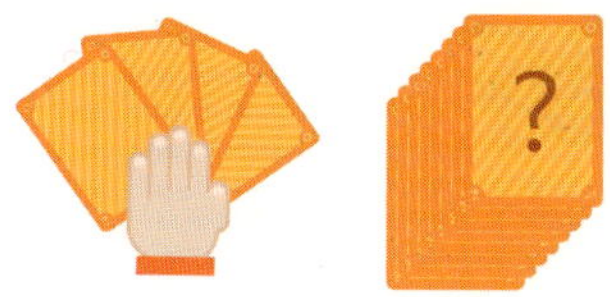

③ 성공 카드와 폭발 카드는 가운데 5장의 폭탄 카드가 들어갈 수 있는 간격을 두고 테이블 위에 배치합니다.

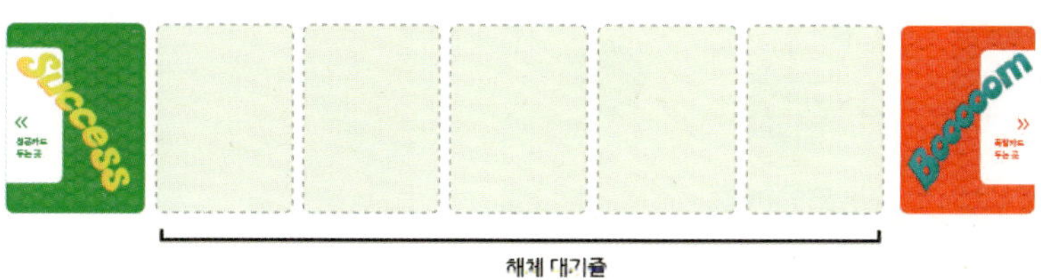

④ 가위, 바위, 보를 통해 처음으로 카드를 내려놓을 사람을 정하고 그 사람의 왼쪽 방향으로 턴이 돌아갑니다.

3) 게임 방법

① 자신의 차례가 되면 손에 들고 있는 폭탄 카드 중 1장을 골라 내려놓습니다. 카드를 내려놓을 때에는 성공 카드의 오른쪽으로 줄을 세우듯 차례대로 놓습니다.

② 내려놓은 폭탄 카드의 고유 능력에 따라 카드의 위치를 재배치합니다. 카드의 능력을 실행할 때에는 자신의 바로 앞에 있는 카드부터 차례로 비교하며 한 칸씩 앞으로 당겨옵니다.

③ 자신의 폭탄 카드 더미에서 폭탄 카드를 1장 손으로 가져옵니다. 더 이상 가져올 카드가 없는 경우를
제외하고는 손에 항상 4장의 카드를 들고 있어야 합니다.

④ 게임 진행 도중 성공 카드와 폭발 카드 사이에 폭탄 카드가 5장이 채워지면 해체 과정이 시작됩니다.
（해체 과정은 마지막 폭탄 카드의 능력이 발현된 이후 진행합니다.）

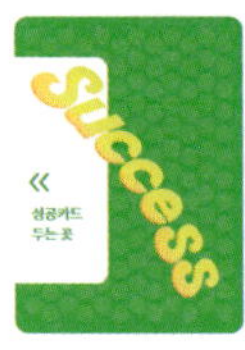      

⑤ 성공 카드 가까이 있던 2장의 폭탄 카드는 해체에 성공하여 "성공 카드" 위에 쌓이고 가장 마지막에
있던 1장의 폭탄 카드는 "폭발 카드" 위에 쌓입니다.

⑥ 모든 플레이어가 12장의 폭탄 카드를 손에서 내려놓으면 게임이 종료되고, "성공 카드"에 가장 많이
쌓인 카드 색깔의 플레이어가 승리합니다.

4) 카드 능력 설명

① 1번 폭탄 : 반복하기, 앞으로 한칸 이동하기, 같은 카드 2장이면 모든 카드 폭발
   – 1번 폭탄은 앞으로 한 칸 가기를 반복합니다. 반복하기 블록을 사용하기 때문에 다음 사람 차례가
   끝날 때마다 계속해서 한 칸을 앞으로 이동합니다. 하지만 1번 폭탄이 2장 나올 경우에 놓여있는
   모든 폭탄들은 다 폭발하게 되고 아무도 살아남지 못하게 됩니다.

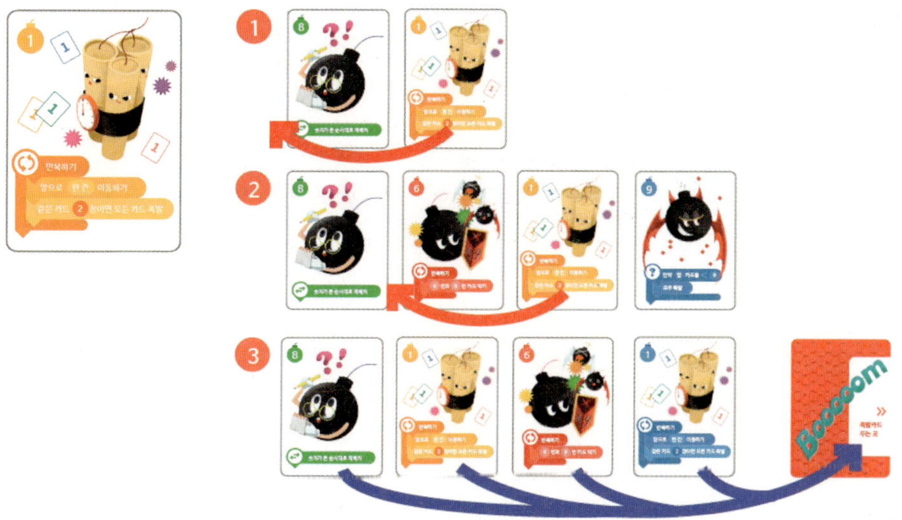

② 2번 폭탄 : 한 칸 또는 두 칸 뛰어넘기
   – 2번 폭탄은 앞으로 한 칸 또는 두 칸으로 이동할 수 있습니다.

③ 3번 폭탄 : 다른 카드의 능력 복제하기
   – 3번 폭탄은 놓여있는 카드 중 하나의 폭탄 카드를 복제합니다. 그러나 복제를 하고 능력을 발휘한
   후에는 즉시 평범한 숫자 3번 폭탄으로 돌아오게 됩니다. 반복 카드를 복제하더라도 한 번 능력을
   발휘하면 숫자 3번 폭탄으로 다시 돌아옵니다.

④ 4번 폭탄 : 만약 앞 카드들이 4보다 크다면 모두 뛰어넘기

　　– 4번 폭탄은 만약 앞에 자신보다 숫자가 큰 폭탄들이 있다면 모두 뛰어넘을 수 있습니다. 뛰어넘는
　　　도중 자신보다 작거나 같은 숫자가 앞에 나온다면 그 자리에 멈춥니다.

⑤ 5번 폭탄 : 만약 앞 카드들과 색이 다르다면 모두 뛰어넘기

　　– 5번 폭탄은 만약 자신과 같은 색이 아니라면 모두 뛰어 넘을 수 있는 능력을 가지고 있습니다. 자
　　　신과 같은 색깔의 폭탄이 있다면 그 다음 자리에 놓여집니다.

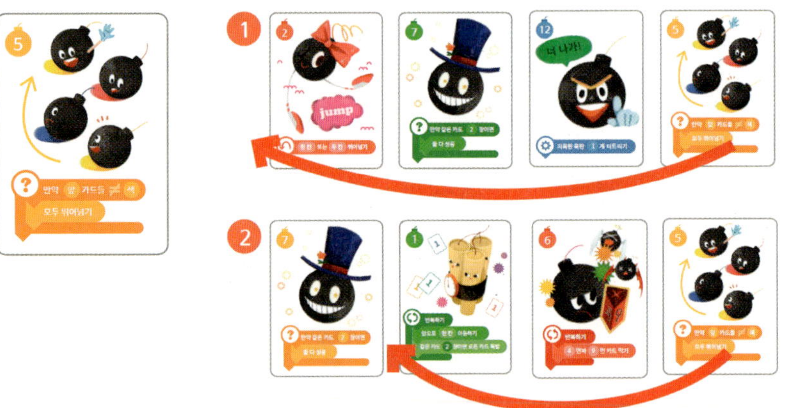

⑥ 6번 폭탄 : 반복하기, 4번과 9번 카드 막기

　– 6번 폭탄은 4번과 9번 폭탄이 앞으로 지나가지 못하게 하는 능력을 가지고 있습니다. 따라서 6번 폭탄 앞에 있는 카드들은 4번과 9번 폭탄의 능력에 영향을 받지 않습니다. 반복하기 능력을 사용하고 있기 때문에 차례가 지나가도 계속해서 능력을 수행합니다.

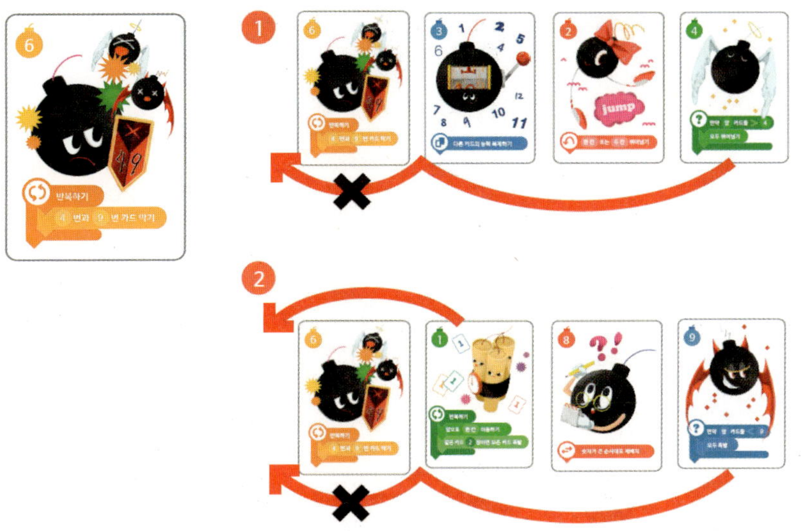

⑦ 7번 폭탄 : 만약 같은 카드 2장이면 둘 다 성공

　– 7번 폭탄은 별다른 능력을 가지고 있지 않은 것처럼 보이지만 7번 폭탄이 2장 나올 경우에 그 두 개의 7번 폭탄은 즉시 해체에 성공하여 성공 카드 위에 쌓이게 됩니다.

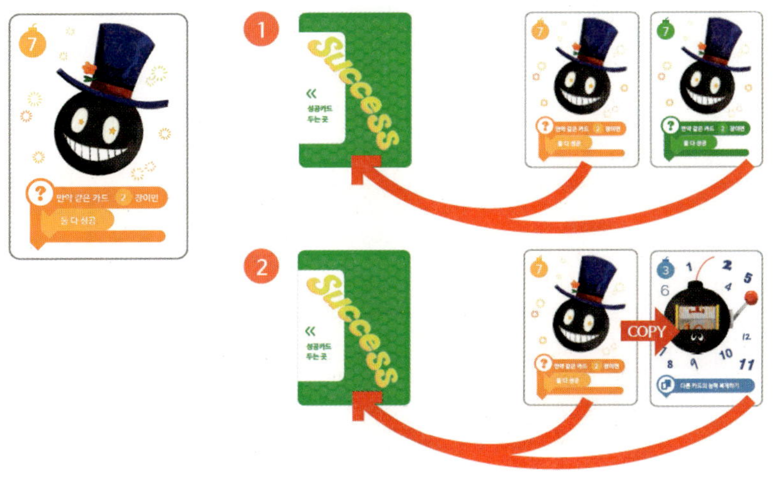

⑧ 8번 폭탄 : 숫자가 큰 순서대로 재배치

　　– 8번 폭탄은 숫자가 큰 폭탄 순서대로 나열하는 능력을 가지고 있습니다. 같은 숫자의 폭탄이 있을
　　　때는 앞에 있는 폭탄이 먼저 나열됩니다.

⑨　9번 폭탄 : 만약 앞 카드들이 9보다 작다면 모두 폭발

　　– 9번 폭탄은 만약 앞에 자신보다 숫자가 작은 폭탄들이 있다면 모두 폭발시키는 능력을 가지고 있
　　　습니다. 폭발시키는 도중 자신보다 크거나 같은 숫자가 앞에 나옵니다.

⑩ 10번 폭탄 : 맨 앞으로 이동, 만약 2번 카드가 있다면 그 뒤로 이동

　　– 10번 폭탄은 맨 앞으로 이동할 수 있는 능력을 가지고 있지만 2번 폭탄이 해체를 기다리고 있다
　　　면 2번 폭탄 뒤로 이동하게 됩니다. 2번 폭탄이 2장 있다면 가장 앞에 있는 2번 뒤에 놓여지게 됩
　　　니다.

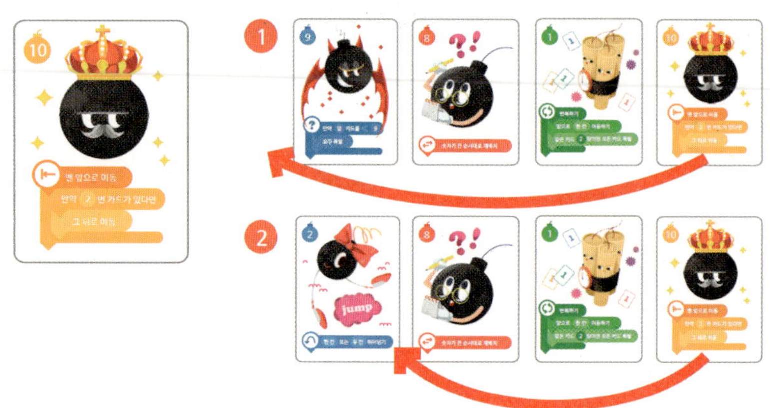

⑪ 11번 폭탄 : 모든 짝수 폭발

– 11번 폭탄 카드를 놓게 되면 그 즉시 짝수가 적힌 폭탄들은 폭발하여 폭발 카드 위에 쌓이게 됩니다.

⑫ 12번 폭탄 : 지목한 폭탄 1개 폭발 시키기

– 12번 폭탄은 해체를 기다리고 있는 폭탄들 중 하나를 지목하여 폭발시킬 수 있습니다.

(3) 엔트리봇 카드게임으로 배우는 프로그래밍 개념

엔트리봇 카드게임은 카드에 적힌 명령을 읽고 그대로 수행하는 과정을 통해 스스로 컴퓨터가 되어 명령에 따라 행동하는 체험을 할 수 있습니다. 또한 각 폭탄 카드의 능력이 블록으로 적혀 있어 블록형 프로그래밍 언어에 익숙해질 수 있습니다.

순차 : 카드를 내려놓고 내려놓은 순서대로 카드에 적힌 명령을 수행하는 과정에서 컴퓨터는 명령을 순서대로 실행한다는 '순차'의 개념을 배울 수 있습니다.

반복 : 컴퓨터는 같은 명령을 쉽게 반복합니다. 1번과 6번 카드는 '반복하기' 명령이 있어 매 턴 명령을 반복하여 실행해야 합니다.

선택 : 컴퓨터는 조건에 따라 명령의 실행 여부를 선택합니다. 4, 5 7, 9번 카드는 '만약~라면' 조건에 따라 능력을 선택적으로 실행합니다.

02 엔트리봇 보드게임으로 배우기

(1) 엔트리봇 보드게임이란?

엔트리봇 보드게임은 간단한 카드게임을 통해서 '순차, 반복, 함수' 개념을 학습할 수 있는 언플러그드 교구입니다. 최소 2명에서 최대 4명이 즐길 수 있으며, 초등학교 3~4학년부터 적용 가능합니다. 블록형 프로그래밍 언어를 다루기 전 블록형 언어에 대한 이해도를 높일 수 있습니다.

강아지 로봇을 생산하던 루츠공장에 어느 날 번개로 정전이 일어난다. 이때 일어난 시스템 오류로 생각하는 능력을 갖게 된 엔트리봇! "어서 덜 조립된 부품들을 찾아 조립하고 공장을 빠져나가자!"

준비물
- 맵 1개
- 기본이동카드 24장(1인:6장씩)
- 특수이동카드 36장(종류별 12장씩)
- 게임용 말 4개(빨강/보라/청록/노랑)
- 컨트롤러 4개(빨강/보라/청록/노랑)
- 설명서 1부

(2) 엔트리봇 보드게임 시작해보기

1) 게임 목표

이동카드를 사용하여 엔트리봇을 움직여 정해진 개수만큼의 부품카드(2인 : 5장, 3인 : 4장, 4인 : 3장)를 먼저 획득하는 사람이 이깁니다.

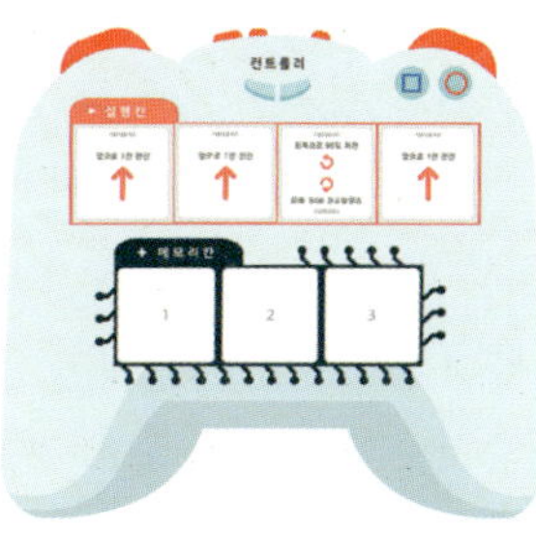

[활동 영상] http://tvcast.naver.com/v/603386

2) 게임 준비

① 작은 부품카드를 보드의 빈 곳에 골고루 배치합니다.

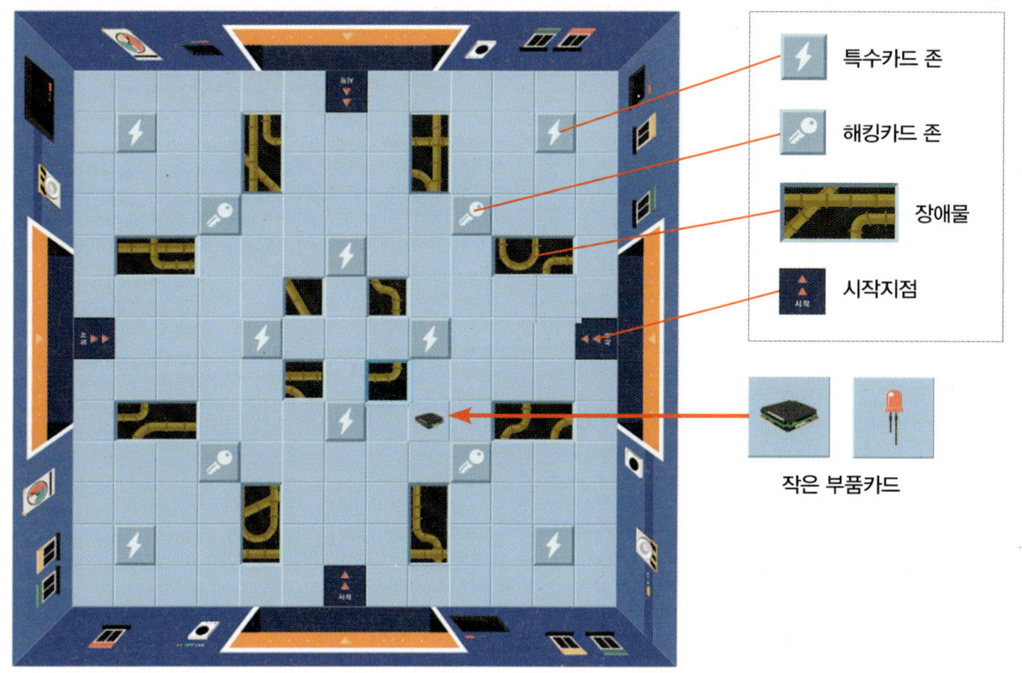

② 자신의 엔트리봇 색을 고르고, 같은 색의 컨트롤러를 받습니다.

③ 가위바위보를 통해 순서를 결정합니다. 이긴 순서대로 4곳의 시작 지점 중 원하는 곳을 선택하여 엔트리봇이 화살표 방향을 보도록 놓습니다.

④ 큰 부품카드를 잘 섞어 1장씩 나누어 갖습니다.
　– 이 카드와 동일하게 생긴 작은 부품카드가 처음 획득해야 하는 카드입니다.
　– 작은 부품카드를 획득하면 큰 부품카드를 또 뽑아 다음 부품을 획득합니다.

앞면

뒷면

작은 부품카드

⑤ 플레이어마다 기본이동카드 6장을 받습니다.
　– 이 카드는 게임이 끝날 때까지 계속해서 재사용합니다.

앞면

뒷면

⑥ 플레이어마다 특수이동카드를 종류별로 3장 받습니다.
  – 이 카드는 사용 후 반납해야 하며, 게임 중 보드 위 '특수이동카드존'에 멈춰서면 무작위로 1장을
    획득합니다.

앞면   뒷면

3) 게임 방법

① 플레이어가 자신의 차례가 오면 컨트롤러 위에 기본이동카드/특수이동카드를 조합하여 자신의 엔트리봇을 움직입니다. 내가 가진 큰 부품카드의 부품을 찾아가는 것이 목표입니다.
  – 반드시 4칸을 다 채우지 않아도 됩니다.
  – 컨트롤러 위에 모든 프로그램을 완성한 후 엔트리봇을 움직입니다.
  – 이동 중간에 프로그램을 바꿀 수 없으며, 엔트리봇을 이동시키다가 더 이상 이동할 수 없게 되면
    그 곳에 멈춥니다.
  – 다음 자신의 차례가 오면 엔트리봇이 멈춘 위치와 방향으로부터 다시 움직입니다.

② 기본이동카드는 앞으로 1칸 전진, 왼쪽으로 90도 회전, 오른쪽으로 90도 회전을 구분하여 엔트리봇을 움직이는 데 사용할 수 있습니다. 회전 시에는 제자리에서 방향만 바꿉니다. 사용한 기본이동카드는 계속해서 매 턴 원하는 대로 조합하여 재사용합니다.

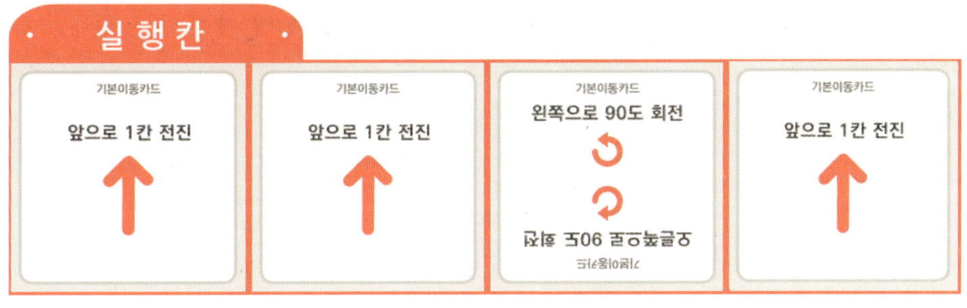

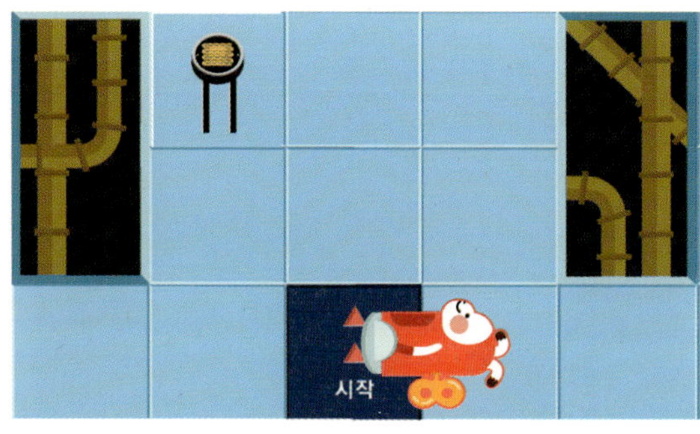

③ 특수이동카드를 사용하면 엔트리봇을 더 효율적으로 이동하여 한 번에 더 멀리 갈 수 있습니다.

TIP **특수이동카드의 기능**

① 점프카드는 두 칸을 이동할 수 있는 카드입니다.

– 장애물과 다른 플레이어는 점프카드를 이용해야만 뛰어넘을 수 있습니다.

② 반복 카드를 사용하면 현재까지의 행동을 반복합니다.

③ 메모리 카드를 사용하면 메모리슬롯을 사용할 수 있습니다.

– 메모리슬롯 안에 반복 카드를 사용하면 메모리슬롯 안만 반복합니다.

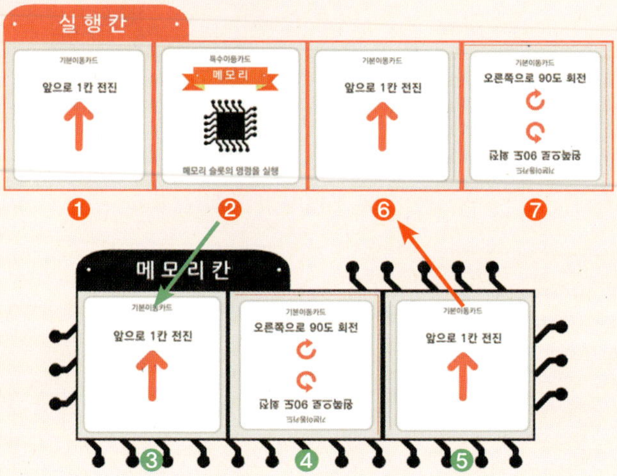

④ 특수이동카드 존에 멈춰서면 특수이동카드를 1장 뽑습니다. 뽑은 특수이동카드는 원할 때 사용할 수 있습니다.

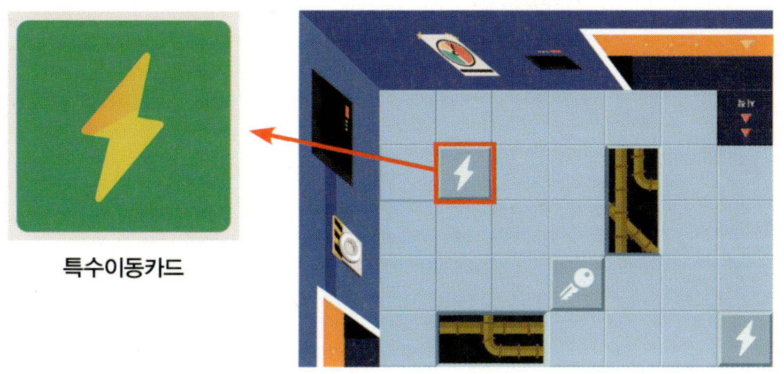

특수이동카드

⑤ 해킹카드 존에 멈춰서면 해킹카드를 1장 뽑습니다. 해킹카드는 뽑은 즉시 실행해야 합니다.
　– 해킹카드에는 플레이어에게 좋은 것도 있고 나쁜 것도 있습니다.

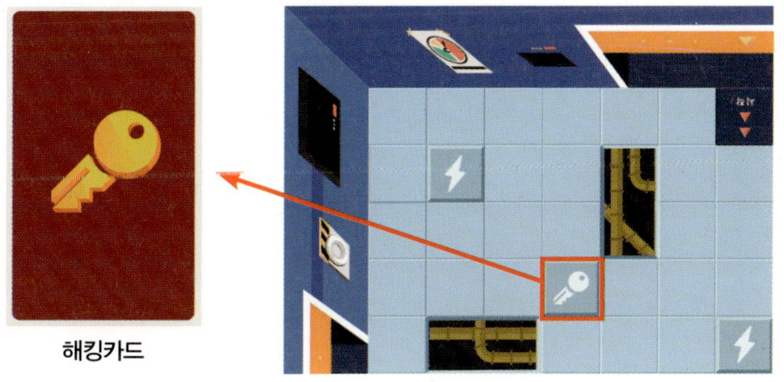

해킹카드

⑥ 부품카드를 획득하면 다음 획득해야 할 큰 부품카드 1장을 가져갑니다. 엔트리봇을 움직여 정해진 수(2인: 5장, 3인: 4장, 4인: 3장)의 작은 부품카드를 가장 먼저 획득하는 사람이 승리합니다.
　– 내가 획득해야 할 부품이 아닌 다른 부품 위에 도달한 경우, 그 위에 서 있을 수는 있지만 해당 부품을 획득할 수는 없습니다.

(3) 엔트리봇 보드게임으로 배우는 프로그래밍 개념

엔트리봇 보드게임은 원하는 부품까지 찾아가기 위해 가지고 있는 명령어를 사용하여 효율적으로 이동하는 알고리즘을 만드는 체험을 할 수 있습니다.

순차 : 엔트리봇이 이동해야 하는 순서를 고려하여 이동카드를 순서대로 내려놓는 과정에서 컴퓨터는 명령을 순서대로 실행한다는 '순차'의 개념을 배울 수 있습니다.

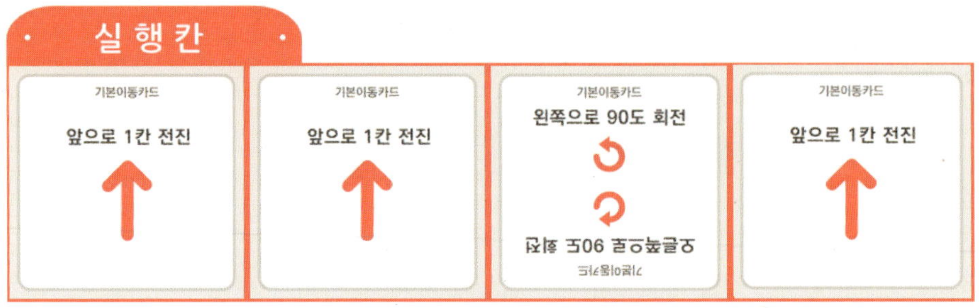

반복 : 컴퓨터는 같은 명령을 쉽게 반복합니다. 반복특수카드를 사용하여 좀 더 효율적인 알고리즘을 만들 수 있습니다.

함수 : 컴퓨터는 자주 사용되는 명령을 묶어 '함수'로 정의하고 필요할 때 불러와 사용합니다. 메모리 특수카드를 사용하면 함수를 정의하고 불러와 효율적인 알고리즘을 만드는 방법을 알 수 있습니다.

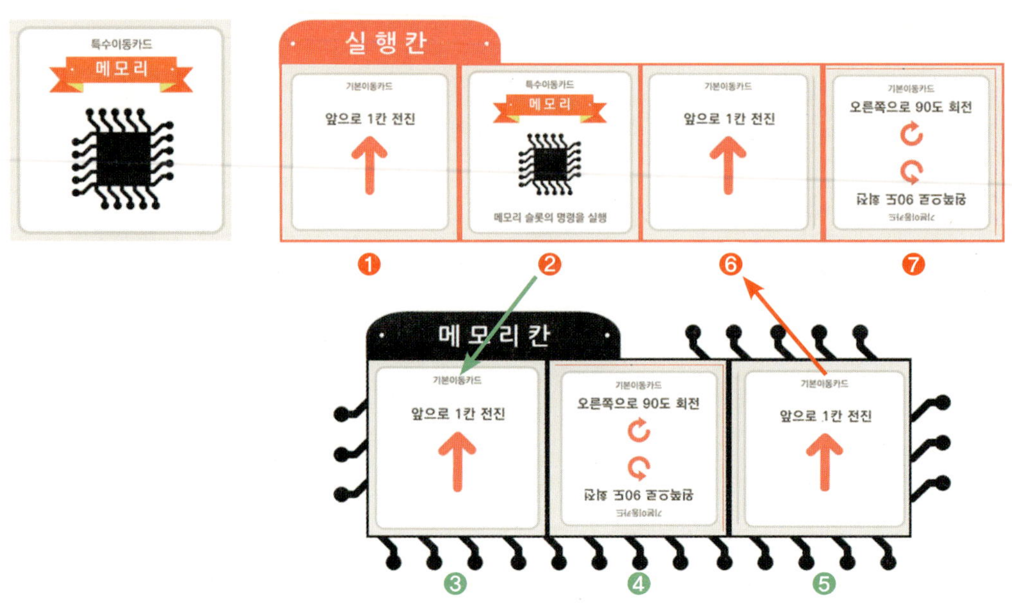

학습정리

1. 엔트리봇 카드게임과 보드게임을 통하여 알고리즘/프로그래밍 중심 언플러그드 활동을 할 수 있습니다.

2. 엔트리봇 카드게임을 통해 카드에 적인 명령을 수행하며 순차, 반복, 선택의 개념을 배울 수 있습니다.

3. 엔트리봇 보드게임을 통해 효율적인 알고리즘을 만들며 순차, 반복, 함수의 개념을 배울 수 있습니다.

01 다음 설명을 읽고 맞으면 O, 틀리면 X를 고르시오.

> 엔트리봇 카드게임과 보드게임은 알고리즘/프로그래밍 중심 언플러그드 활동이다.

(   )

02 엔트리봇 카드게임에서 노란색 플레이어가 9번 카드를 내려놓으면 어떻게 되겠는가?

① 8번 카드가 폭발하고 9번 카드가 줄의 3번째에 위치한다.
② 2번과 8번 카드가 폭발하고 9번 카드가 줄의 2번째에 위치한다.
③ 2번, 10번, 8번 카드가 모두 폭발하고 9번 카드가 줄의 1번째에 위치한다.
④ 아무 일도 일어나지 않는다.

정답 해설

01 O

언플러그드 활동은 컴퓨터 없이도 컴퓨터과학 개념, 알고리즘을 학습할 수 있는 놀이 활동이다. 엔트리봇 카드게임과 보드게임은 순차, 반복, 선택, 함수 등의 알고리즘과 프로그래밍 개념을 배울 수 있는 언플러그드 활동 교구이다.

02 ①

9번 카드의 능력은 바로 앞에 있는 카드와 비교하여 순차적으로 발효합니다. 제일 먼저 바로 앞에 있는 8번 카드가 9번보다 작으므로 폭발합니다. 그 앞에 있는 10번 카드는 9번 카드보다 크므로 폭발하지 않습니다. 10번 카드로 인해 9번 카드의 능력이 막혔으므로 그 앞에 있는 2번 카드는 영향을 받지 않습니다.

03 엔트리봇 보드게임에서 아래와 같이 이동카드를 배치했을 때, 맨 마지막에 동작하는 '앞으로 1칸 전진' 명령은 몇 번째로 실행되겠는가?(단, 메모리슬롯 안에 '반복' 명령이 있을 때에는 메모리슬롯 내에 있는 명령만 반복된다.)

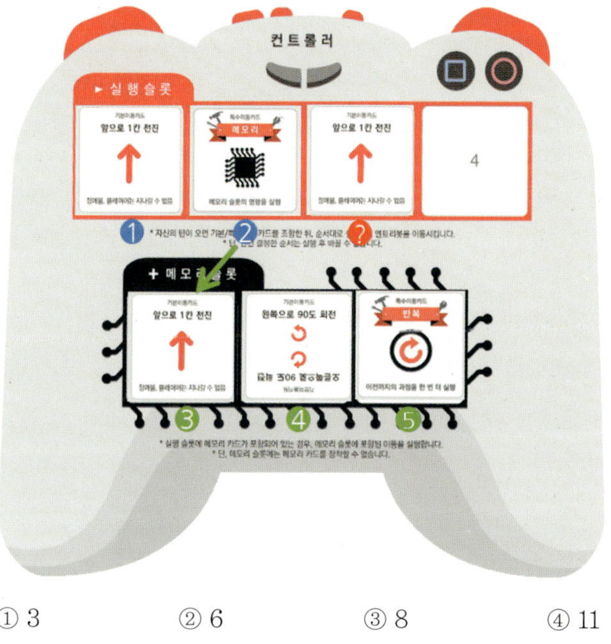

① 3   ② 6   ③ 8   ④ 11

정답 해설

03 ③

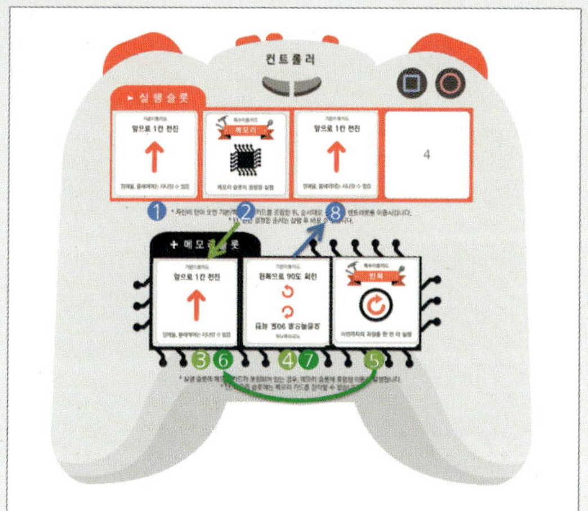

SECTION 04 미션으로 배우는 기초 알고리즘 활동

01 기초 알고리즘 활동이란?

(1) 엔트리 기초 알고리즘 활동

알고리즘은 문제해결 방법을 잘게 쪼개어 순서대로 나열하는 것을 말합니다. 기초 알고리즘 활동에서는 자유로운 창작 활동을 하기 전에, 제한된 문제 상황을 제한된 명령어를 통해 해결해보도록 합니다.

엔트리의 '미션 학습' 모드나 code.org에서는 이러한 알고리즘 학습을 게임을 하듯 즐겁게 배울 수 있도록 문제해결과정을 제공합니다. 미로 찾기, 그림 그리기, 게임 만들기 등과 다양한 형태로 주어지는 미션 형태의 기초 알고리즘 활동 학습 콘텐츠를 통해 프로그래밍의 기초 개념인 '순차, 반복, 선택 구조'를 자연스럽게 익힐 수 있습니다.

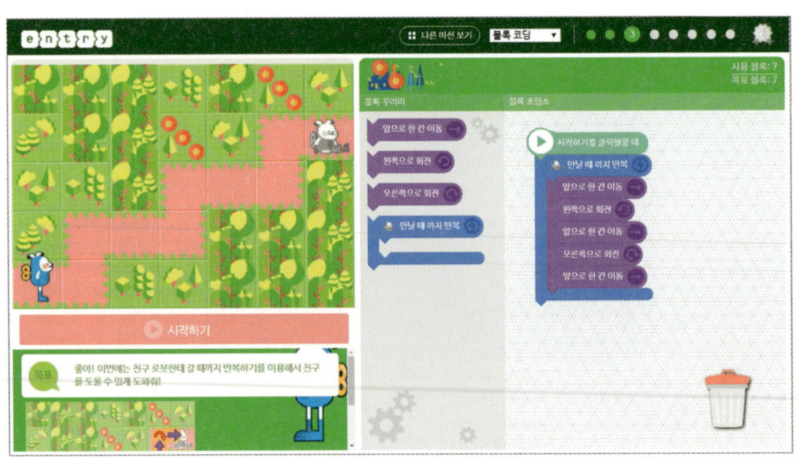

이와 같은 기초 알고리즘 콘텐츠를 활용하면 딱딱한 알고리즘 수업을 매우 재미있는 문제해결형 수업으로 만들 수 있습니다. 그러나 자칫하면 학생들이 미션을 빨리 해결하는 데만 치중하여 중요한 개념들을 놓치고 갈 수 있습니다. 따라서 학생들이 자신이 문제를 푼 방식을 다른 사람과 비교하고 더 좋은 방법에 대해 서로 이야기해보도록 하는 것이 좋습니다.

(2) 미션 해결하기

1) 엔트리 미션 페이지 접속하기

엔트리 메뉴에서 [학습하기]-[엔트리 학습하기]로 들어갑니다. [주제별 학습 과정]에서 [미션 해결하기]를 클릭합니다.

다양한 미션을 통해 순차, 반복, 선택, 함수, 비교연산 등의 알고리즘 개념을 배울 수 있습니다.

2) 학습 방법

엔트리 미션 해결하기는 게임을 하듯 미션을 해결해 가면서 소프트웨어를 만드는 기본 원리를 배울 수 있는 학습 콘텐츠입니다.

먼저 ❶ 미션을 확인하고, ❷ 블록을 조립한 후, ❸ [시작하기]를 클릭하여 미션을 해결합니다.

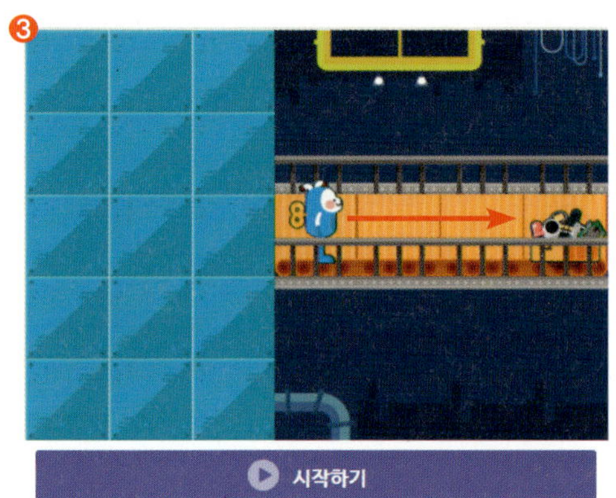

'블록 꾸러미'에는 엔트리봇을 움직일 수 있는 블록들이 있고, 이 블록들을 '블록 꾸러미'로 끌어와 원하는 대로 조립합니다. 화면 상단에서는 현재까지 사용한 '사용 블록'의 개수와 미션 해결을 위해 필요한 '목표 블록'의 개수를 볼 수 있습니다. 목표 블록 내에서 미션을 해결할 수 있도록 합니다.

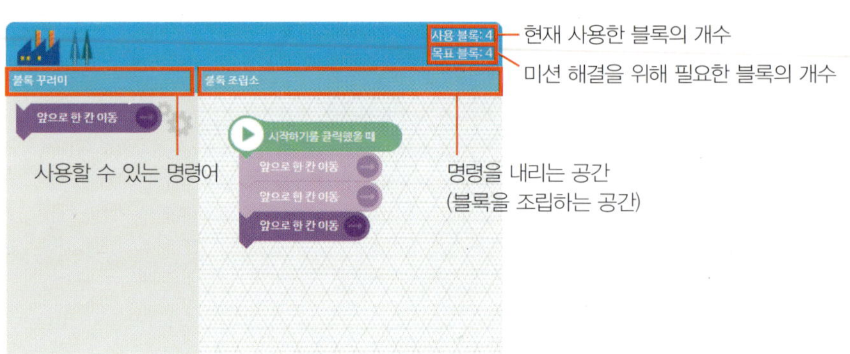

미션 해결 후 [다음단계 가기]를 클릭하면 다음 단계로 갈 수 있습니다. 목표를 달성하지 못했거나, 목표블록보다 블록을 많이 쓰거나, 꼭 사용해야 하는 블록을 사용하지 않았을 경우에는 [다시하기]를 통해 다시 도전할 수 있습니다.

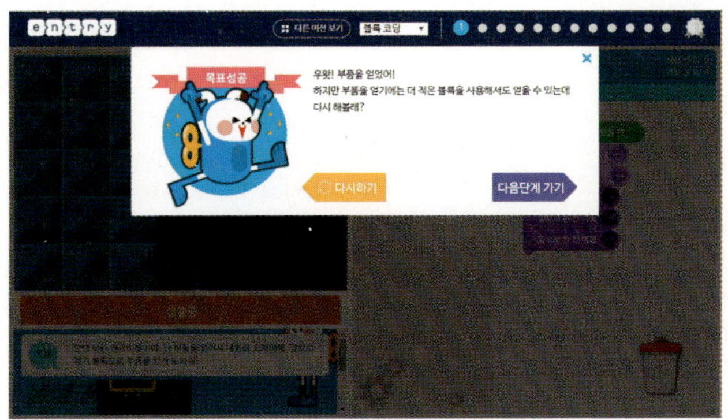

3) 학습 시 주의점

미션 해결하기로 학습할 때 주의해야 할 점들이 있습니다. 간단한 문제들은 쉽게 풀 수 있지만 조금만 복잡해져도 학생들은 문제해결에 어려움을 겪습니다. 생각을 하지 않고 아무렇게나 블록을 나열하며 시도와 실패를 통해 우연히 미션을 해결하는 경우도 많습니다.

미션 해결하기의 목적은 기초 알고리즘을 통해 문제를 해결하는 원리에 대해 아는 것입니다. 일의 해결책을 '순서대로 나열하기(순차), 반복되는 작업 묶기(반복), 상황에 따라 다른 일 하게 하기(선택), 같은 명령어 약속하기(함수)'를 항상 생각하면서 문제를 해결할 수 있도록 지도합니다.

예를 들어 아래 그림과 같이 앞으로 한 칸 이동 5개는 **5번 반복하기** 블록으로 묶일 수 있다는 사실을 미션을 통해 익혔으면 그 다음 단계에서도 반복을 사용하여 문제를 해결하도록 해야 합니다.

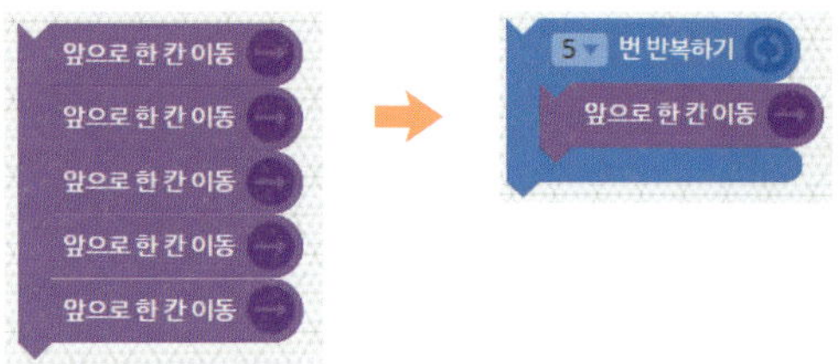

이제부터 직접 미션을 해결하며 각 단계에서 어떤 알고리즘 원리가 적용되는지 살펴봅시다.

02 로봇 공장 미션 해결하기

(1) 명령 블록을 순서대로 연결하기

로봇 공장 미션을 시작해봅시다. 미션을 읽고 [시작하기]를 클릭합니다.

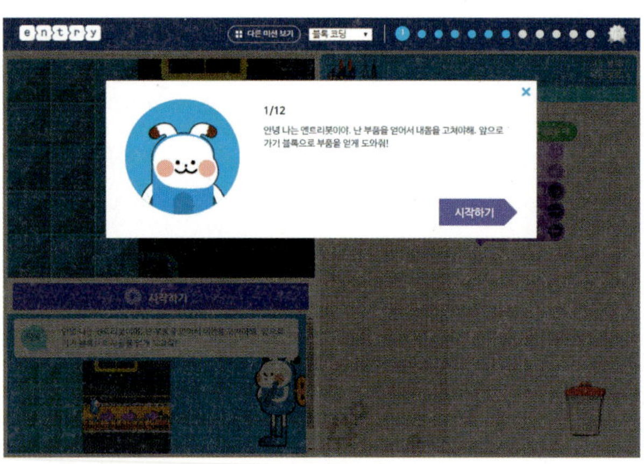

1단계부터 7단계까지는 명령 블록을 순서대로 연결하여 미션을 해결할 수 있습니다. 엔트리봇이 가야할 길을 보고, 아래 블록을 순서대로 연결하여 미션을 해결해봅시다.

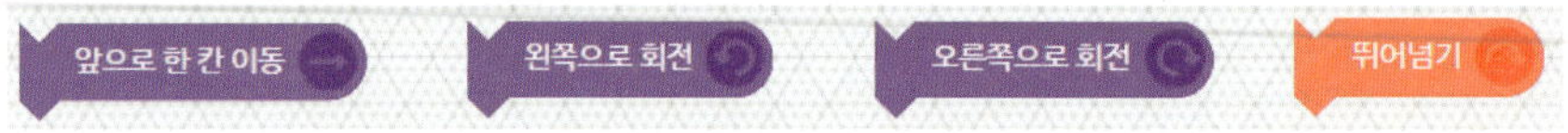

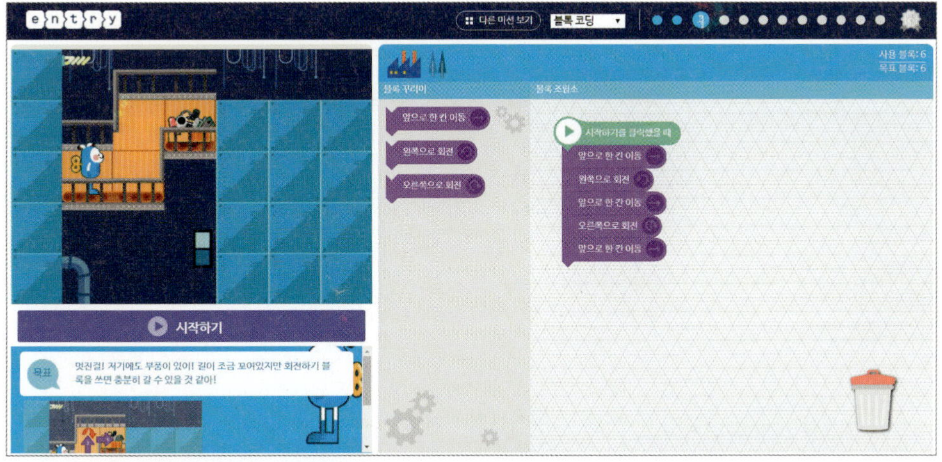

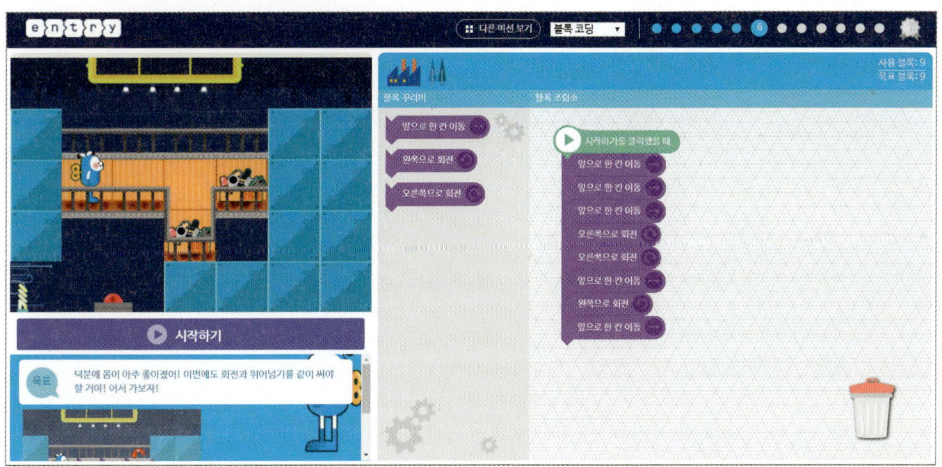

이렇게 프로그램에서 순서대로 명령을 실행하는 구조를 '순차'라고 합니다.

(2) 반복되는 블록을 반복 명령으로 묶기(입력한 횟수만큼 반복하기)

~번 반복하기 블록은 입력한 횟수만큼 내부에 끼워 넣은 블록을 반복하여 실행하는 블록입니다.

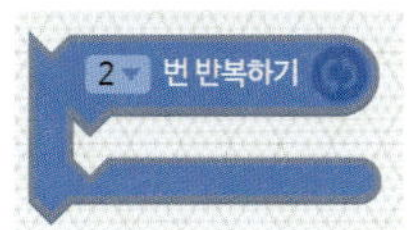

프로그램에서는 똑같이 반복되는 명령을 여러 번 쓰지 않고 묶어서 간결하게 명령할 수 있습니다.

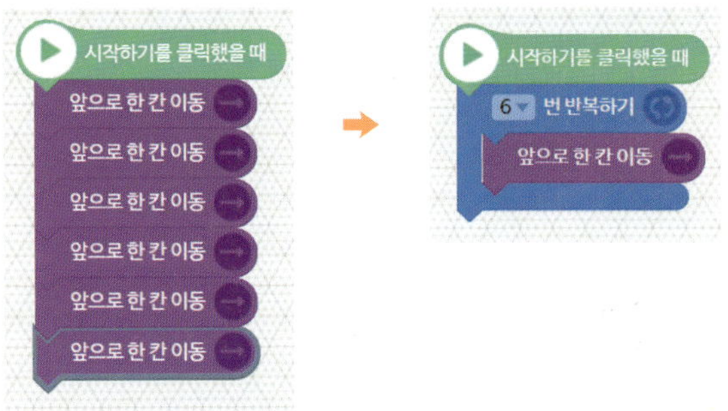

8단계부터 12단계까지는 **~번 반복하기** 블록을 사용하여 해결하는 미션입니다. 엔트리봇이 가야할 길을 보고 반복되는 구간을 찾고, 이것을 반복 명령으로 묶어 미션을 해결해봅시다.

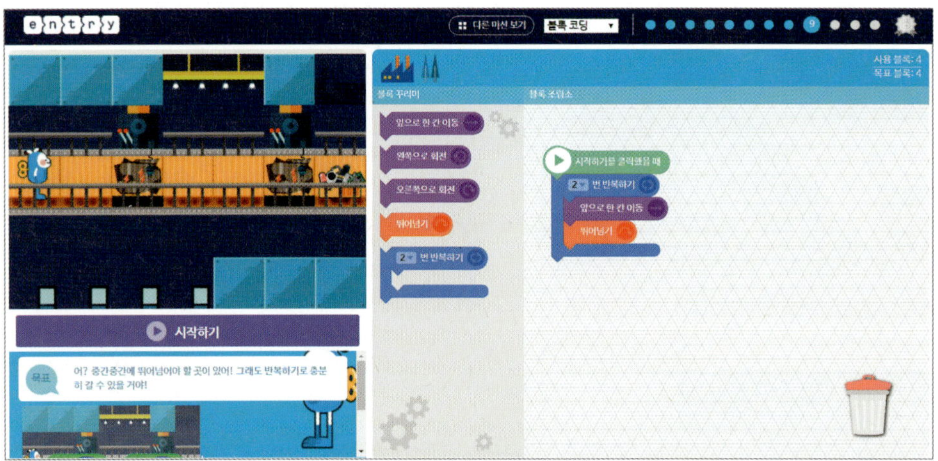

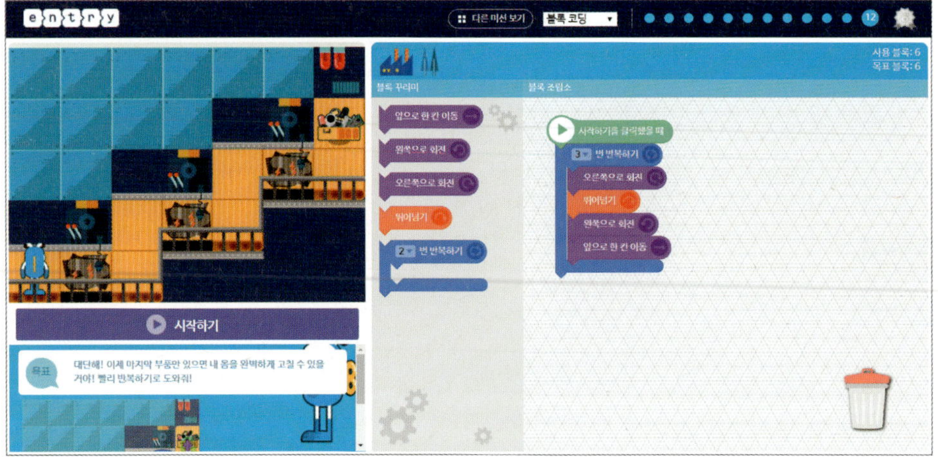

이렇게 프로그램에서 반복되는 명령을 묶어 짧게 줄여준 구조를 '반복'이라고 합니다.

미션을 모두 해결하면 인증서가 나옵니다. 마우스 오른쪽 버튼을 클릭해 인증서를 저장하거나, 하단에 공유 주소를 클릭하고 복사하여 다른 게시판 등에 인증서를 올릴 수 있습니다.

03 전기자동차 미션 해결하기

(1) 명령 블록을 순서대로 연결하기

전기 자동차 미션을 시작해봅시다. 미션을 읽고 [시작하기]를 클릭합니다.

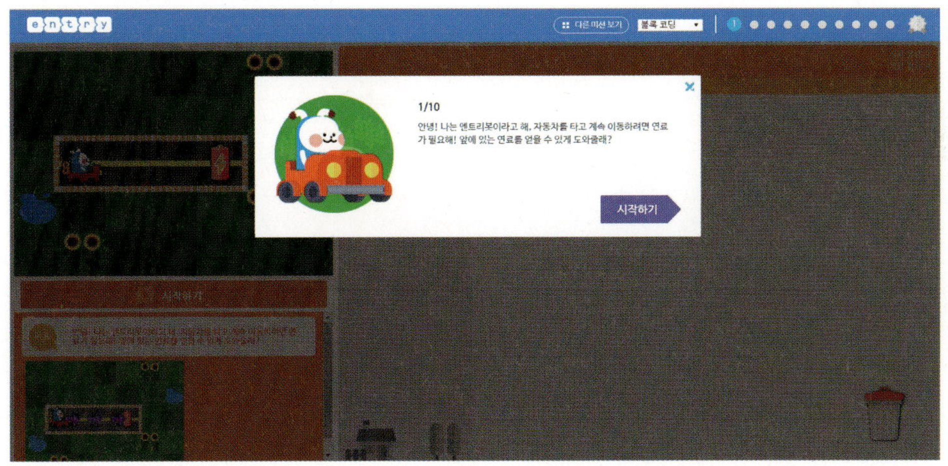

1단계부터 3단계까지는 명령 블록을 순서대로 연결하여 미션을 해결할 수 있습니다. 엔트리봇이 가야할 길을 보고, 아래 블록을 순서대로 연결하여 미션을 해결해봅시다.

(2) 반복되는 블록을 반복 명령으로 묶기(조건을 만족할 때까지 반복하기)

~까지 반복하기 블록은 조건을 만족할 때까지 내부에 끼워 넣은 블록을 반복하여 실행하는 블록
입니다.

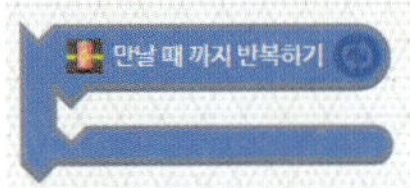

이 블록을 사용하면 반복하는 횟수를 정확하게 세지 않고도 명령을 반복할 수 있습니다.

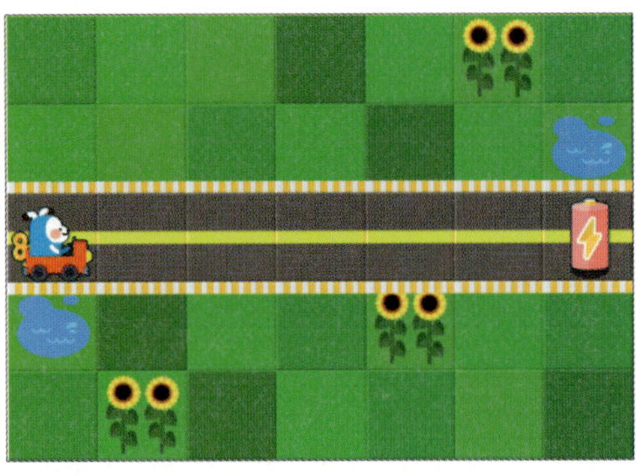

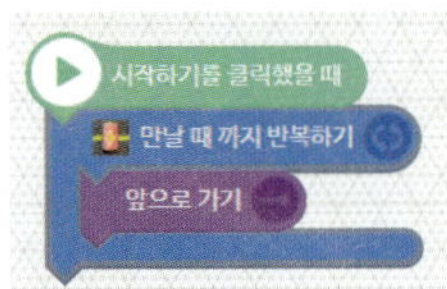

4단계부터 5단계 까지는 **~까지 반복하기** 블록을 사용하여 해결하는 미션입니다. 엔트리봇이 가야
할 길을 보고 반복되는 구간을 찾고, 이것을 반복 명령으로 묶어 미션을 해결해봅시다.

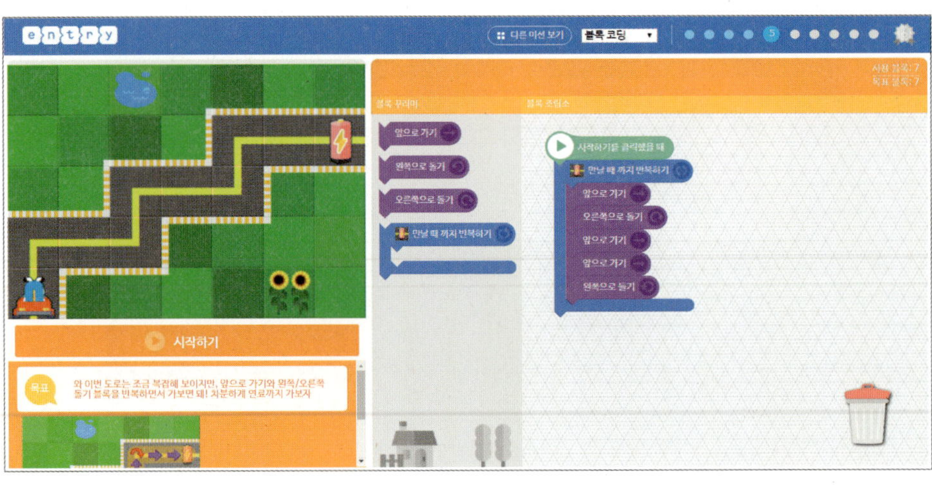

(3) 상황에 따라 다른 명령 선택하기

만약 ~라면 블록은 조건을 만족하는 경우에만 내부의 블록을 실행하는 블록입니다.

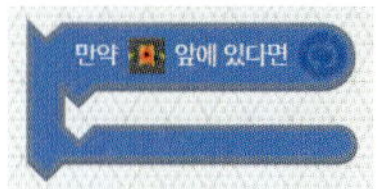

프로그램에서는 특정한 조건을 만족하는지 여부를 판단하여 조건에 따라 다른 명령하도록 할 수 있습니다.

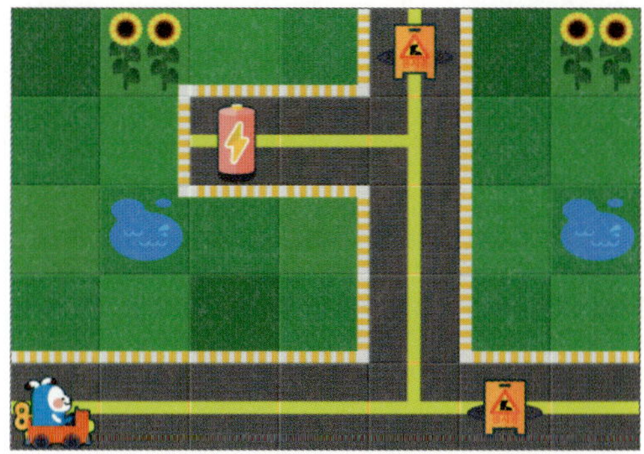

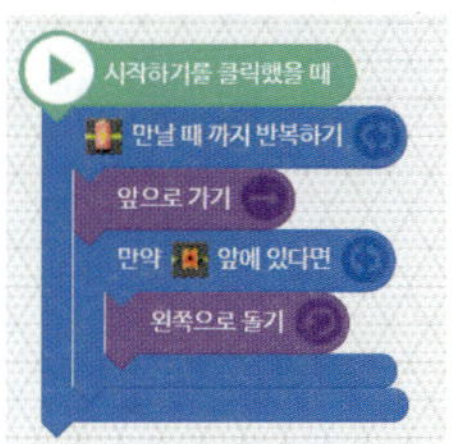

위 코드에서 블록의 포함관계에 유의해야 합니다. 앞에 [공사중]이 있는지 판단하는 것도 배터리에 도착할 때까지 반복해서 해야하는 일입니다. 따라서 한 칸 이동 후 판단하고, 또 한 칸 이동 후 판단하는 것을 반복해야 합니다. 실제 명령이 실행되는 순서를 적어 생각해봅시다.

a. 앞으로 가기

b. 앞에 [공사중]이 있는가? – X

c. 앞으로 가기

d. 앞에 [공사중]이 있는가? – X

e. 앞으로 가기

f. 앞에 [공사중]이 있는가? – O

g. 왼쪽으로 돌기

h. 앞으로 가기

i. 앞에 [공사중]이 있는가? – X

6단계부터 12단계까지는 **만약 앞에 ~가 있다면** 블록을 사용하여 해결하는 미션입니다. 엔트리봇이 앞으로 가다가 다른 명령을 수행해야 하는 상황들을 찾아보고, 이것을 **만약 앞에 ~가 있다면** 블록을 사용하여 미션을 해결해봅시다.

12단계 미션에는 트릭이 있습니다. **만약 ~가 앞에 있다면** 블록 내부에 여러 개의 블록을 끼워 넣으면 목표 블록 내에서 목표를 달성해봅시다.

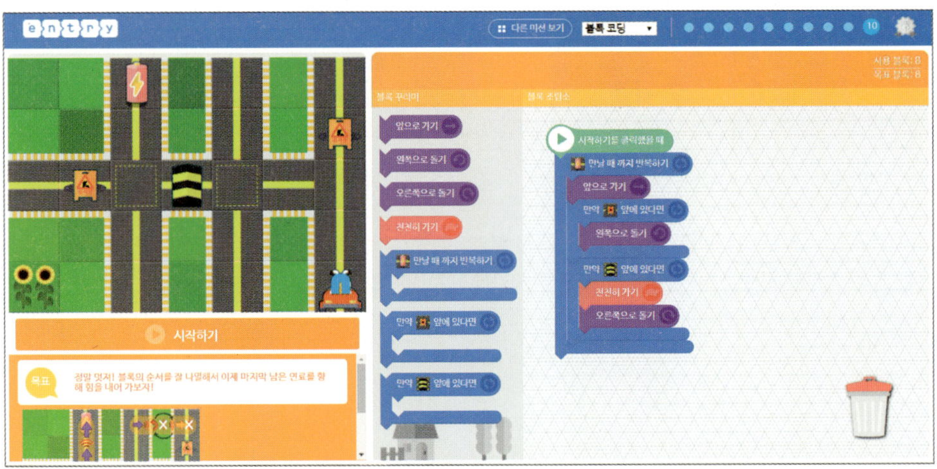

이렇게 프로그램에서 조건의 만족 여부에 따라 선택적으로 명령을 실행하는 구조를 '선택'이라고 합니다.

마을 탐험 미션을 시작해봅시다. 미션을 읽고 [시작하기]를 클릭합니다.

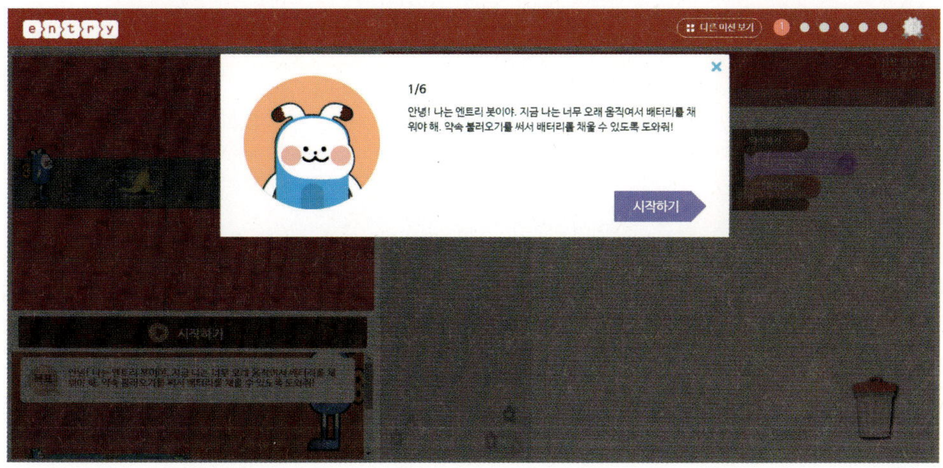

약속하기 블록과 **약속 불러오기** 블록은 자주 쓰이는 명령들을 묶어 약속하고, 필요할 때 불러와 간편히게 쓸 수 있는 블록입니다.

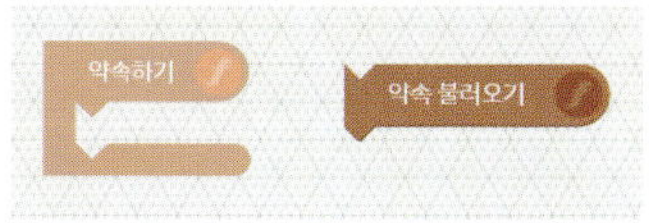

마을 탐험에서는 엔트리봇이 가야할 길에서 반복되는 패턴 찾아 명령을 **약속하기** 블록으로 약속하고, 약속한 것을 불러와 미션을 해결합니다.

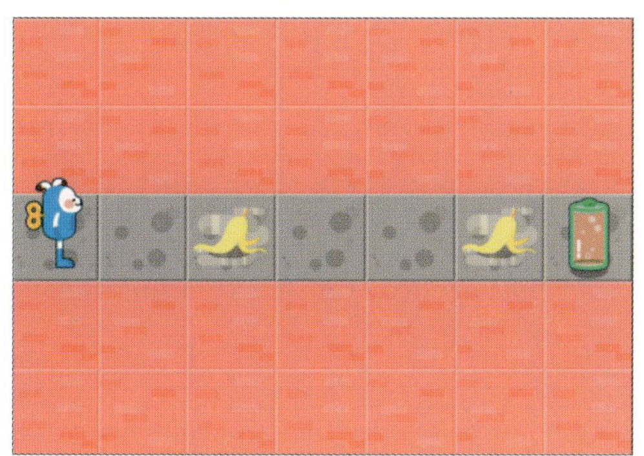

약속하기 블록에 약속된 명령을 몇 번 불러오면 될지 생각하여 **약속 불러오기** 블록을 사용해봅시다.

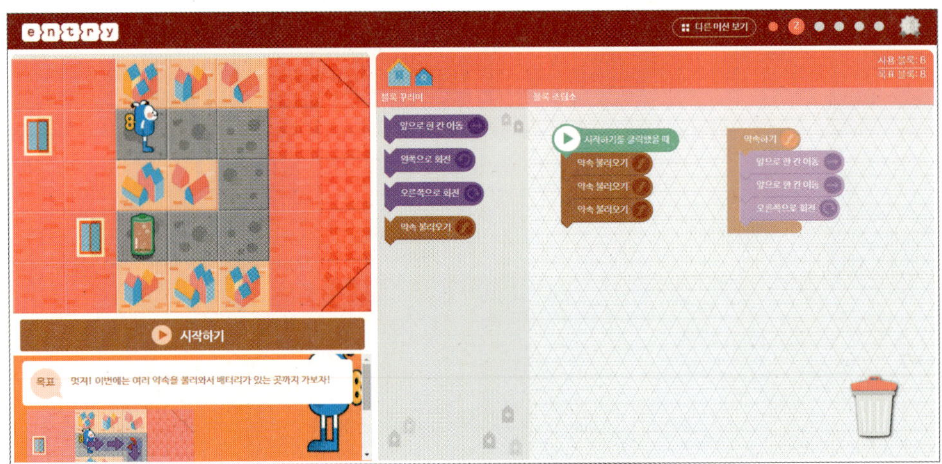

반대로, **약속 불러오기** 블록을 사용한 것을 보고 **약속하기** 블록에 어떤 약속을 해야 할지 정해봅시다.

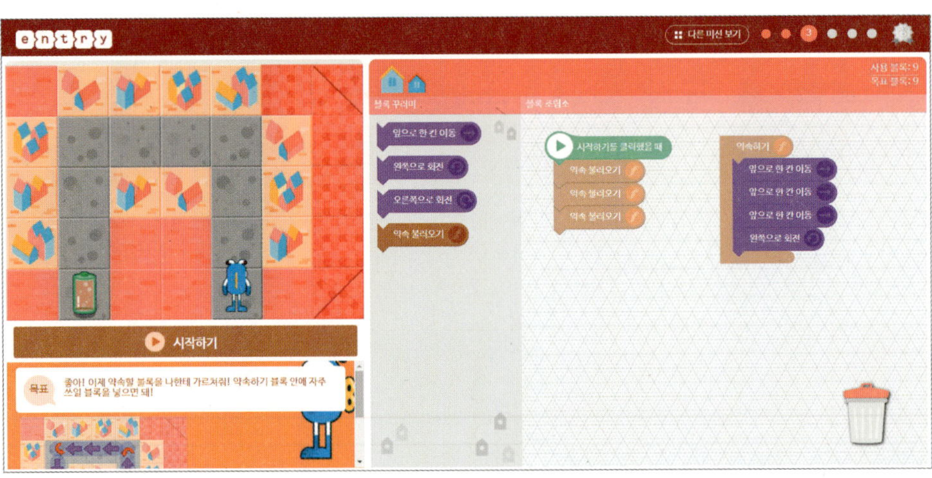

반복되는 패턴은 '약속'으로 묶어 사용하고, 그 이외의 부분은 일반 블록을 사용하여 이동합니다.

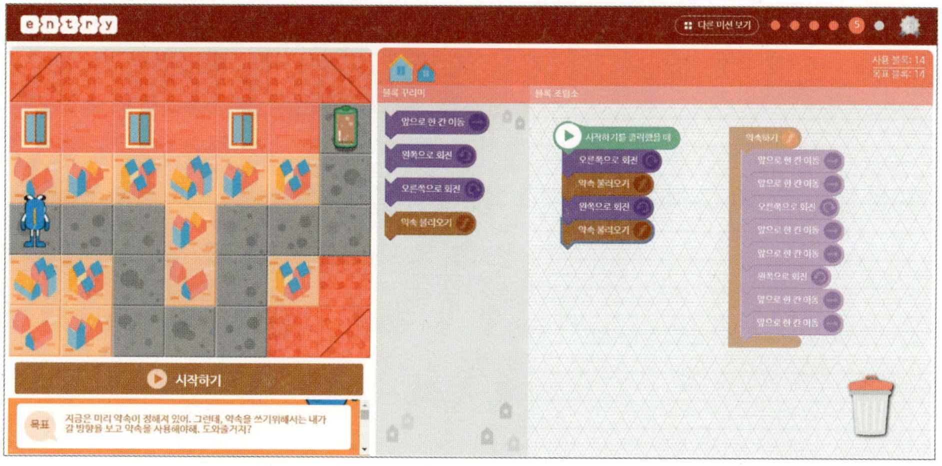

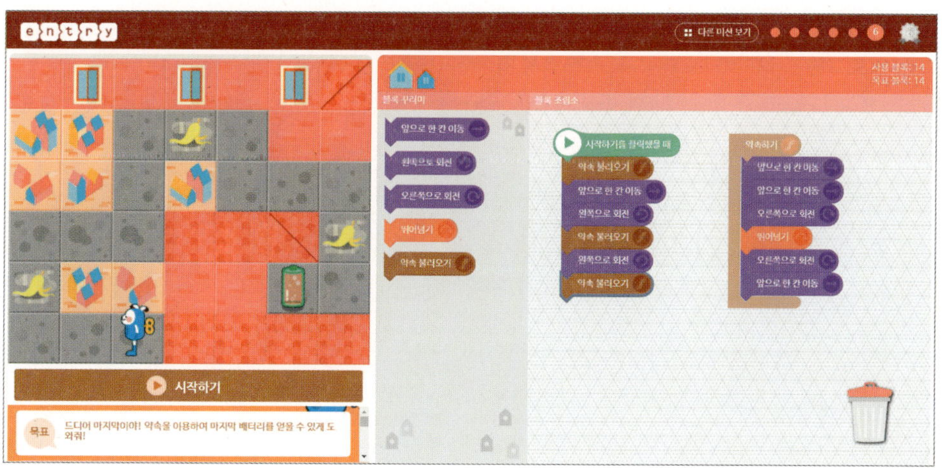

이렇게 프로그램에서 자주 사용되는 명령을 묶어 약속하고, 필요할 때 불러와 사용하는 것을 '함수'라고 합니다.

학습정리

1. 엔트리 미션 해결하기는 게임을 하듯 미션을 해결해 가면서 소프트웨어를 만드는 기본 원리를 배울 수 있는 학습 콘텐츠입니다.

2. 다양한 미션을 통해 '순차, 반복, 선택, 함수, 비교연산' 등의 알고리즘 개념을 배울 수 있습니다.

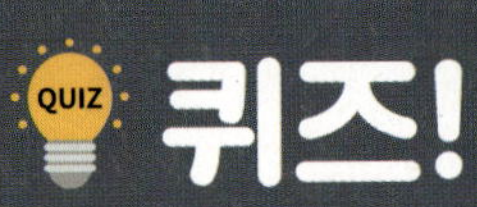# 퀴즈!

01 다음 중 엔트리 미션 해결하기에 대한 설명이 아닌 것은?

① 게임을 하듯 기초 알고리즘을 배울 수 있다.

② 순차, 반복, 선택, 함수 등에 대해 배울 수 있다.

③ 블록 명령어의 사용법을 익힐 수 있다.

④ 자유롭게 작품을 창작할 수 있다.

02 다음 그림에 대한 설명을 읽고 맞으면 O, 틀리면 X를 고르시오.

> 프로그램에서 반복되는 명령을 묶어 짧게 줄여준 구조를 '반복'이라고 한다.

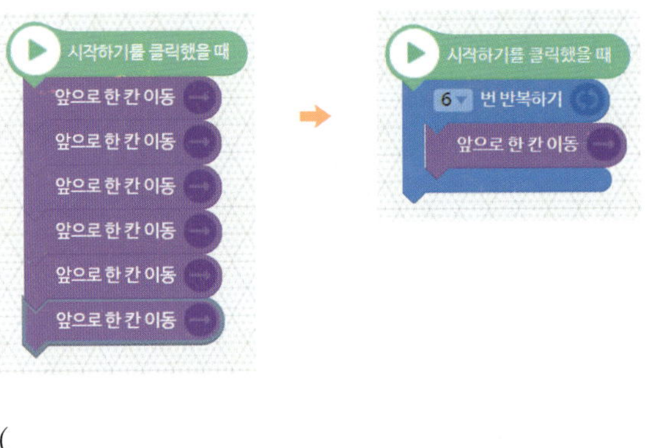

(   )

정답 해설

01 ④

'미션 해결하기'에서는 주어진 미션(문제)를 해결하며 게임을 하듯 기초 알고리즘을 익힙니다. ④는 엔트리 '만들기'에 대한 설명입니다.

02 O

프로그램에서는 '반복' 명령을 통해 긴 명령을 짧게 줄여 효율적으로 처리할 수 있습니다.

03 아래 상황에서 '왼쪽으로 돌기' 명령은 실제로 몇 번 실행되겠는가?

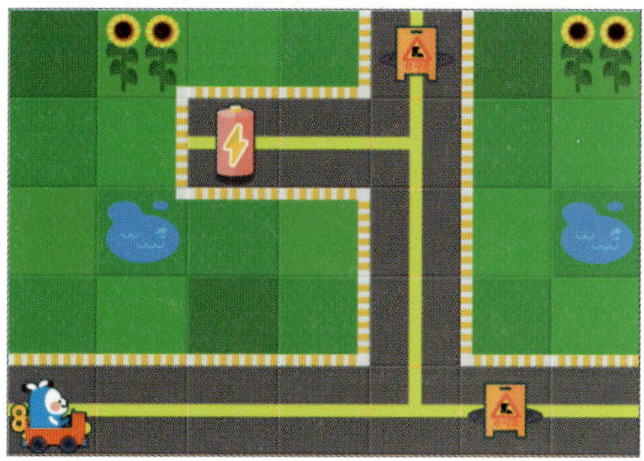

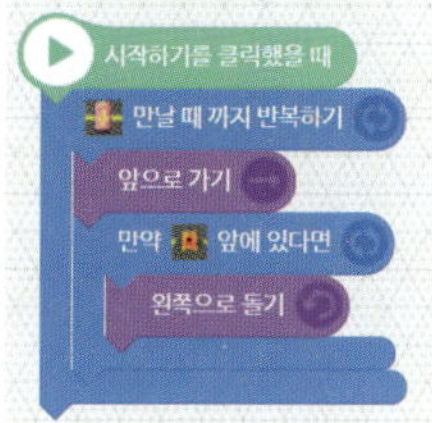

① 1번

② 2번

③ 3번

④ 4번

정답 해설

03 ②

'만약 ~라면' 블록은 조건을 만족하는 경우에만 내부의 블록을 실행하는 블록입니다. 위 미션에서 엔트리봇이 한 칸 앞으로 갈 때마다 앞에 [공사중]이 있는지를 판단하게 되나, 실제로 [공사중]이 있어 내부의 블록을 실행하는 횟수는 '2번'입니다.

EASY ENTRY PROGRAMMING

2

소프트웨어 만들기

교육용 프로그래밍 언어로 소프트웨어를 만들어봅시다.
블록을 조립하듯 쉽고 재미있게 다양한 작품들을 만들다 보면
자연스럽게 알고리즘과 프로그래밍 원리에 대해 알게 됩니다.
프로그래밍을 통해 로봇도 제어하다 보면
현실 세계와 프로그램이 상호작용하는 원리를 알게 되어
더욱 우리 주변의 소프트웨어에 대해 깊게 이해하게 됩니다.

SECTION 05 | 교육용 프로그래밍 언어 활동이란?

01 교육용 프로그래밍 언어 활동 알아보기

(1) 교육용 프로그래밍 언어(EPL: Educational Programming Language)

게임

애니메이션

교육용 프로그래밍 언어란, 프로그래밍을 처음 접하는 사람도 프로그래밍을 통해 알고리즘적 사고와 컴퓨팅 사고력을 기를 수 있도록 교육용으로 만들어진 프로그래밍 언어입니다. 영어로 된 명령어와 문법에 따라 작성해야 하는 전문 언어와는 달리 누구나 쉽게 접하고 이해할 수 있습니다. 교육용 프로그래밍 언어는 크게 블록형과 텍스트형이 있는데 이 중, 블록형 언어는 블록을 조립하듯이 문법에 크게 구애받지 않고도 다양한 작품을 만들 수 있어 처음 소프트웨어 교육을 시작하는 학습자에게 보다 적합합니다. 이러한 교육용 프로그래밍 언어는 쉬운 사용법과는 달리

실제 프로그래밍과 동일한 알고리즘적 사고를 통해 게임, 애니메이션, 미디어아트, 응용프로그램 등 다양한 작품을 만들 수 있어 소프트웨어 교육에서 가장 널리 사용되고 있습니다.

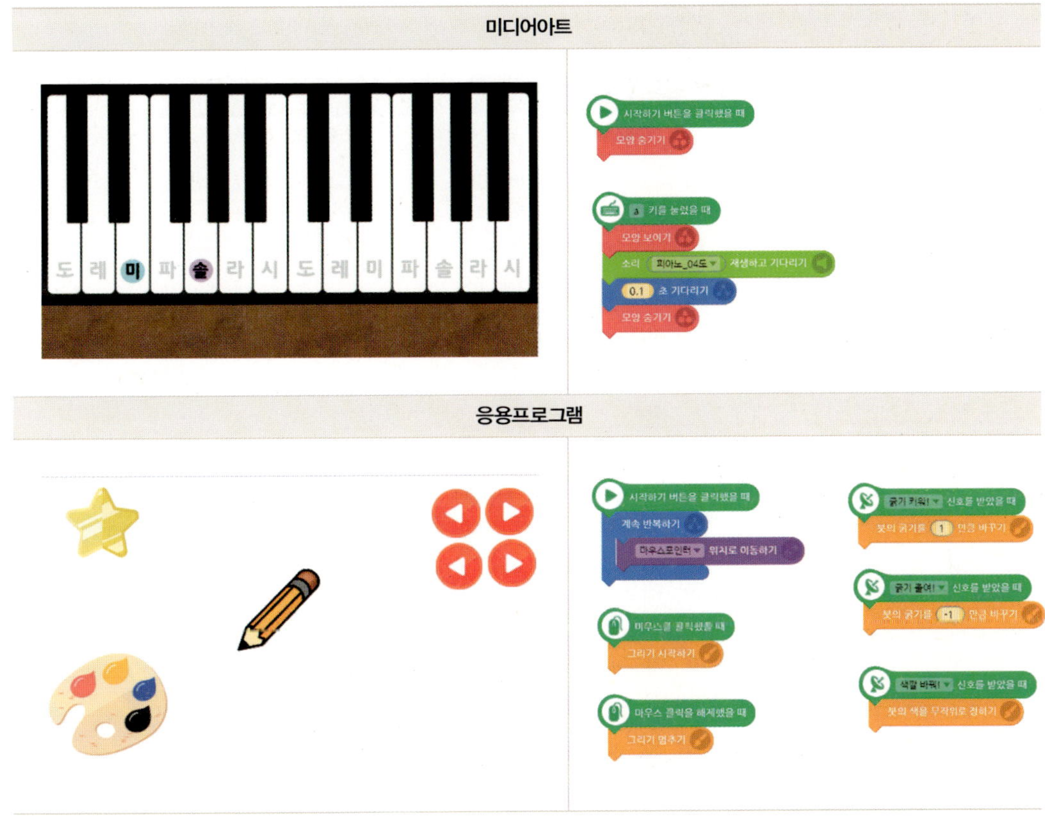

(2) 엔트리 접속하기

블록형, 텍스트형 교육용 프로그래밍 언어를 지원하는 '엔트리' 사이트에 접속해봅시다. 검색엔진에서 '엔트리'를 검색하거나 주소창에 'playentry.org'를 입력합니다. 엔트리는 모든 브라우저에서 접속할 수 있지만, 크롬(Chrome) 브라우저에 가장 최적화되어있습니다. 크롬(Chrome) 브라우저는 구글에서 무료로 제공하니 다운 받아 사용하는 것을 권장합니다.

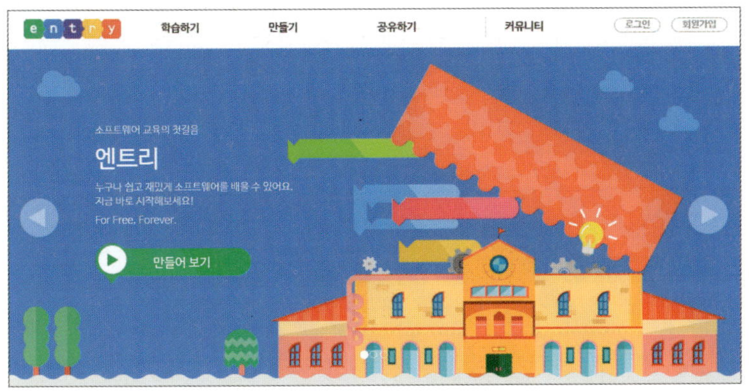

[회원가입]을 클릭해 엔트리 회원으로 가입해봅시다. 학생이라면 '학생', 선생님이라면 '선생님' 계정으로 가입합니다. 엔트리는 개인정보를 수집하지 않아 만 14세 미만의 어린이도 부모님 동의 없이 쉽게 가입할 수 있습니다.

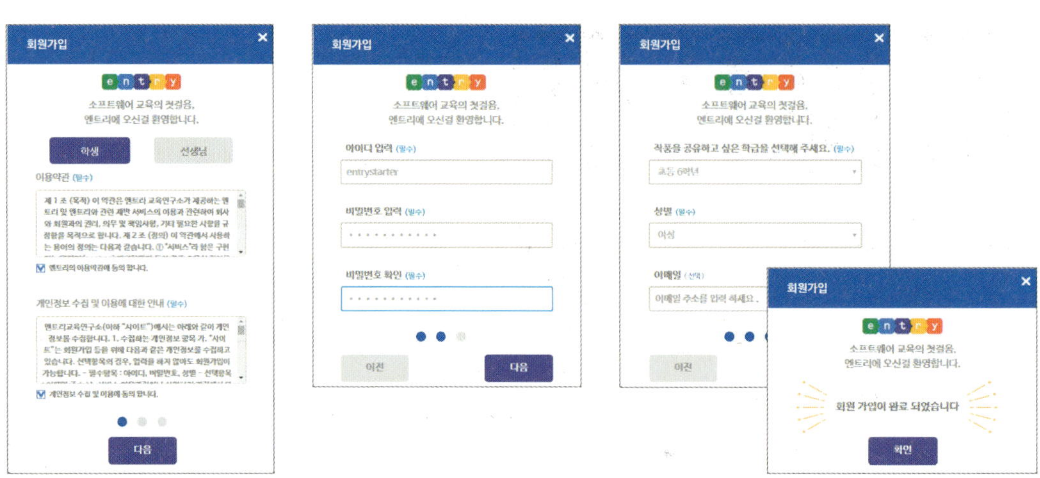

엔트리 메뉴를 살펴봅시다. 엔트리 메뉴는 가입할 때의 계정이 선생님인지 학생인지에 따라, 또 학급에 가입되어 있는지 여부에 따라 다르게 노출됩니다. 엔트리 로고를 클릭하면 언제든지 메인 페이지로 돌아옵니다.

학습하기	엔트리 학습하기	– 미션 해결, 작품 만들기, 동영상 강의 등을 통해 누구나 스스로 학습할 수 있습니다. – 처음 시작하는 사람들을 위한 엔트리 학습과정, 주제별 학습과정, 학년별 추천 학습과정 등을 제공합니다.
	교육자료	– 엔트리의 모든 교육 자료를 무료로 다운 받을 수 있습니다. – 학년별, 난이도별, EBS방송 연계, 교과 연계, 피지컬 컴퓨팅 등 다양한 교육자료를 제공합니다.
	오픈 강의	– 선생님이 만든 강의를 공유하는 공간입니다. – 다른 선생님이 강의를 담아갈 수도 있고, 학생들이 들어와 강의를 학습할 수도 있습니다.
	우리 반 학습하기	– 학급에 가입된 유저에게만 노출되는 메뉴입니다. – 학급의 학생들이 볼 수 있도록 강의/강의모음/과제를 업로드하여 수업에 활용할 수 있습니다.
만들기	작품 만들기	– 블록형, 텍스트형 교육용 프로그래밍 언어로 다양한 작품을 만들 수 있습니다. – '다운로드'에서 오프라인 버전을 다운받아 사용할 수 있습니다.
	오픈 강의 만들기	– 선생님 계정의 유저에게만 노출되는 메뉴입니다. – 수업에 활용할 수 있는 '강의' 또는 '강의모음'을 만들 수 있습니다.
	학급 만들기	– 선생님 계정의 유저에게만 노출되는 메뉴입니다. – 학급 공간을 만들어 학생의 계정과 학습 진도를 관리할 수 있습니다.
공유하기	작품 공유하기	– '작품 만들기'에서 만든 작품을 다른 사람들과 공유할 수 있는 공간입니다. 공유된 작품은 내부 코드까지 함께 공개되며, 좋아요/관심/댓글 기능을 제공됩니다.
	학급 공유하기	– 학급에 가입된 유저에게만 노출되는 메뉴입니다. – 학급 구성원들끼리 작품을 공유할 수 있습니다.
커뮤니티	글 나누기	– 자유게시판/묻고 답하기/노하우&팁/제안 및 건의/공지사항의 게시판을 제공합니다.
	학급 글 나누기	– 학급에 가입된 유저에게만 노출되는 메뉴입니다. – 학급 구성원들끼리 이용할 수 있는 게시판입니다.

02 엔트리 '만들기' 화면 살펴보기

(1) '만들기' 화면의 구성

엔트리 메인 페이지에서 로그인을 한 후, [만들기]–[작품 만들기] 메뉴로 들어갑니다. '작품 만들기' 페이지는 다섯 영역으로 이루어져 있습니다.

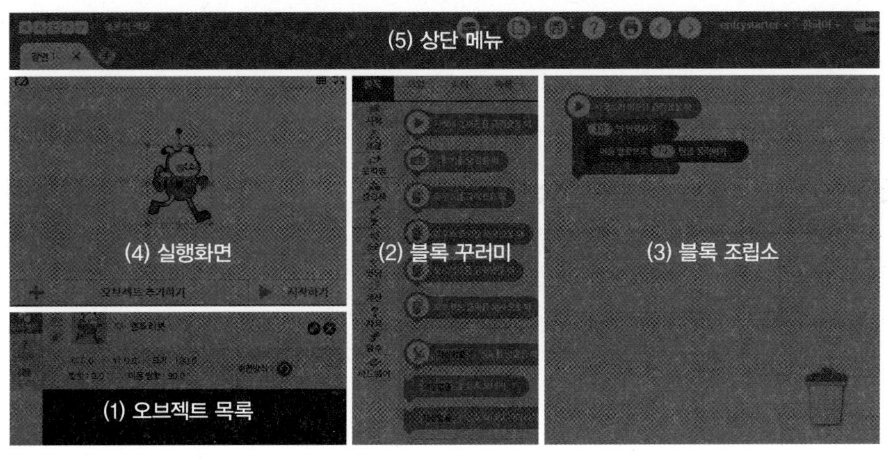

1) 오브젝트 목록

명령어를 통해 움직일 수 있는 모든 것들을 '오브젝트'라고 합니다. 캐릭터, 사물, 글상자, 배경 등 실행화면에 나타나는 모든 것을 포함합니다. [오브젝트] 탭을 클릭하면 모든 오브젝트의 목록이 보입니다. 오브젝트를 선택하면 오브젝트의 위치, 크기, 방향 등의 정보가 표시됩니다.

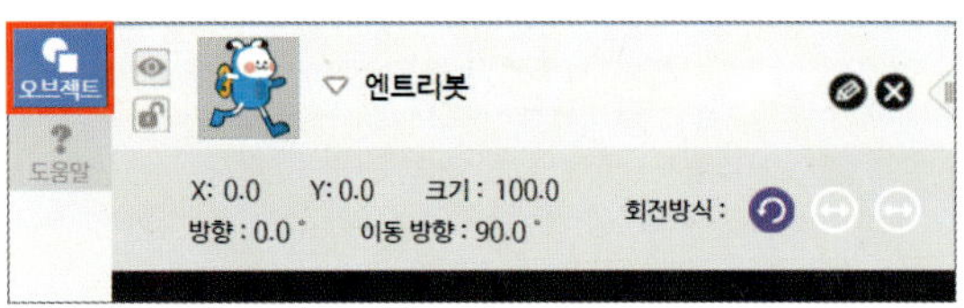

2) 블록 꾸러미

블록 꾸러미에는 오브젝트에게 명령할 수 있는 블록들이 있습니다. 블록의 종류에 따라 시작, 흐름, 움직임, 생김새 등 11개의 카테고리로 나뉘어 있으며, 카테고리 별로 블록의 색이 달라 원하는 블록을 쉽게 찾을 수 있습니다. 블록에 대한 도움말을 보고 싶을 때에는 오브젝트 목록의 [도움말]을 열고 원하는 블록을 선택합니다.

3) 블록 조립소

'블록 조립소'는 '블록 꾸러미'에서 필요한 블록을 끌어와 조립하는 공간입니다. 블록 조립소로 가져온 블록 또는 블록의 묶음을 '코드'라고 합니다. 필요하지 않은 코드는 블록을 가져왔던 블록 꾸러미나 휴지통으로 넣어 삭제할 수 있습니다. 한번 조립된 코드는 묶음 단위로 움직입니다.

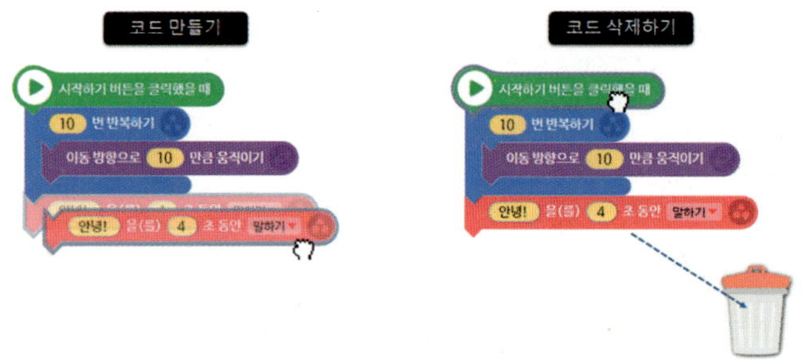

4) 실행 화면

실행화면의 [시작하기]를 클릭하면 오브젝트들이 블록 조립소의 코드에 따라 움직입니다. 속도계(⏱)를 클릭하면 실행 속도를 조절할 수 있고, 모눈종이(⊞)를 클릭하면 실행화면의 좌표를 볼 수 있습니다. 화면확대(⛶)를 클릭하면 실행화면을 전체화면에 가깝게 크게 볼 수 있습니다.

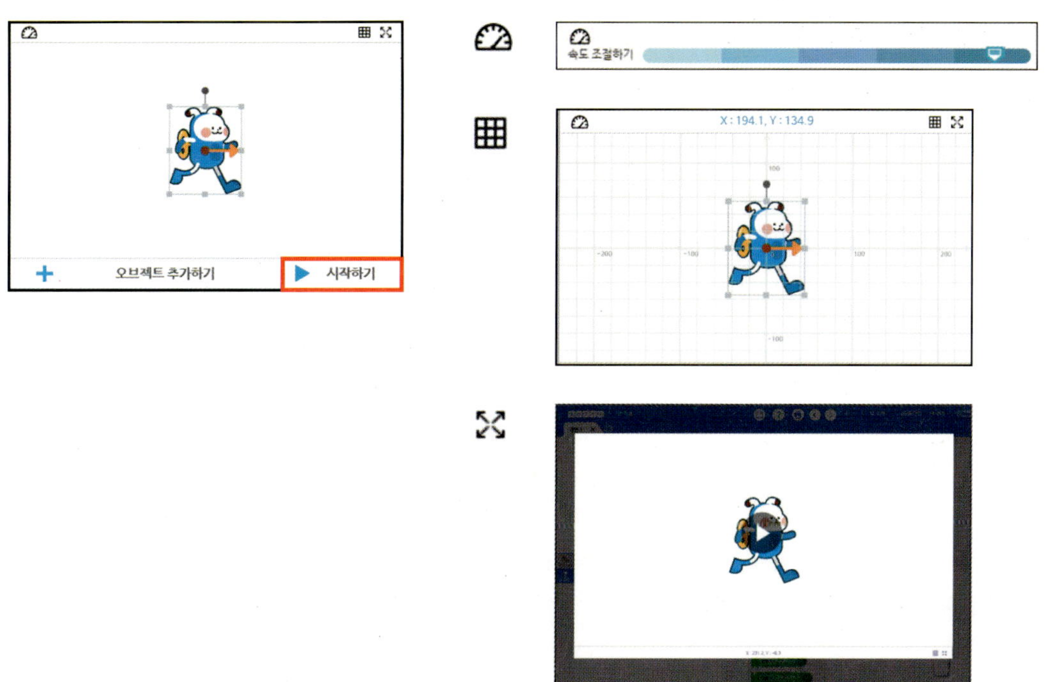

5) 상단 메뉴

상단 메뉴에서는 작품의 이름을 변경하거나 저장할 수 있습니다. 그 외 페이지 설정이나 이동에 대한 메뉴를 제공합니다.

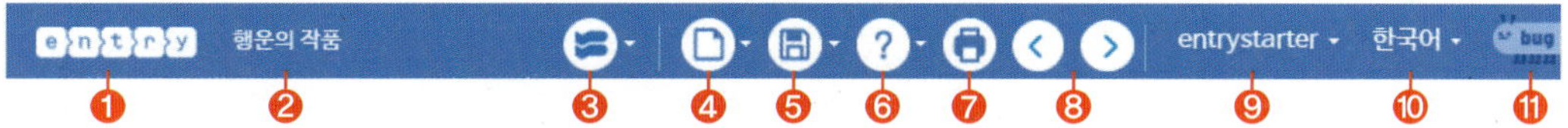

❶ **엔트리 로고 :** 엔트리 메인 페이지로 이동합니다.

❷ **작품 이름 :** 작품의 이름입니다. 클릭하여 다른 이름으로 변경할 수 있습니다.

❸ **모드 변경 :** 블록코딩과 엔트리파이선 모드를 변경합니다.

❹ **새로 만들기 :** 작품을 새로 만들거나 온/오프라인에서 저장한 작품을 불러옵니다.

❺ **저장 :** 현재 작품을 저장하거나 복사본으로 저장합니다. 내 컴퓨터에 저장하여 오프라인 버전에서 이용할 수도 있습니다.

❻ **도움말 :** 블록 도움말을 보거나 각종 가이드 문서를 다운받습니다.

❼ **코드 프린트 :** 작품에 쓰인 모든 오브젝트와 코드를 정리한 페이지를 띄워줍니다. 해당 페이지를 PDF 파일로 저장하여 활용할 수 있습니다.

❽ **이전 & 다음 :** 작업을 바로 이전 또는 이후로 되돌립니다.

(2) 기본 코드 살펴보기

화면에 '엔트리봇' 오브젝트가 있습니다. [시작하기] 버튼을 클릭하면 블록 조립소의 코드에 따라 오브젝트가 움직입니다. 엔트리봇이 오른쪽으로 몇 만큼 이동했다고 할 수 있을까요?

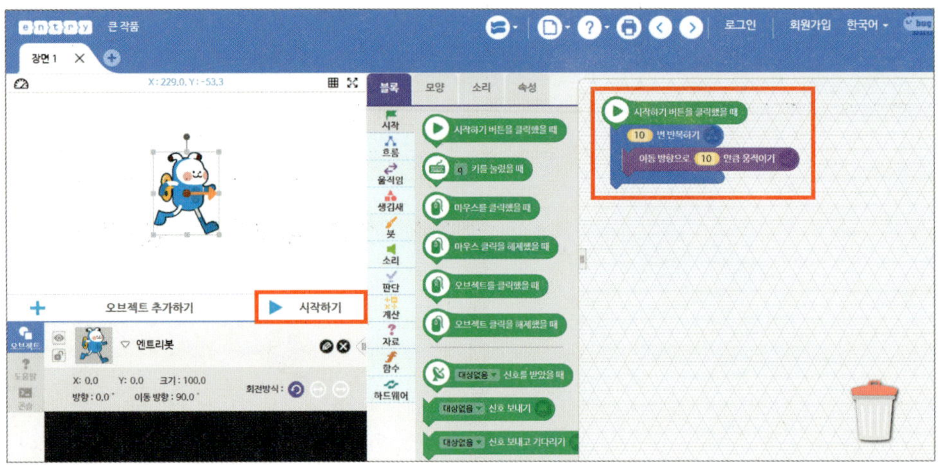

[정지하기]나 '블록 꾸러미'와 '블록 조립소' 영역을 클릭하면 실행이 정지되며 실행 전의 상태로 돌아옵니다.

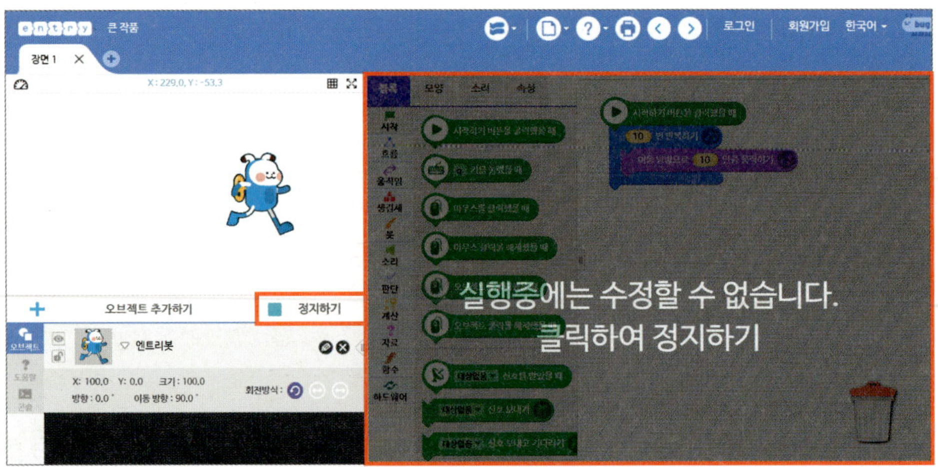

03 작품 저장하고 공유하기

다양한 오브젝트와 블록을 사용하여 작품을 만든 다음에는 작품을 저장하고 다른 사람들과 공유할 수 있습니다. 먼저 완성된 작품의 상단에서 작품명을 변경하고, [저장하기]를 통해 저장합니다. 저장된 작품은 [작품 조회] 또는 [마이페이지] 메뉴를 통해 확인할 수 있습니다.

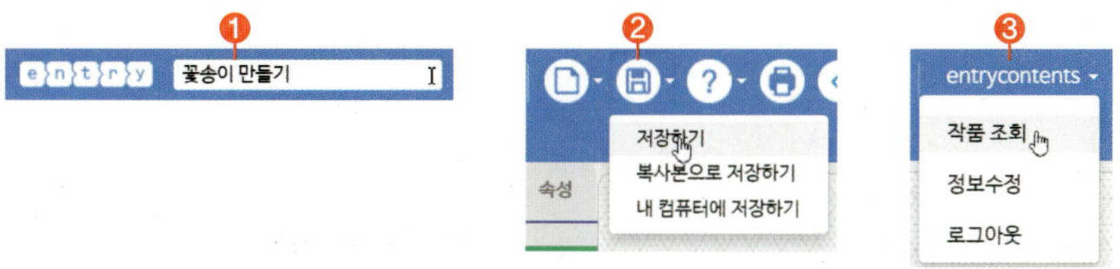

저장된 작품은 [코드보기]를 통해 언제든지 수정할 수 있습니다.

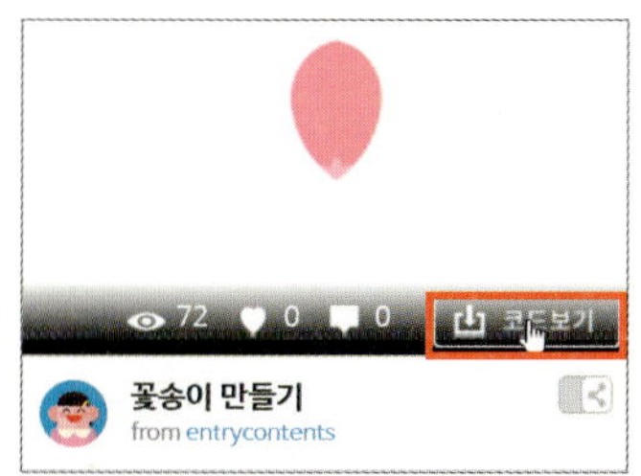

만든 작품을 다른 사람들과 공유하고 싶다면, [공유 스위치]를 열어줍니다.

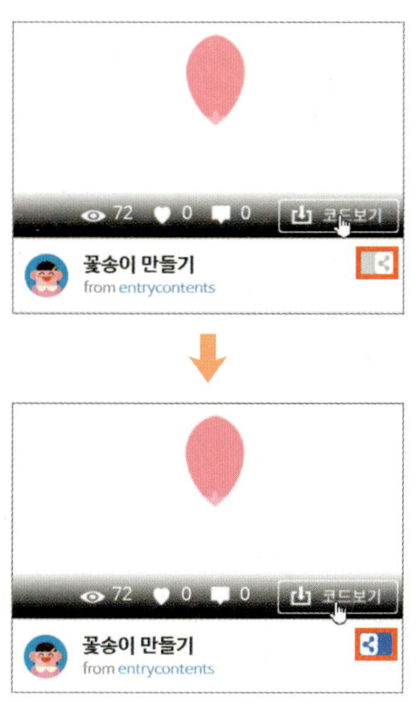

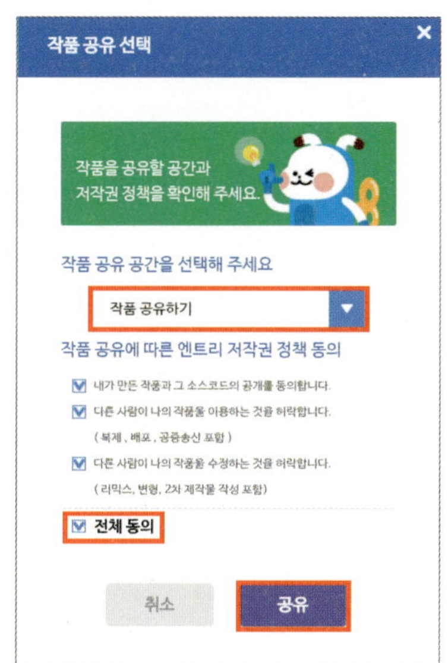

'작품 공유하기'에 올라간 다른 친구들의 작품을 감상해봅시다. [코드보기]를 클릭하면 어떻게 만들었는지 볼 수 있고, 수정하여 자신의 작품으로도 만들 수 있습니다.

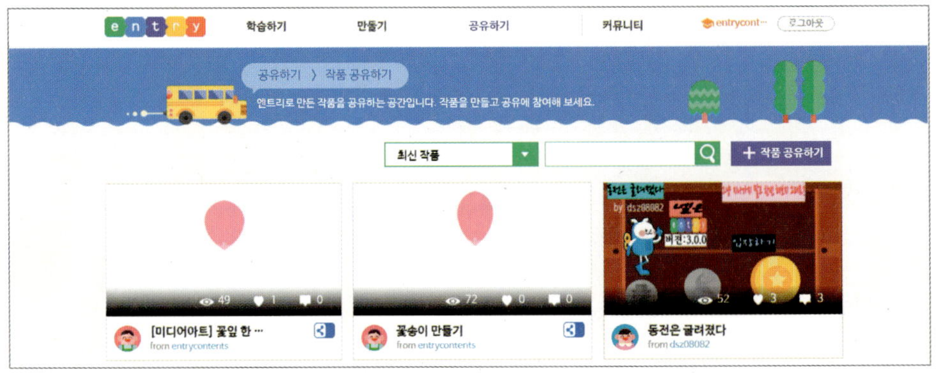

04 순차와 반복 구조로 예쁜 꽃밭 꾸미기

무엇을 만들까?

프로그램에서 순차와 반복 구조의 역할과 필요성을 알고, 이를 활용하여 예쁜 꽃밭을 꾸며봅시다.

▶ 꽃잎 한 장이 회전하며 도장을 찍으면 예쁜 꽃송이가 완성됩니다.

[작품주소] https://goo.gl/twlj1N

(1) 프로그래밍 개념

1) 순차 구조

컴퓨터는 똑똑한 것처럼 보이지만 우리가 시킨 일 이외에는 아무것도 하지 못합니다. 컴퓨터에게 일을 시키기 위해서는 컴퓨터가 이해할 수 있는 말로 순서대로 명령을 내려야 합니다. 로봇에게 밥을 한 숟가락 먹게 하기 위해서는 '① 숟가락을 잡는다. ② 숟가락을 든다. ③ 숟가락을 밥에 넣는다. ④ 밥을 떠 올린다. ⑤ 입에 넣는다. ⑥ 숟가락을 뺀다.'와 같이 작은 단위의 명령을 순서대로 해주어야 합니다. 이렇게 명령을 순서대로 나열한 것을 '순차 구조'라고 합니다.

로봇에게 밥을 열 숟가락 먹게 하려면 어떻게 해야 할까요? 한 숟가락을 먹기 위해 6번의 명령이 필요했으므로 60번의 명령이 필요하게 됩니다. 이렇게 같은 명령을 여러 번 반복해야 할 때, "①~⑥까지의 명령을 10번 반복해!"와 같이 반복하는 횟수를 적어 명령의 횟수를 줄여줄 수 있습니다. 로봇이 밥 한 그릇을 다 비우게 하려면 어떻게 해야 할까요? 이렇게 명령을 몇 번 반복해야 할지 모르는 경우에는 "밥을 다 먹을 때까지 ①~⑥까지의 명령을 반복해!"와 같이 명령할 수도 있습니다. 반복하는 '조건'을 적어주는 것입니다. 또한 필요에 따라서는 프로그램이 실행되는 동안 명령을 계속 반복하도록 할 수도 있습니다. 이렇게 프로그램에서 반복되는 명령을 묶어 짧게 줄여준 것을 '반복 구조'라고 합니다.

(2) 순차와 반복 구조로 예쁜 꽃밭 꾸미기

① 오브젝트 목록에서 ❌를 클릭해서 필요하지 않은 엔트리봇 오브젝트를 삭제합니다.

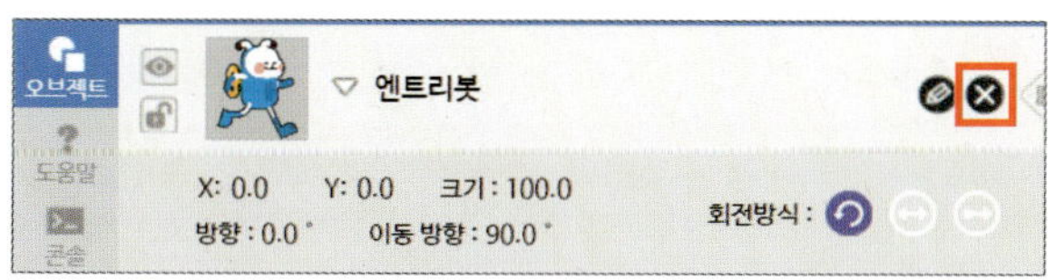

② [오브젝트 추가하기]를 클릭해서 '꽃잎'을 검색하고 원하는 모양의 꽃잎 오브젝트를 추가합니다.

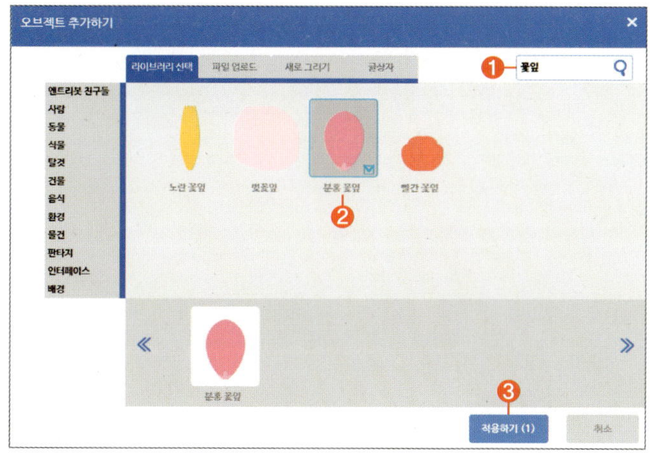

[오브젝트 추가하기]를 클릭하면 다양한 방법으로 오브젝트를 추가할 수 있습니다.

라이브러리 선택	카테고리별로 원하는 오브젝트를 찾거나, 이름으로 검색할 수 있습니다.
파일업로드	내가 가진 이미지 파일(jpg, png, gif)을 업로드할 수 있습니다.
새로 그리기	그림판을 이용해 직접 오브젝트를 그릴 수 있습니다.
글상자	원하는 글자를 적은 글상자 오브젝트를 만들 수 있습니다.

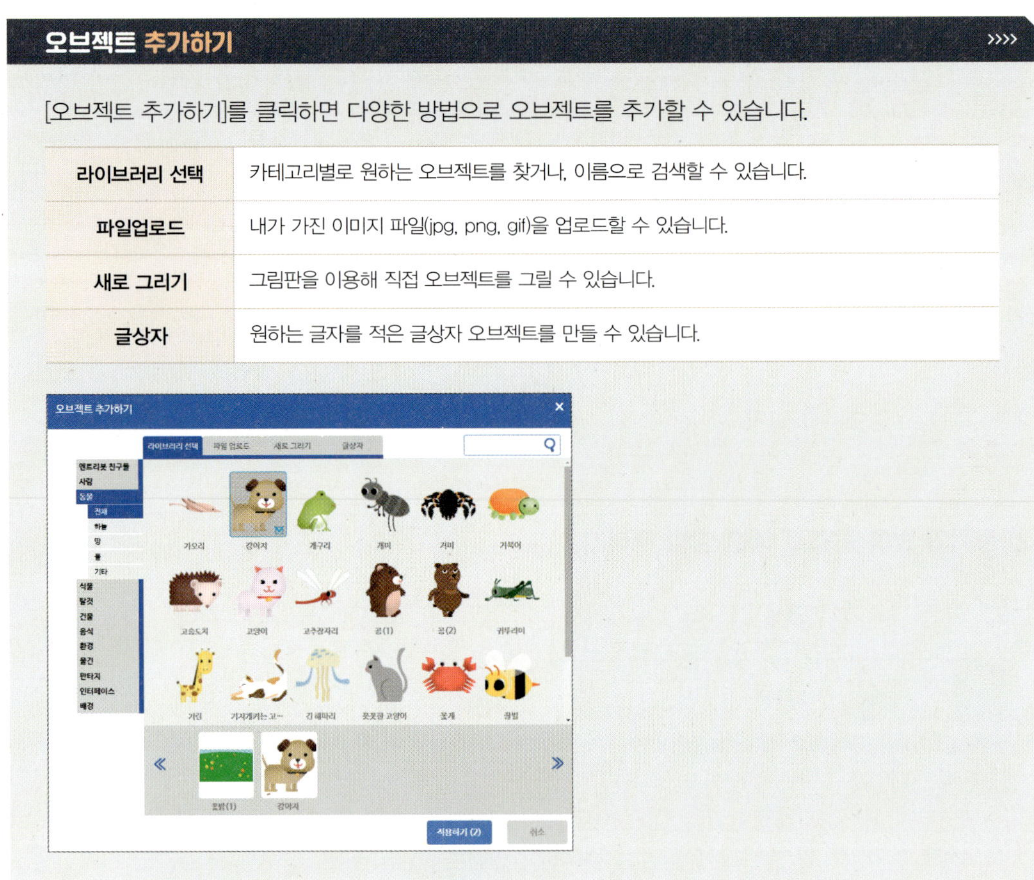

③ 꽃잎을 한 바퀴 시계 방향으로 돌리며 화면에 도장을 찍어 꽃 한 송이를 만들려고 합니다. 꽃잎을 적
당한 크기로 중앙보다 조금 위쪽에 배치하고, 회전의 중심이 될 중심점을 꽃잎의 끝으로 옮겨줍니다.

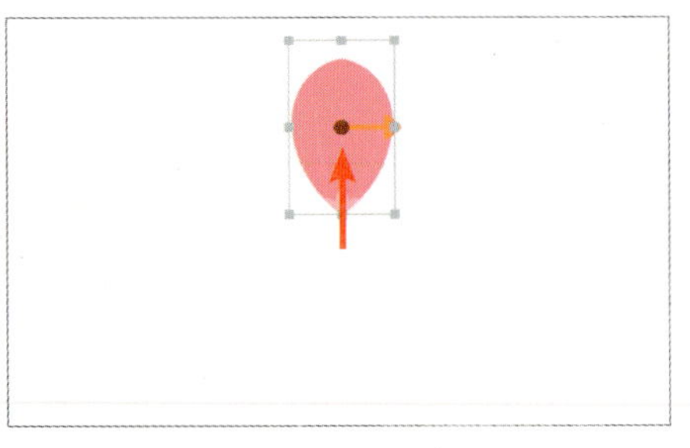

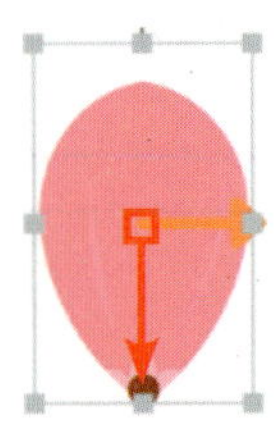

오브젝트의 크기 조절

오브젝트의 크기는 오브젝트를 둘러싸고 있는 8개의 점을 끌어 조절할 수 있습니다.

오브젝트 위치 이동

오브젝트의 아무것도 없는 부분을 끌면 오브젝트를 이동할 수 있습니다. 이때, 오브젝트의 중앙에 있는 '중심점'을 옮기지 않도록 주의하세요!

④ 화면에 꽃잎 도장을 찍고 회전하는 코드를 만들어봅시다.

TIP 블록의 색을 보고 어느 카테고리에 있는지 쉽게 알 수 있습니다.
마지막에 있는 꽃잎은 '도장'이 아닌 원본 오브젝트입니다.

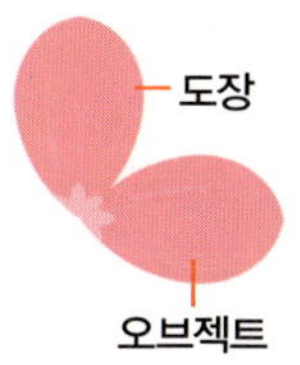

> **Q. 꽃잎이 6장인 꽃송이를 만들려면 몇 ° 만큼 회전하면 좋을까요?**
> 360° ÷ 6(꽃잎 수) = 60°

⑤ 꽃잎이 6장인 꽃송이를 만들기 위해 각도 부분을 클릭하고 각도를 60으로 바꾸어줍니다.

TIP 각도기에서 60도를 선택할 수도 있고, 키보드로 값을 입력한 후 엔터키를 눌러도 됩니다.

⑥ 꽃잎 도장을 한 번 더 찍기 위해 **도장찍기** 블록과 **방향을 ~만큼 회전하기** 블록을 코드 '복사&붙여넣기' 하여 연결해봅시다.

TIP 코드는 선택한 블록을 기준으로 아래 연결된 코드가 함께 복사되고 움직입니다.

⑦ 같은 방법으로 꽃잎 도장이 6장 찍히도록 코드를 만들어봅시다.

TIP 꽃송이를 완성하기 위해선 5번의 도장으로 충분하지만, 마지막 꽃잎은 도장이 아닌 원본 오브젝트이므로 6번 도장을 찍어 꽃을 완성하도록 합니다.

⑧ 6장짜리 꽃잎을 만드는 코드를 보면 같은 부분이 6번 반복됩니다.

⑨ 반복되는 코드를 묶어 '반복 구조'로 만들기 위해 **10번 반복하기** 블록을 가져와 횟수에 '6'을 입력합니다.

⑩ 반복되는 부분의 코드를 반복하기 블록 안에 넣어 꽃잎 6장짜리 꽃을 완성해봅시다.

TIP 필요하지 않은 코드는 블록 꾸러미나 휴지통에 넣어 삭제합니다.

'반복'은 왜 필요한가요?

똑같은 명령을 여러 번 빠르고 정확하게 실행하는 것은 컴퓨터가 가장 잘 하는 일 중 하나입니다. 반복되는 명령을 '반복하기' 명령으로 묶어 효율적으로 처리할 수 있습니다.

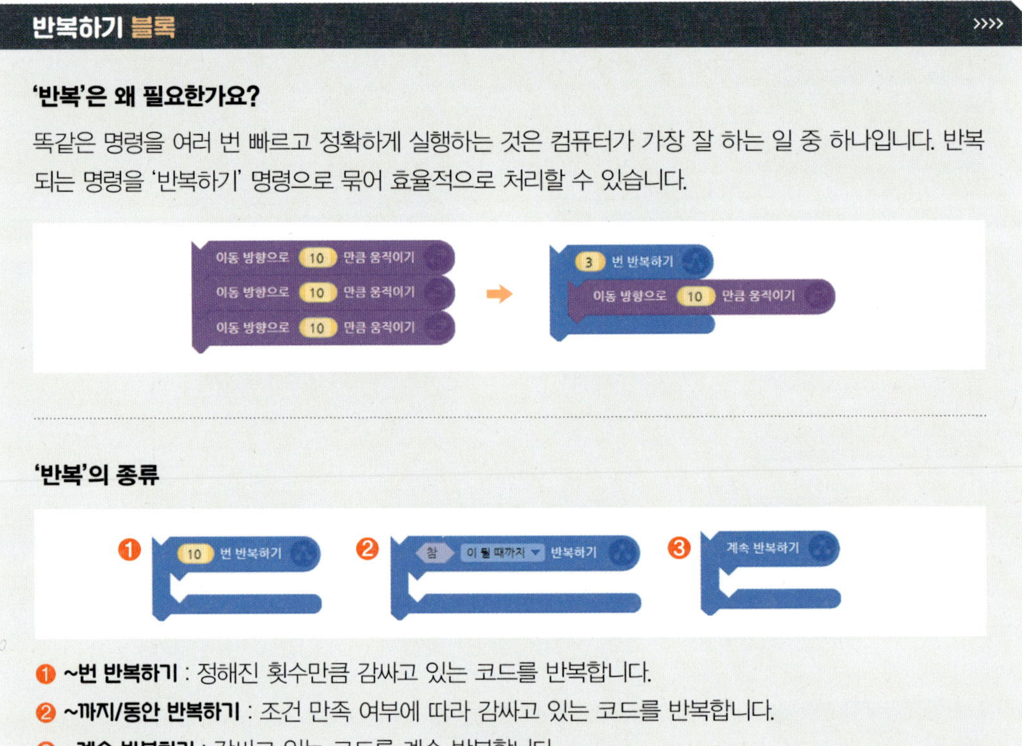

'반복'의 종류

❶ **~번 반복하기** : 정해진 횟수만큼 감싸고 있는 코드를 반복합니다.
❷ **~까지/동안 반복하기** : 조건 만족 여부에 따라 감싸고 있는 코드를 반복합니다.
❸ **~계속 반복하기** : 감싸고 있는 코드를 계속 반복합니다.

⑪ 꽃잎마다 밝기가 다르도록 만들어봅시다. 먼저, **색깔 효과를 10만큼 주기** 블록을 가져오고 목록에서 '밝기'를 선택합니다.

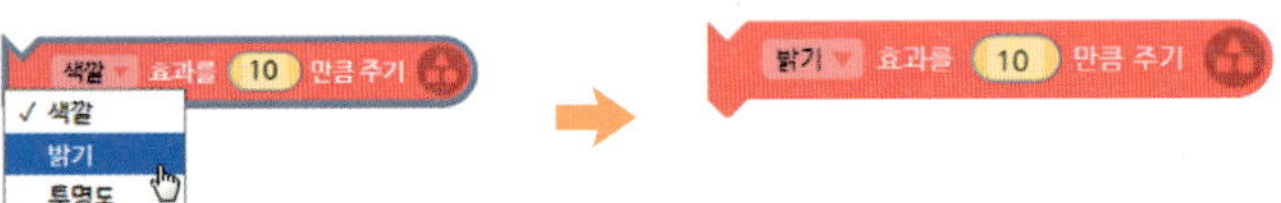

블록	도움말
색깔 효과를 10 만큼 주기	오브젝트에 색깔 효과를 입력한 값만큼 줍니다. (현재 오브젝트 색을 기준으로 0~100을 주기로 반복됨)
밝기 효과를 10 만큼 주기	오브젝트에 밝기 효과를 입력한 값만큼 줍니다. (−100~100 사이의 범위, −100이하는 −100으로, 100 이상은 100으로 처리)
투명도 효과를 10 만큼 주기	오브젝트에 투명도 효과를 입력한 값만큼 줍니다. (0~100 사이의 범위, 0이하는 0으로, 100 이상은 100으로 처리)

프로그래밍 첫걸음

엔트리로 시작하는

⑫ **밝기 효과를 10 만큼 주기** 블록을 반복 블록 안에 넣어봅시다. 도장을 찍고 다음 도장을 찍기 전에 밝기 효과를 주어 꽃잎마다 밝기가 달라집니다. 마지막에 **모양 숨기기** 블록을 추가하면 마지막에 도장을 덮어버리는 오브젝트를 숨겨 주기 때문에 찍은 도장만으로 꽃을 완성할 수 있습니다.

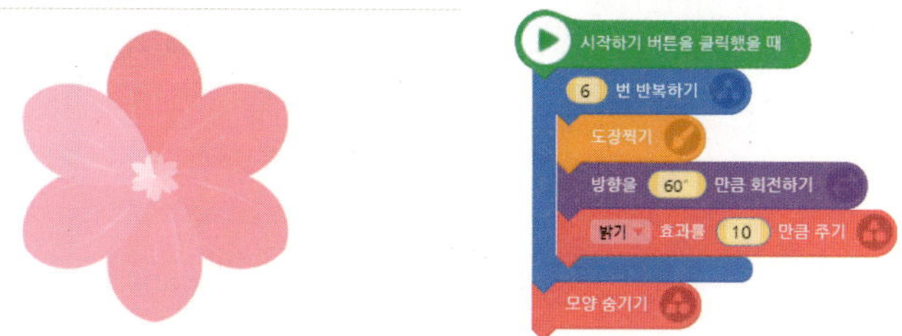

⑬ 이번에는 12장의 꽃잎 색깔이 모두 다른 꽃송이를 만들어봅시다.

학습정리

1. 프로그램을 만들 때, 코드를 순서대로 작성하는 것을 '순차 구조', 반복되는 코드를 반복 명령어로 묶어 작성하는 것을 '반복 구조'라고 합니다.

2. 엔트리에서 블록을 조립하여 만든 명령을 '코드', 코드를 통해 움직이는 물체를 '오브젝트'라고 합니다.

3. 반복 블록의 종류

01 다음 중 반복 구조로 명령하기 어려운 것은?

① 강에서 노를 저어 부둣가까지 가기

② 팔 벌려 뛰기 운동을 20회 하기

③ 액자를 걸기 위해 벽에 못을 박기

④ 아침에 일어나 밥 먹고 씻고 옷 입고 학교에 가기

02 '꽃잎' 오브젝트에 다음과 같이 코드를 만든다면 꽃잎이 몇 장짜리인 꽃이 완성되겠는가?

꽃잎

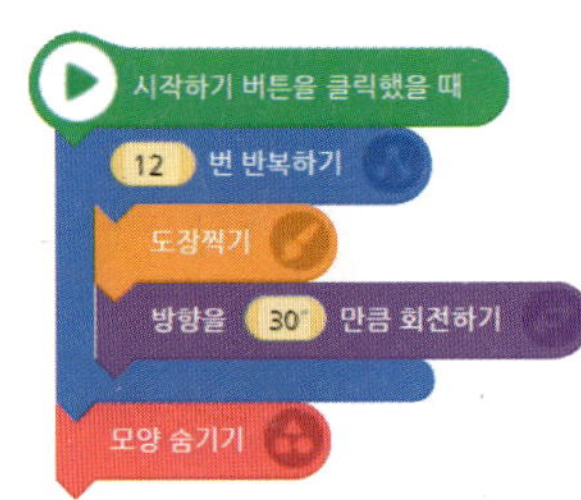

① 5개

② 12개

③ 13개

④ 30개

01 ④

'반복 구조'는 같은 명령을 여러 번 반복해야 할 때 사용합니다.

④ 아침에 일어나 학교에 갈 때까지 순서를 지켜야 하는 구조로 '순차 구조'에 해당합니다.

02 ②

'도장 찍기'를 통해 꽃잎이 1장씩 생성됩니다. 이 블록을 12번 반복하고 있으므로 꽃잎이 12장 생성됩니다.

03 왼쪽의 꽃잎을 오른쪽과 꽃으로 같이 만들려면 색깔 효과를 10만큼 주기 블록을 어느 위치에 끼워 넣어야 하겠는가?

정답 해설

03 ②
'순차 구조'에 따라 블록이 실행되는 순서를 고려해야 합니다.
① 주황색의 단색 꽃이 완성됩니다.
② 첫 번째 꽃잎이 주황색인 다섯 빛깔의 꽃이 완성됩니다.
③ 첫 색깔이 실행 전과 같은 분홍색인 다섯 빛깔의 꽃이 완성됩니다.
④ 분홍색의 단색 꽃이 완성됩니다.

여러 개의 꽃잎 오브젝트를 추가하여 그림과 같이 예쁜 꽃밭을 만들어봅시다.

[작품주소] https://goo.gl/2lrEa2

HINT

1. [오브젝트 추가하기]를 클릭해서 원하는 배경을 추가합니다.

2. [오브젝트 목록]에서 만든 꽃을 복제하여 여러 개로 만들고 크기와 코드만 조금씩 바꾸어줍니다.

3. [오브젝트 추가하기]를 클릭해서 다른 모양의 꽃잎을 추가하고 코드만 복사해와서 조금씩 바꾸어줍니다.

4. 색깔 / 밝기 / 투명도 효과를 언제 얼마만큼 주는가에 따라 다채로운 꽃이 완성됩니다.

SECTION 06 | 선택 구조로 로봇청소기 움직이기

무엇을 만들까?

프로그램에서 선택 구조의 역할과 필요성을 알고,
이를 활용하여 로봇청소기를 움직여봅시다.

▶ 로봇청소기가 벽과 장애물을 피해 구석구석 청소
합니다.

[작품주소] https://goo.gl/acUyq2

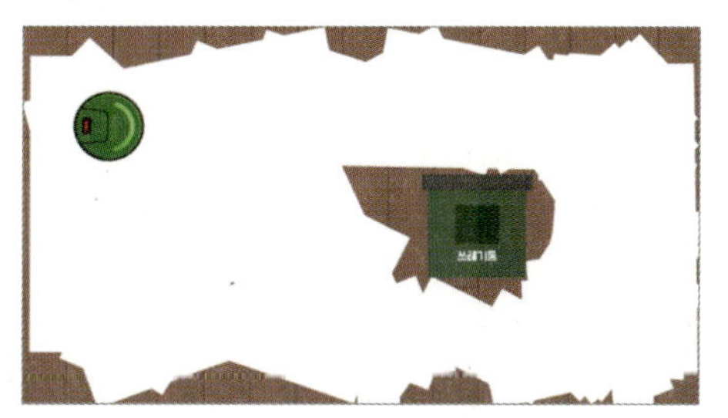

(1) 프로그래밍 개념

리모컨으로 조종하는 장난감 자동차가 있습니다. "앞으로 가! 좀 더 빨리! 오른쪽으로 돌아!" 자동차는 우리가 명령하는 대로 움직입니다. 그러나 이 자동차는 사람 없이는 움직일 수 없습니다. 언제 오른쪽으로 돌아야할지, 언제 뒤로 물러나야 할지 알지 못하기 때문입니다.

만약 자동차가 장애물을 만났을 때 알아서 피해간다면 어떨까요? "앞으로 가다가 벽을 만나면 오른쪽으로 회전 해! 앞으로 가다가 물 웅덩이가 있으면 뒤로 돌아가고!" 자동차를 똑똑하게 만들고 싶다면 우리는 자동차가 만날 상황들을 하나하나 고려해서 어떻게 해야 할지 명령해야 합니다. 이렇게 프로그램에서 상황을 판단하여 다른 명령을 수행하도록 하는 것을 '선택 구조'라고 합니다.

(2) 따라하며 익히기

1) 만일 ~라면

'만일 ~라면' 명령은 조건을 만족하는 경우에만 내부의 명령을 실행하는 명령어입니다. 이 명령어를 활용하여 방향키로 엔트리봇을 움직여봅시다. 오른쪽 방향키를 누르면 엔트리봇이 오른쪽으로 이동해야 합니다.

이를 위해서는 프로그램에서 사용자가 오른쪽 화살표 키를 눌렀는지를 '판단'해야 합니다. 판단을 위한 블록들은 [판단] 카테고리에 있습니다. **q키가 눌러져 있는가?** 블록을 가져와 q부분을 클릭하고, 실제 키보드에서 오른쪽 화살표 키를 눌러 **오른쪽 화살표 키가 눌러져 있는가?** 블록으로 바꿉니다.

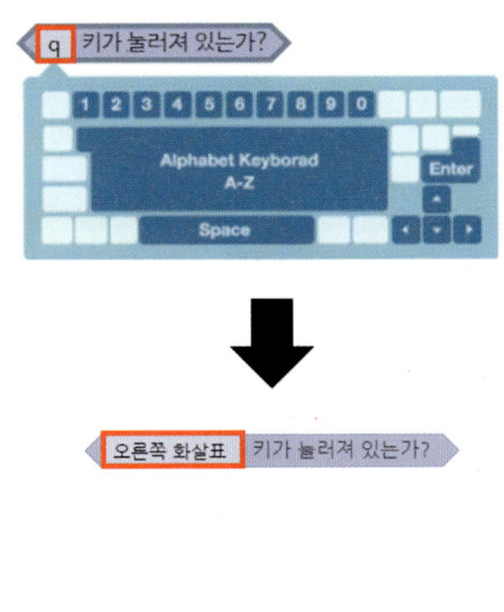

[흐름] 카테고리에서 **만일 〈참〉이라면** 블록을 가져오고 〈참〉 부분에 **오른쪽 화살표 키가 눌러져 있는가?** 블록을 끼워 넣습니다. 아래와 같이 코드를 만들고 [시작하기]를 클릭해봅니다. 오른쪽 화살표 키를 눌러도 엔트리봇이 움직이지 않습니다. 명령에 따라 [시작하기] 버튼을 누른 찰나의 순간에 단 한 번만 오른쪽 화살표 키가 눌러져 있는지 판단하기 때문입니다.

선택 구조를 활용하여 프로그램을 만들 때에는 '언제', '무엇을' 판단하여 '어떤' 명령을 실행해야 하는지를 분명히 해야 합니다. 프로그램에서 오른쪽 화살표 키가 눌러져 있는지를 계속해서 판단하도록 **계속 반복하기** 블록 안에 코드를 넣고 다시 [시작하기]를 클릭해서 결과를 확인합니다.

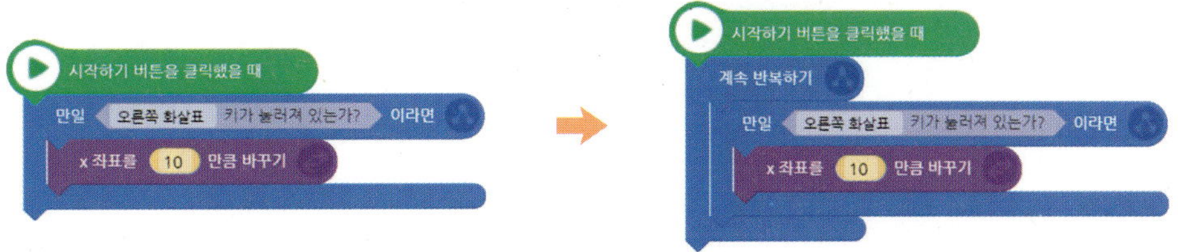

왼쪽 화살표 키를 눌렀을 때에는, 왼쪽으로 움직이게 하려면 만든 코드를 복사하여 오른쪽과 같이 코드를 바꾸어줍니다.

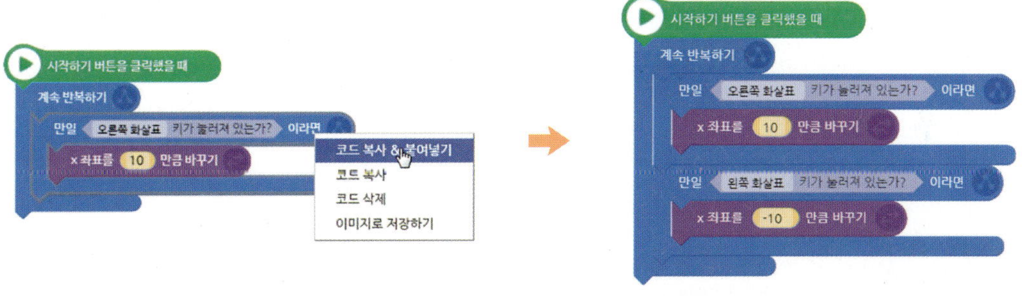

실행화면의 좌표

엔트리의 실행화면은 좌표로 이루어져 있습니다. [모눈종이] 버튼을 클릭하면 좌표를 볼 수 있으며, x축(가로방향)으로 −240~240, y축(세로방향)으로 −135~135로 구성되어있습니다. 마우스 포인터의 좌표는 실시간으로 화면 상단에 표시되며, 각 오브젝트의 좌표는 오브젝트 정보에 표시됩니다. 오브젝트의 좌표는 오브젝트의 중심점을 기준으로 합니다.

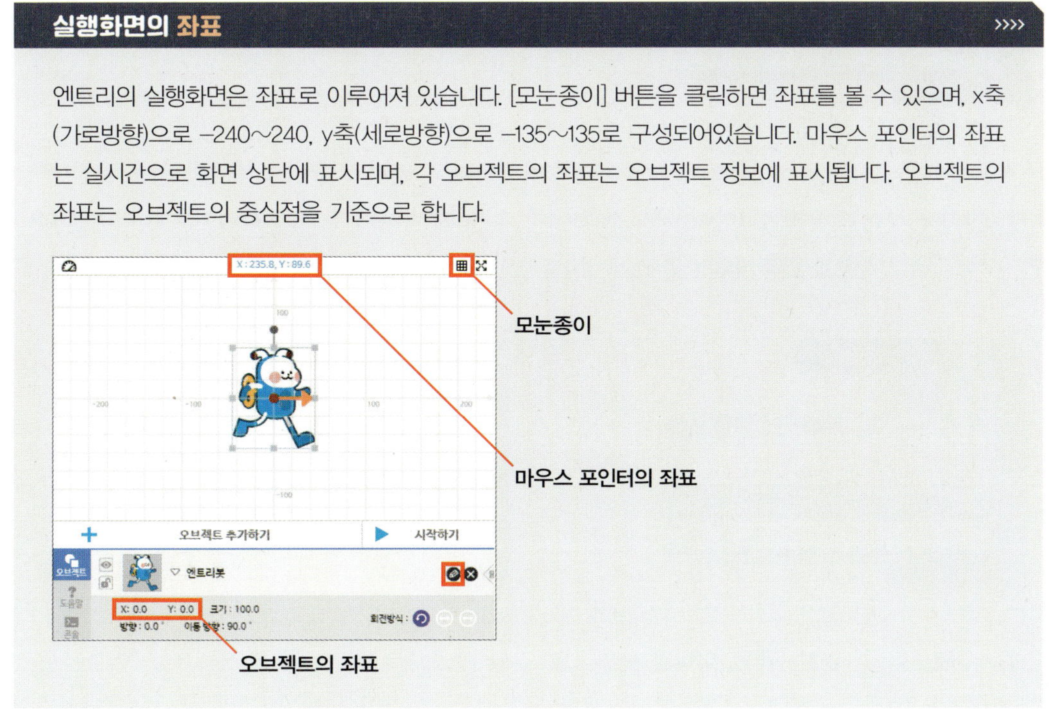

2) 만일 ~라면, 아니면 ~

'만일 ~라면, 아니면 ~' 명령은 조건을 만족하는 경우와 그렇지 않은 경우 각각 다른 명령을 실행하는 명령어입니다. 이 명령어로 스페이스 키를 누른 동안 엔트리봇이 알록달록하게 색을 바꾸다가 키보드에서 손을 떼면 원래 모습으로 돌아오도록 만들어봅시다.

[흐름] 카테고리에서 **만일 <참>이라면 ~ 아니면 ~** 블록을 가져오고, 〈참〉 부분에 **스페이스 키가 눌러져 있는가?** 블록을 끼워 넣습니다. [생김새] 카테고리에서 **색깔 효과를 10만큼 주기** 블록을 끼워 넣습니다. 스페이스 키를 눌렀는지 계속 판단할 수 있도록 **계속 반복하기** 블록 안에 넣고 [시작하기]를 클릭해서 실행 결과를 확인해봅시다.

스페이스 키를 누른 동안 색깔이 알록달록하게 바뀝니다. 그러나 스페이스 키에서 손을 떼면 색이 바뀐 마지막 상태를 유지합니다. 스페이스 키에서 손을 떼면 색깔 효과가 사라지도록 하려면 **아니면 ~** 블록 내부에 **효과 모두 지우기** 블록의 명령을 실행해야 합니다.

만일 ~라면 블록과 **만일 ~라면, 아니면** 블록으로 간단한 프로그래밍을 해보았습니다. 정말 단순한 명령이지만 바로 이 명령으로부터 프로그램이 상황에 따라 판단을 하고, 그에 따라 다른 명령을 실행함으로써 가장 기초적인 수준의 '지능'을 갖게 된다고 할 수 있습니다.

(3) 선택 구조로 로봇청소기 만들기

① [로봇청소기]와 [마룻바닥] 오브젝트를 추가해봅시다. 를 클릭해서 로봇청소기의 크기를 '50'으로 줄이고 좌측 하단에 배치해봅시다.

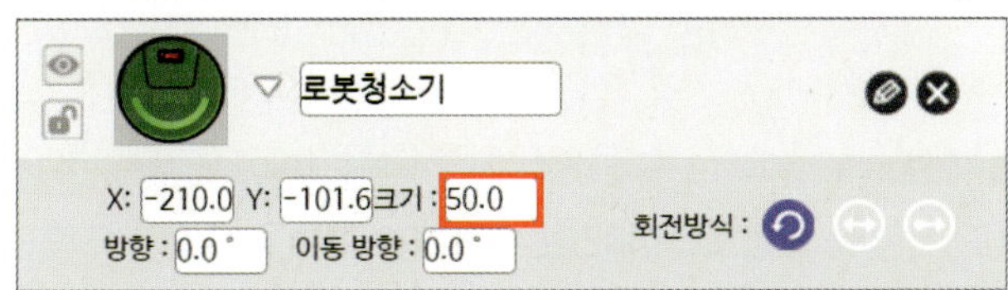

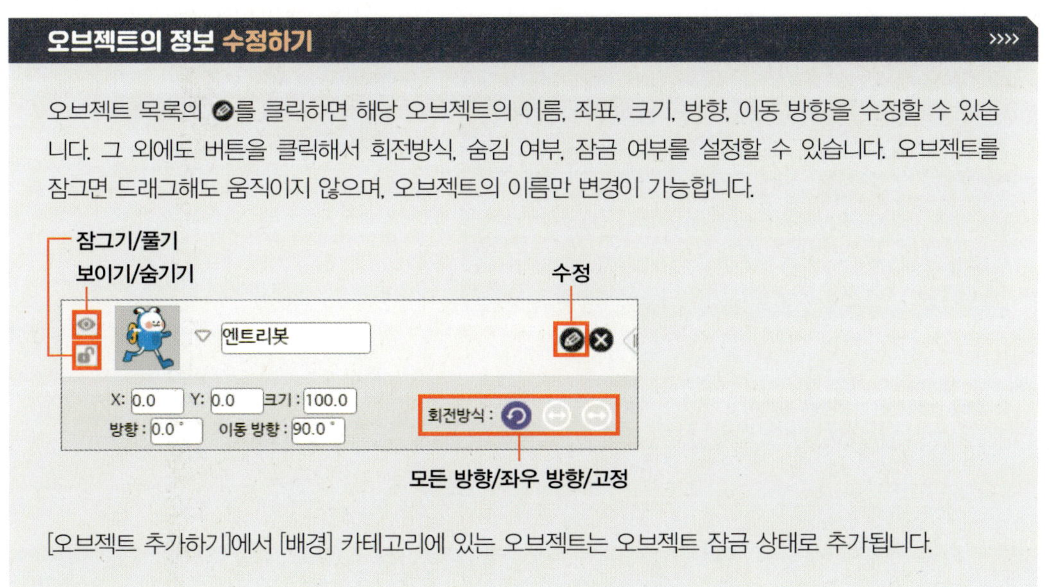

오브젝트의 정보 수정하기 >>>>

오브젝트 목록의 ⊘를 클릭하면 해당 오브젝트의 이름, 좌표, 크기, 방향, 이동 방향을 수정할 수 있습니다. 그 외에도 버튼을 클릭해서 회전방식, 숨김 여부, 잠금 여부를 설정할 수 있습니다. 오브젝트를 잠그면 드래그해도 움직이지 않으며, 오브젝트의 이름만 변경이 가능합니다.

[오브젝트 추가하기]에서 [배경] 카테고리에 있는 오브젝트는 오브젝트 잠금 상태로 추가됩니다.

② 로봇청소기가 앞쪽으로 움직이도록 이동 방향 화살표를 돌려줍니다.

TIP ⊘를 클릭해서 이동 방향을 '0'으로 설정하면 정확히 위쪽 방향을 가리킵니다.

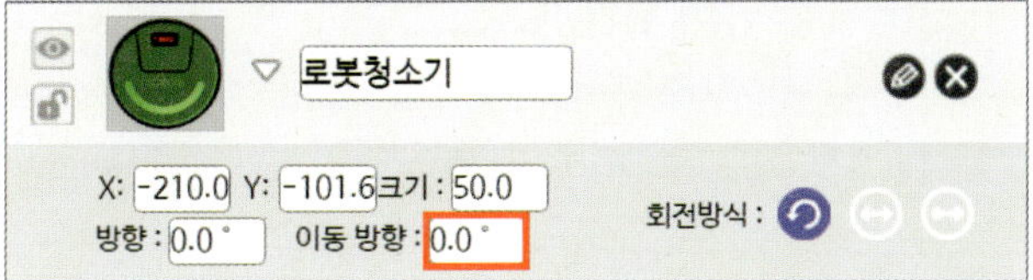

오브젝트의 방향

오브젝트의 방향이란 오브젝트가 기울어진 정도를 의미합니다. 오브젝트에 달린 방향점이 12시 방향을 가리킬 때가 0°이고, 이를 기준으로 하여 오른쪽으로 기울일수록 늘어나다가 360°를 돌아 처음 위치로 돌아오면 다시 0°가 됩니다.

오브젝트의 이동 방향

오브젝트의 방향점으로부터 이동 방향 화살표가 이루는 각도를 의미합니다. 이동 방향을 바꾸면 실제 보이는 오브젝트의 모양(기울기)에는 변화가 없고, 오브젝트가 움직이는 방향이 바뀝니다.

③ [시작] 카테고리에서 **시작하기 버튼을 클릭했을 때** 블록을 가져오고 [흐름] 카테고리에서 **계속 반복하기** 블록을 가져온 다음 [움직임] 카테고리에서 **이동 방향으로 10만큼 움직이기** 블록을 가져와 조립합니다. [시작하기]를 클릭한 후 실행 결과를 확인합니다.

> **Q.** **이동 방향으로 10만큼 움직이기** 블록의 숫자 부분을 다양하게 바꾸며 로봇 청소기의 속도가 변화하는 이유에 대해 생각해봅시다.

오브젝트의 블록 조립소

오브젝트는 각자의 '블록 조립소'를 가지고 있습니다. 여러 개의 오브젝트를 추가했을 때에는 가장 먼저 내가 명령하고 싶은 오브젝트를 선택한 후, 해당 오브젝트의 '블록 조립소'에 코드를 만들어야 합니다.

잘못 만든 코드를 다른 오브젝트로 어떻게 옮기나요?

잘못 만든 코드 위에 마우스 오른쪽 버튼을 클릭하여 코드를 복사한 후 원하는 오브젝트의 블록 조립소에 붙여넣기를 합니다. 다시 잘못 만든 코드로 돌아가 필요없는 코드를 삭제해줍니다.

④ 로봇청소기가 벽에 닿으면 회전하도록 하기 위해 선택구조를 만들어봅시다. [흐름] 카테고리에 **만일 <참>이라면** 블록과 [판단] 카테고리에 **벽에 닿았는가** 블록을 조립합니다.

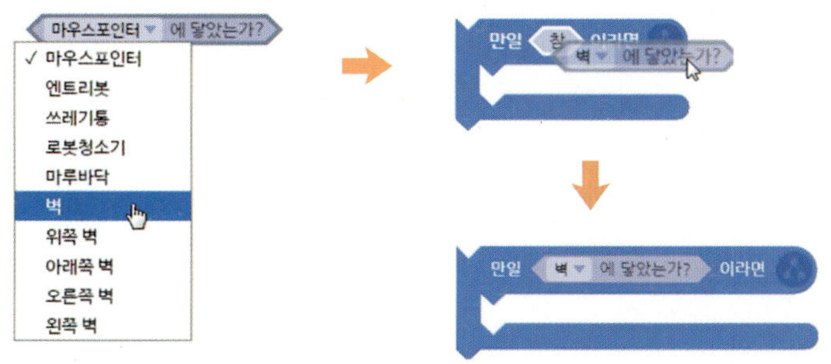

만일 ~라면 블록

'선택' 블록 사용하기

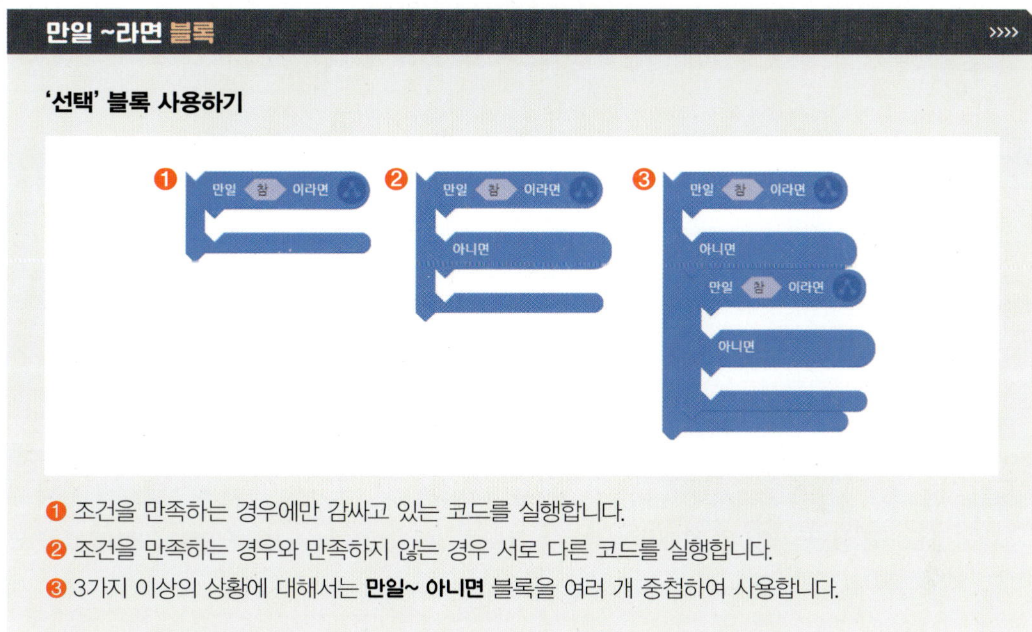

❶ 조건을 만족하는 경우에만 감싸고 있는 코드를 실행합니다.
❷ 조건을 만족하는 경우와 만족하지 않는 경우 서로 다른 코드를 실행합니다.
❸ 3가지 이상의 상황에 대해서는 **만일~ 아니면** 블록을 여러 개 중첩하여 사용합니다.

⑤ 벽에 닿으면 로봇청소기가 오른쪽으로 돌도록 코드를 만들어봅시다. [시작하기]를 클릭하고, 로봇청소기가 오른쪽으로 가지 않고 되돌아오는 이유에 대해 생각해봅시다.

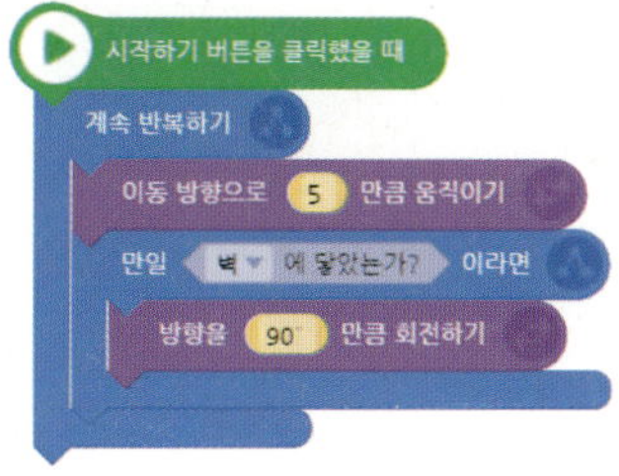

⑥ 벽에 닿으면 로봇청소기가 살짝 뒤로 물러난 후 방향을 회전하여 다른 방향으로 이동하도록 만들어 봅시다.

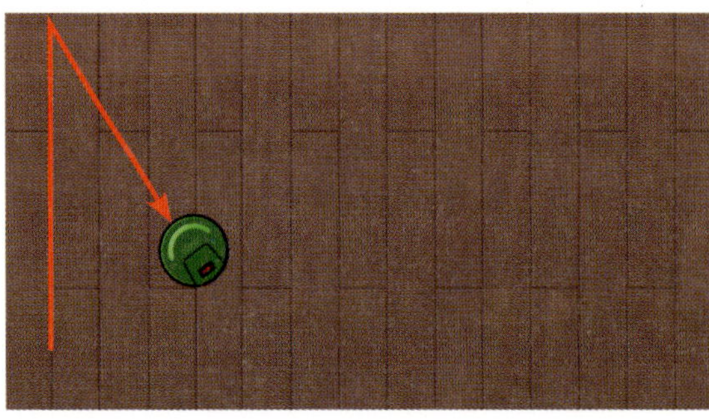

⑦ 로봇청소기가 지나간 경로를 표시하기 위해 '그리기' 관련 코드를 추가해봅시다. 붓의 색은 '하얀색'으로, 굵기는 로봇청소기의 크기인 '50'으로 해주면 청소하는 것과 같은 효과를 낼 수 있습니다.

> **TIP** **시작하기 버튼을 클릭했을 때** 블록을 여러 번 사용하면 여러 코드를 동시에 병렬적으로 실행시킬 수 있습니다.

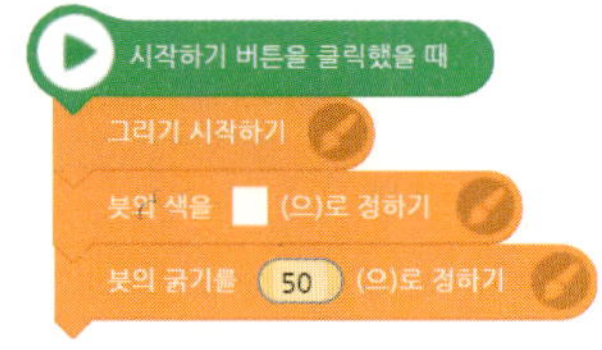

⑧ [오브젝트 추가하기]를 클릭해서 원하는 장애물 오브젝트를 하나 추가하고 적절한 크기와 위치에 배치합니다. 벽에 닿았을 때처럼 장애물에 닿았을 때도 똑같이 회전할 수 있도록 **만일~라면** 블록을 코드 '복사&붙여넣기'합니다.

> **TIP** 실제 로봇청소기는 센서를 통해 자신의 앞이 무엇인가로 막혀있는지를 판단합니다. 하지만, 자신이 마주친 것이 벽인지 장애물인지 구분하기는 어려울 것입니다.

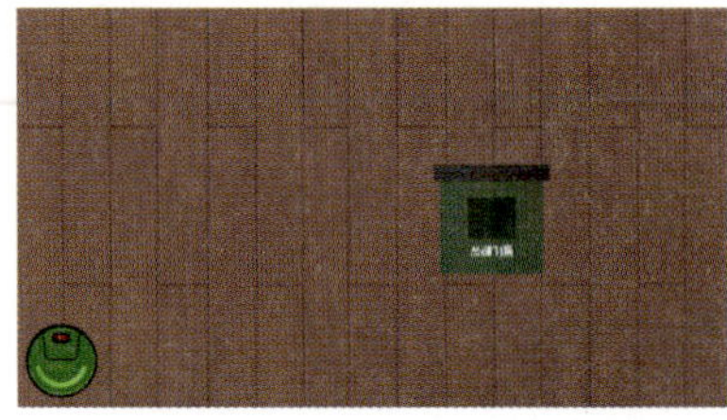
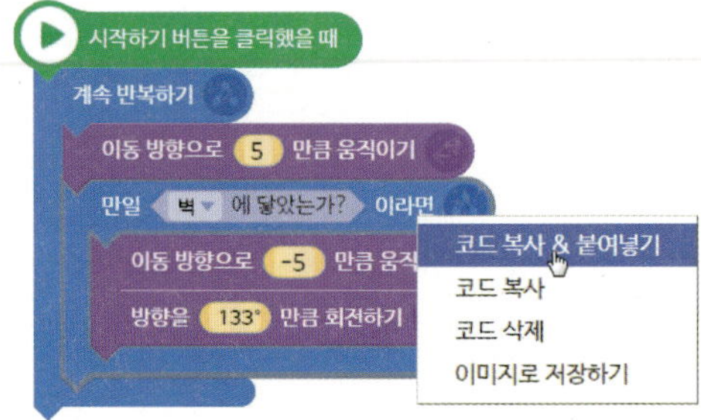

⑨ 장애물을 닿았을 때도 회전하도록 코드를 완성합니다. [시작하기]를 클릭하고 결과를 살펴봅시다.

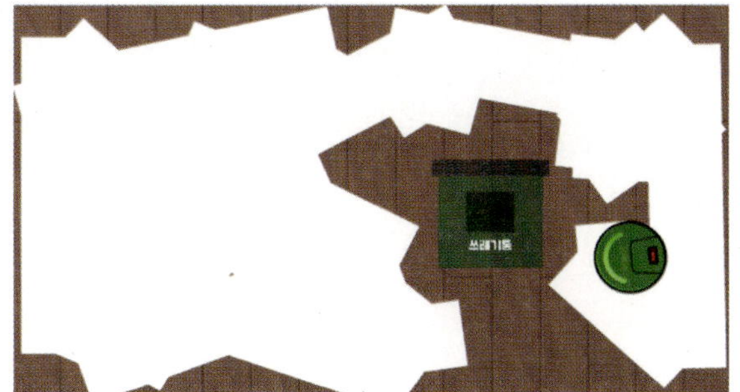

학습정리

1. 프로그램에서 상황을 판단하여 다른 명령을 수행하도록 하는 것을 '선택 구조'라고 합니다.

2. 오브젝트는 각자 독립적인 블록 조립소를 가지고 있습니다. 여러 개의 오브젝트가 있을 때에는 가장 먼저 명령하고자 하는 오브젝트를 선택하고, 해당 오브젝트의 블록 조립소에 코드를 만들어야 합니다.

3. 선택 블록의 종류

01 다음 중 '선택 구조'를 사용한 명령이 아닌 것은?

① 글을 쓰다가 잘못 쓰면 지우개로 지워라.

② 퀴즈의 답이 맞으면 박수 소리를, 틀리면 경고소리를 내라.

③ 4쪽까지 책을 소리 내어 읽어라.

④ 스펠링이 모두 맞으면 정답으로 인정해라.

02 로봇청소기가 앞으로 가다가 벽을 만나면 살짝 뒤로 물러나 오른쪽으로 가도록 하려면 이동 방향으로 −5만큼 움직이기 블록을 어느 위치에 끼워 넣어야 하겠는가?

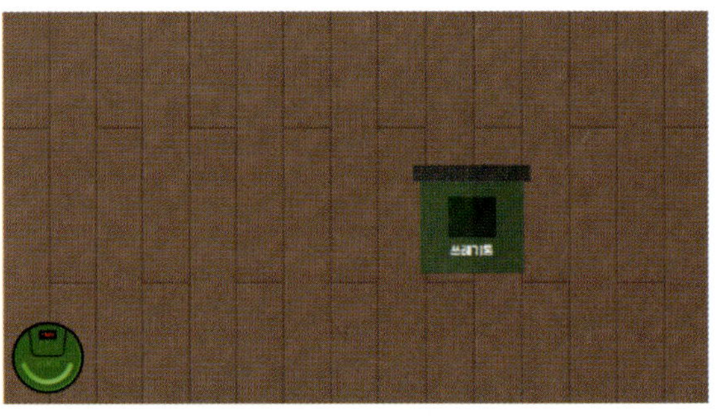

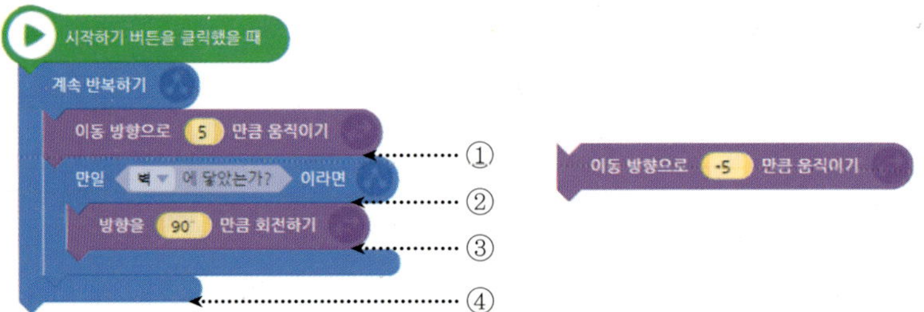

정답 해설

01 ③

'선택 구조'는 상황에 따라 다른 명령을 실행해야 할 때 사용합니다.

③ 책을 소리 내어 읽는 것을 4쪽이 끝날 때까지 반복하는 명령으로 '반복 구조'에 해당합니다.

02 ②

주어진 블록은 뒤로 살짝 물러가는 블록입니다. 로봇청소기가 '벽에 닿았을 때' 오른쪽으로 돌기 전에 해야 하는 행동이므로 '만약 ∼라면' 블록 안쪽 제일 첫 번째 순서에 블록을 끼워 넣습니다.

03 다음 중 실행 시 마우스를 클릭한 동안 오브젝트가 알록달록하게 색을 바꾸다가 마우스 클릭을 해제하면 원래 형태로 돌아오는 코드는 무엇인가?

①

②

③

④

정답 해설

03 ④

'선택 구조'를 활용하여 프로그램을 만들 때에는 '언제', '무엇을' 판단하여 '어떤' 명령을 실행해야 하는지를 분명히 해야 합니다. 여기서는 '계속', '마우스를 클릭했는가?'를 판단하여, 클릭한 경우에는 색깔 효과를, 아닌 경우에는 효과 지우기를 실행해야 원하는 결과를 얻을 수 있습니다.

쓰레기 오브젝트를 여러 개 추가하여 로봇청소기가 지나가면 쓰레기가 사라지도록 만들어봅시다.

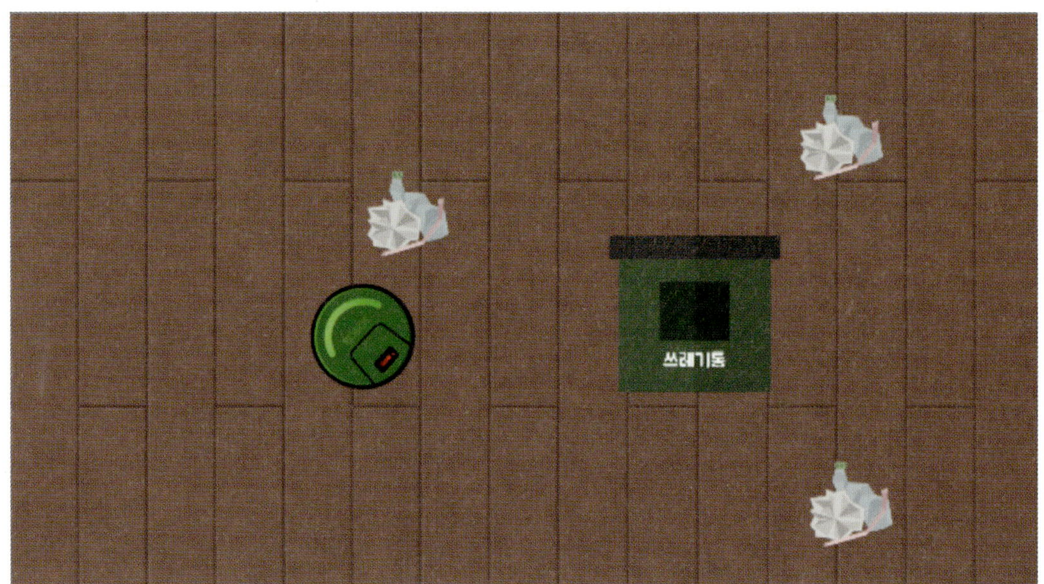

[작품주소] https://goo.gl/qMOGzP

HINT

1. [로봇청소기]에 경로를 그리는 부분의 코드를 삭제합니다.

2. [오브젝트 추가하기]를 클릭하고 [쓰레기] 오브젝트를 추가합니다.

3. [쓰레기] 오브젝트에 [로봇청소기]에 닿으면 모양을 숨기는 코드를 넣습니다.

4. 쓰레기를 여러 개 만들어 방 곳곳에 배치합니다.

SECTION 07 | 변수와 입출력으로 전자 도어락 만들기

무엇을 만들까?

프로그램에서 변수와 입출력의 역할과 필요성을 알고, 이를 활용하여 전자 도어락을 만들어봅시다.

▶ 비밀번호를 맞추면 보물상자가 열리도록 합니다.

[작품주소] https://goo.gl/61U92K

(1) 프로그래밍 개념

1) 변수

게임에서의 '점수', 학생 관리 프로그램에서 '이름'과 '학번'과 같은 데이터를 다루려면 어떻게 해야 할까요? 프로그램에 필요한 데이터를 저장할 공간을 만들고, 어떤 데이터가 저장되어 있는지 알 수 있도록 공간에 이름을 붙여주어야 합니다. 이렇게 데이터를 저장하는 공간을 '변수', 그 안에 들어있는 데이터를 '변수값'이라고 합니다. 예를 들어, '이름'이라는 공간을 만들어 '홍길동'이라는 데이터를 저장한다면, '이름'은 변수, '홍길동'은 변수값이 됩니다.

변수에는 한 번에 한 가지 값만 저장할 수 있다는 특징이 있습니다. 따라서 10개의 데이터를 저장하고 싶다면 10개의 변수가 필요합니다. 변수에 저장된 값은 필요에 따라 자유롭게 변경할 수 있습니다. 그러나 변수에는 한 가지 값만 저장할 수 있기 때문에 변수에 저장된 값을 변경하면 그 전에 가지고 있던 데이터는 사라지게 됩니다.

2) 입출력

검색을 할 때에는 키보드로 검색하고 싶은 단어를 입력합니다. 에어컨을 사용할 때에는 리모컨으로 필요한 온도를 설정합니다. 이렇게 외부에서 프로그램에 필요한 데이터를 입력하는 것을 '입력'이라고 합니다. 프로그램에서는 이렇게 입력받은 데이터를 가지고 필요한 처리 과정을 거칩니다.

검색 프로그램에서는 입력받은 단어에 대한 자료들을 찾고, 에어컨에서는 입력받은 온도와 현재의 온도를 비교합니다. 이러한 처리 과정은 우리가 눈으로 볼 수 없습니다. 처리된 결과를 사람이알 수 있도록 보여주는 것을 '출력'이라고 합니다. 출력되는 모습은 프로그램에 따라 매우 달라집니다. 파일 검색 프로그램이라면 검색된 파일들을, 웹 검색이라면 웹페이지들을 보여줄 것입니다. 또한 에어컨에서는 찬 바람을 만드는 모터의 세기를 조절할 것입니다. 이렇게 입력과 출력을 통해사람 또는 외부 환경과 프로그램이 상호 작용하는 프로그램을 만들 수 있습니다.

(2) 따라하며 익히기

1) 변수

엔트리봇의 '이름'과 '나이' 데이터를 저장할 변수를 만들어봅시다. [속성] 탭에서 원하는 이름으로 변수를 만들 수 있습니다. 변수를 만들면 실행화면의 좌측 상단에 변수창이 생깁니다. 변수를만들면 기본값으로 '0'이 들어있습니다.

'이름'과 '나이' 변수를 만들고, 변수창을 드래그하여 엔트리봇의 옆으로 옮겨봅시다. ◎를 누르면변수창을 화면에서 보이거나 숨길 수도 있고, 기본값을 바꿀 수도 있습니다.

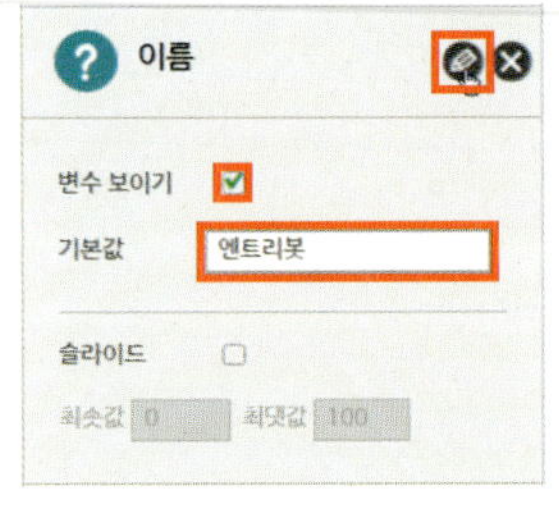

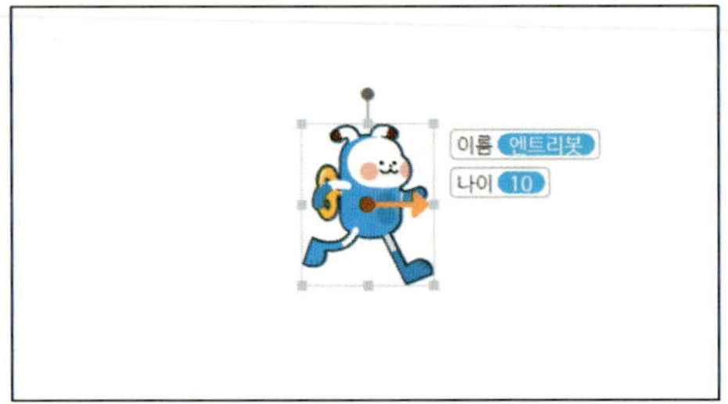

[자료] 카테고리에 변수 관련 블록들이 나타납니다. 변수 이름 부분을 누르면 만든 변수 이름 중 필요한 것을 선택할 수 있습니다. 1초 간격으로 '이름'과 '나이' 변수값을 바꾸어봅시다.

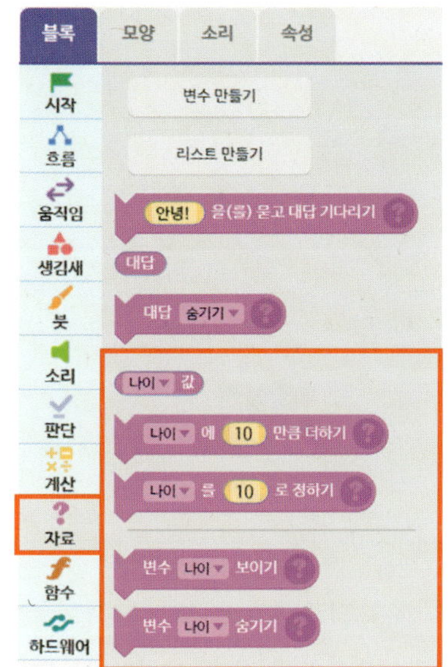

이번에는 위-아래 방향키로 '나이' 변수값을 늘리고 줄여봅시다.

2) 입출력

키보드로 프로그램에 필요한 데이터를 입력받아봅시다. [자료] 카테고리의 **안녕!을(를) 묻고 대답 기다리기** 블록을 블록조립소로 가져오면 실행화면에 '대답창'이 생깁니다. 이 대답창은 마우스로 드래그하여 위치를 옮길 수 있습니다.

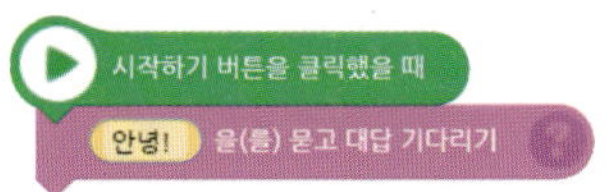

블록에 입력받을 내용을 묻도록 '이름이 뭐니?'를 입력하고 [시작하기]를 클릭해봅시다. 엔트리봇이 말풍선으로 입력한 내용을 묻고 대답을 입력할 수 있는 창이 나타납니다. 대답을 입력하고 엔터키를 누르면 '대답창'에 대답한 내용이 저장됩니다.

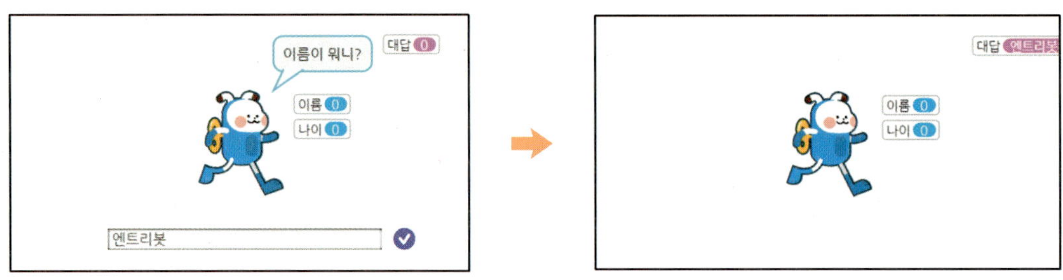

입력받은 데이터를 처리해봅시다. 대답한 내용은 대답 블록에 저장됩니다. 이름과 나이를 묻고 각각 '이름'과 '나이' 변수에 입력받은 값을 저장해봅시다. '대답'도 변수의 속성과 같아서 한 번에 한 가지 값만 저장할 수 있습니다. 따라서 이름을 묻고 나이를 물으면 이전에 입력했던 '이름' 데이터가 사라지고 입력받은 값은 즉시 필요한 변수에 넣어줍니다.

데이터 블록 사용하기 >>>>

데이터가 들어있는 대답 블록과 변수 ▼ 값 블록은 둥근 공간에 끼워 넣어 그 값을 사용할 수 있습니다. 블록을 끼워 넣을 때에는 블록의 왼쪽 끝을 끼워 넣으려는 공간으로 가져가 색이 바뀌었을 때 놓아줍니다.

결과를 출력해봅시다. 엔트리봇이 '내 이름은 / 엔트리봇 / 나이는 / 10'을 차례로 말하도록 합니다.

'대답창'과 '변수창'을 숨기는 코드를 추가하고 [시작하기]를 클릭해봅시다. 이름과 나이를 입력받고, 입력받은 데이터에 따라 '내 이름은 / (이름) / 나이는 / (나이)'가 출력되는 프로그램이 완성됩니다. '대답창', '변수창'은 편의를 위해 제공하는 기능으로 이 창들을 숨겨주면 프로그램 내부에서 일어나는 처리 과정은 보이지 않게 됩니다.

(3) 변수와 입출력으로 전자도어락 만들기

① [보물상자(2)]와 [사막(2)] 오브젝트를 추가합니다. 보물상자의 [모양] 탭을 보면 닫힌 모양과 열린 모양을 가지고 있습니다.

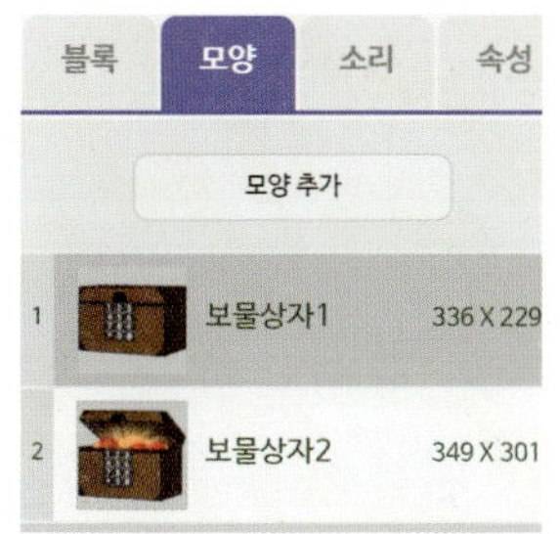

[모양] 탭을 클릭하면 해당 오브젝트가 가지고 있는 모양을 볼 수 있습니다. 오브젝트는 여러 가지 모양을 가질 수 있으며, 목록에서 원하는 모양을 직접 선택하거나 코드를 통해 프로그램 실행 중에 모양을 변화시켜 애니메이션 효과를 낼 수 있습니다.

모양 추가하기

모양은 엔트리에서 제공하는 라이브러리에서 선택할 수도 있고, 직접 그림 파일을 업로드 할 수도 있습니다(지원하는 형식은 png, jpg입니다).

② 먼저, '비밀번호'를 저장할 공간이 필요합니다. [속성] 탭에서 '비밀번호'라는 이름의 변수를 추가합니다.

③ '비밀번호'의 기본값을 2002로 변경합니다. [시작하기]를 클릭하면 '비밀번호' 변수창에 '2002'가 들어간 것을 볼 수 있습니다.

변수 만들고 사용하기 >>>>

'변수'란 무엇인가요?

게임에서의 '점수', 전화번호부에서 '이름', '전화번호'와 같은 정보들을 컴퓨터에서 기억하게 하려면 어떻게 해야 할까요? '변수'는 프로그램에서 이러한 정보들을 저장하는 상자와 같은 기억 공간입니다.

▶ 엔트리 작품을 통해 변수를 체험해보세요!

[작품 주소] http://goo.gl/4S67B7

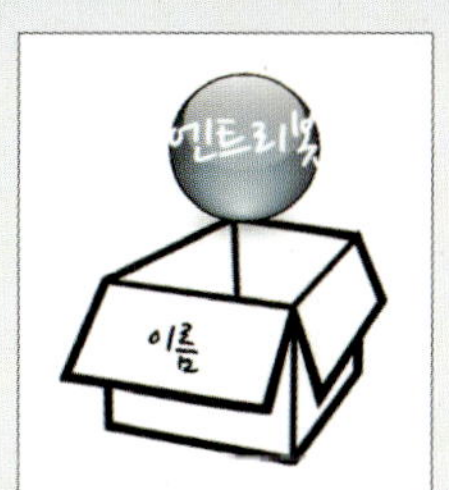

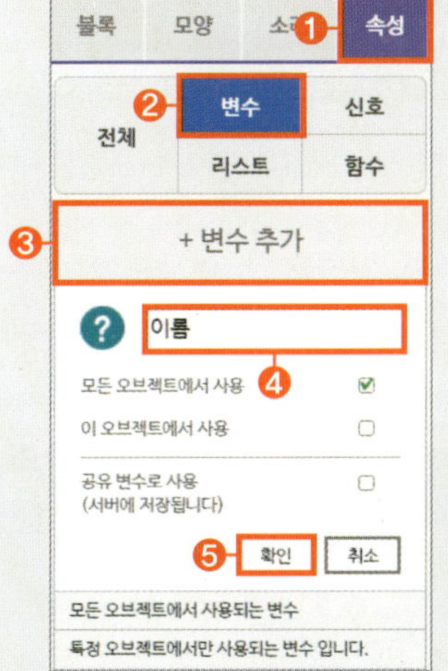

'변수'를 만들고 사용하기

▶ [속성] 탭에서 '변수'를 추가할 수 있습니다.

▶ 변수를 추가하면 화면에 '변수창'이 생성됩니다. 처음 생성된 변수에는 기본값으로 '0'이 설정되어 있습니다.

▶ 변수와 관련된 속성은 ✏를 눌러 변경할 수 있습니다.

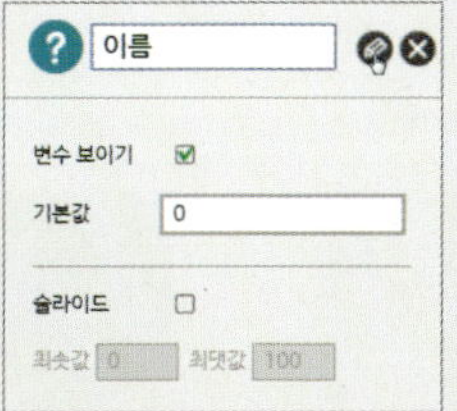

▶ 변수에 들어있는 '변수값'은 관련 코드를 통해 프로그램 실행 중에 자유롭게 변경할 수 있습니다.

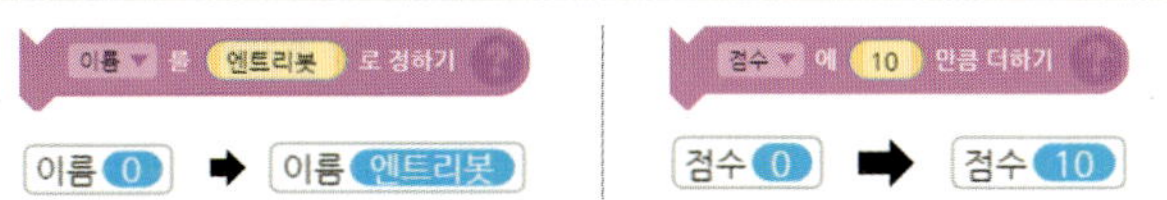

▶ 그 외 아래 블록들로도 변수를 활용해보세요.

④ '비밀번호'가 화면에서 보이지 않도록 비밀번호를 정하기 전에 화면에서 숨겨줍니다.

> **TIP** 화면에서 숨기는 방법은 코드로 숨기는 방법과 [속성] 탭에서 숨기는 방법이 있습니다.

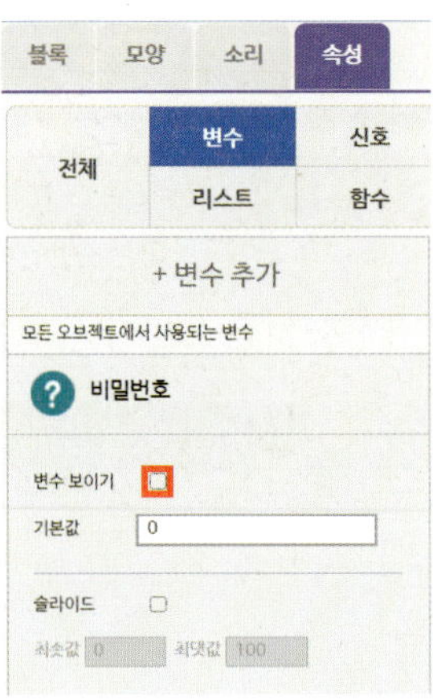

⑤ [자료] 카테고리에서 **~을(를) 묻고 대답 기다리기** 블록을 조립하고 '암호를 입력하세요!'라는 문구를 넣어봅시다.

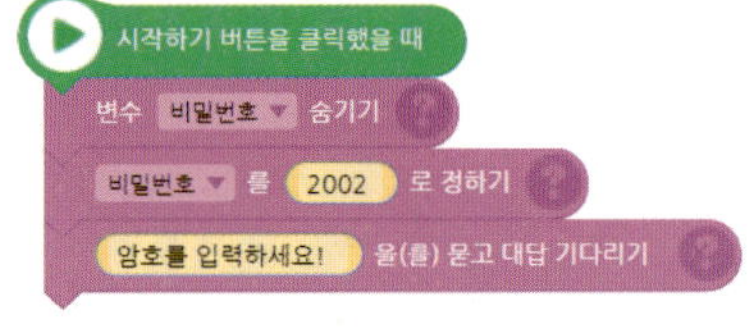

⑥ [시작하기]를 클릭하면 '암호를 입력하세요!'라는 말풍선과 함께 입력할 수 있는 공간이 나타납니다. 여기에 입력한 값은 '대답창'에 저장됩니다.

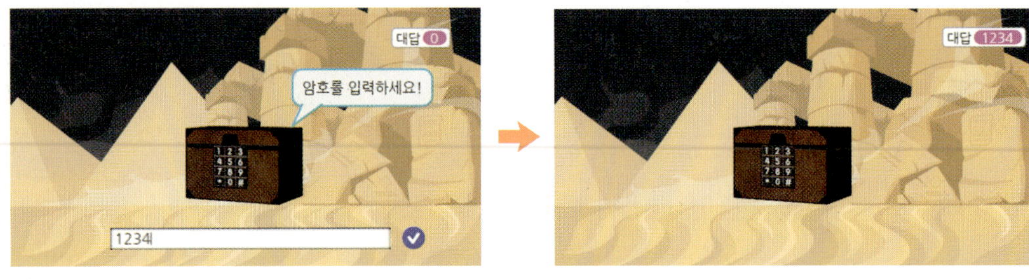

'입출력'이란 무엇인가요?

사용자가 프로그램에 키보드, 마우스 등으로 정보를 주는 것을 '입력'이라고 합니다. 컴퓨터에서는 필요에 따라 입력한 값을 다양하게 처리합니다. 이렇게 처리한 결과를 모니터 등을 통해 보여주는 것을 '출력'이라고 합니다.

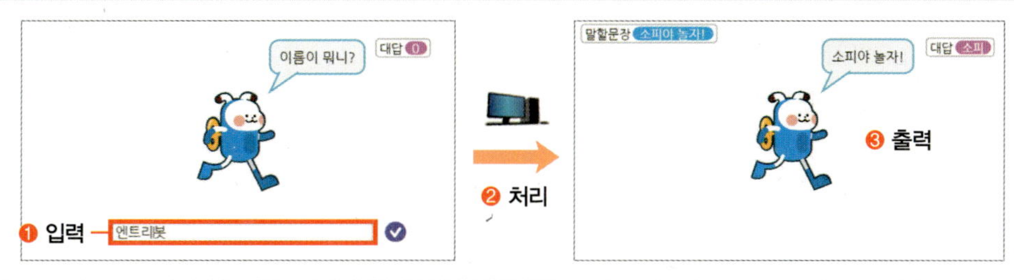

키보드 입출력 블록 사용하기

~를 묻고 대답 기다리기 블록을 사용하면 실행화면에 '대답창'이 생성됩니다. 코드를 실행시키면 오브젝트가 입력한 내용을 말풍선으로 묻고 대답을 입력할 수 있는 창이 나타납니다. 이렇게 입력되어 '대답창'에 들어간 값은 '대답'이라는 변수에 저장됩니다. **대답** 블록을 통해 그 값을 이용할 수 있습니다. '대답창'은 **대답 보이기/숨기기** 블록을 통해 보이거나 숨길 수 있습니다.

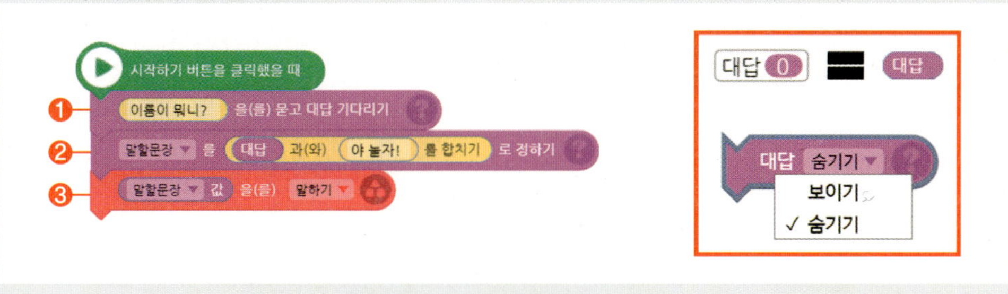

⑦ 사용자가 대답한 값과 비밀번호가 같은지 확인하기 위해 [판단] 카테고리에서 **<10 = 10>** 블록을 가져옵니다. [자료] 카테고리에서 **대답** 블록과 **비밀번호** 블록을 가져와 **<대답 = 비밀번호>** 블록을 만듭니다.

⑧ **만일 ~라면** 블록에 두 값을 비교한 블록을 끼워 넣습니다. 블록을 끼워 넣을 때에는 블록의 왼쪽 끝을 넣으려고 하는 곳으로 가져가 색이 바뀌었을 때 놓습니다.

⑨ 입력한 값이 비밀번호와 같을 때에는 '문이 열렸습니다!'라는 말을, 다를 때에는 '틀렸습니다!'라는 말을 하도록 블록을 끼워 넣습니다.

⑩ 비밀번호를 맞춘 경우와 틀린 경우 다른 소리가 나도록 만들어봅시다. 먼저, [소리] 탭에서 '박수갈채'와 '위험경고' 소리를 추가합니다.

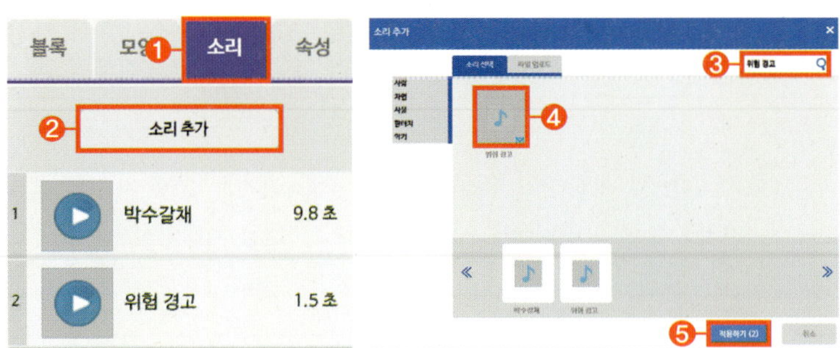

[소리] 탭을 클릭하면 해당 오브젝트가 가지고 있는 소리를 볼 수 있습니다. 아무 소리도 없다면 [소리 추가]를 클릭해 소리를 추가할 수 있습니다. 재생버튼을 통해 추가한 소리를 들어볼 수도 있고, 마우스 오른쪽 버튼을 클릭해 소리의 이름을 수정하거나 복제 또는 삭제할 수도 있습니다.

소리 추가하기

소리는 엔트리에서 제공하는 라이브러리에서 선택할 수도 있고. 직접 소리 파일을 업로드할 수도 있습니다. 지원하는 형식은 mp3와 wav입니다.

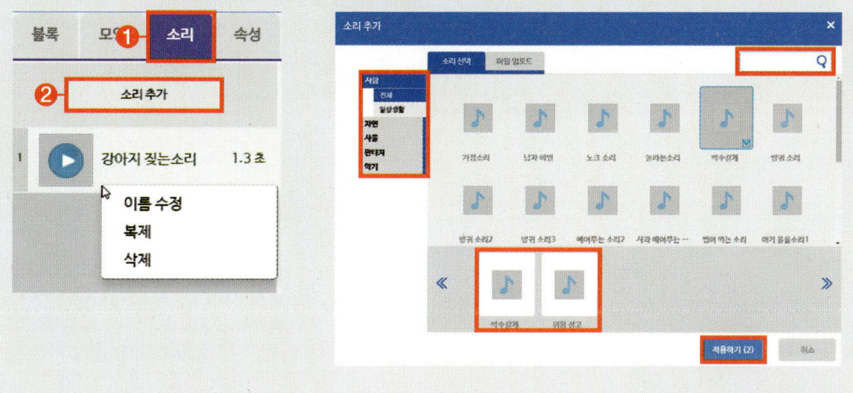

⑪ 추가한 소리를 상황에 맞게 재생되도록 해봅시다. 이때, 말하기 블록보다 위에 블록을 넣어주어야 소리와 말풍선이 동시에 실행되도록 할 수 있습니다.

⑫ 비밀번호를 맞춘 경우 실제로 보물상자가 열리도록 만들어봅시다. '보물상자2' 모양을 이용할 수 있으며, 이 코드 또한 말하기 블록보다 위에 있어야 동시에 실행됩니다.

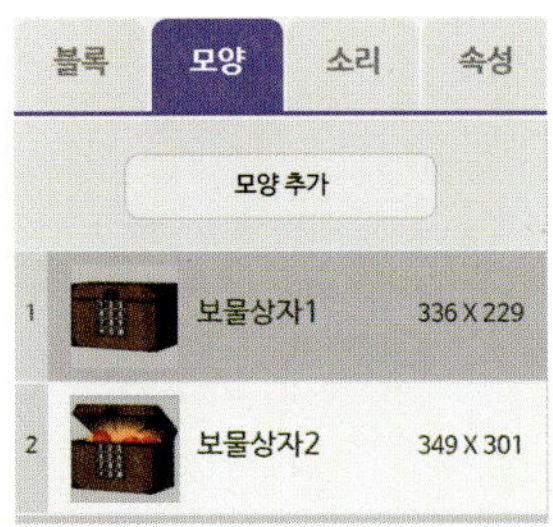

학습정리

1. 프로그램에서 필요한 데이터를 저장하는 공간을 '변수'라고 합니다. 변수에는 '문자', '숫자' 등의 정보를 저장할 수 있으며, 저장된 '변수값'은 자유롭게 변경할 수 있습니다. 단, 변수에는 한 번에 한 가지의 데이터만 저장할 수 있습니다.

2. 프로그램에 필요한 데이터를 키보드 등 다양한 입력장치를 통해 외부에서 입력받는 것을 '입력'이라고 합니다. 프로그램에서는 입력된 데이터를 처리하여 모니터 등의 출력 장치를 통해 결과를 '출력'합니다.

3. [모양] 탭과 [소리] 탭을 활용하면 애니메이션과 같은 효과를 낼 수 있습니다.

01 다음 중 '변수'에 대한 설명으로 틀린 것은?

① 변수는 데이터를 저장하는 공간이다.

② 변수에는 한 번에 한 가지 값만 저장할 수 있다.

③ 변수 이름은 프로그램 실행 중에 변경할 수 있다.

④ 변수값은 프로그램 실행 중에 변경할 수 있다.

02 아래 코드가 모두 실행된 후에 '이름'과 '나이' 변수에는 각각 어떤 값이 들어있겠는가?

	이름	나이
①	엔트리봇	13
②	엔트리봇	21
③	홍길동	22
④	홍길동	8

정답 해설

01 ③

'선택 구조'는 상황에 따라 다른 명령을 실행해야 할 때 사용합니다.

③ 변수 이름 프로그램 실행 중에 변경할 수 없습니다. 변수이름은 '사용자'가 아닌 '프로그래머'를 위한 것입니다.

02 ④

'이름' 변수에는 '엔트리봇'을 넣었다가 '홍길동'을 넣었으므로, 마지막에 저장된 값은 '홍길동'이 됩니다. '나이' 변수에는 '10'을 넣었다가 '3' 만큼 더해 '13'이 되었다가, '9'를 넣은 후, '-1'을 더했으므로 마지막에 저장된 값은 '8'이 됩니다. '(변수)를 ~로 정하기'와 '(변수)를 ~만큼 더하기' 코드를 구분할 수 있도록 합니다.

03 사용자에게 비밀번호 '1234'를 입력받아 '비밀번호' 변수에 저장하려고 한다. 어떤 코드를 만들어야 하는가?

① 시작하기 버튼을 클릭했을 때
비밀번호를 입력하세요. 을(를) 묻고 대답 기다리기
비밀번호 ▼ 를 1234 로 정하기

② 시작하기 버튼을 클릭했을 때
비밀번호를 입력하세요. 을(를) 2 초 동안 말하기 ▼
비밀번호 ▼ 를 1234 로 정하기

③ 시작하기 버튼을 클릭했을 때
비밀번호를 입력하세요. 을(를) 2 초 동안 말하기 ▼
비밀번호 ▼ 를 대답 로 정하기

④ 시작하기 버튼을 클릭했을 때
비밀번호를 입력하세요. 을(를) 2 초 동안 말하기 ▼
비밀번호 ▼ 를 대답 로 정하기

정답 해설

03 ②
키보드로 '입력'을 받기 위한 블록은 '~를 묻고 대답 기다리기'입니다. 이 블록을 통해 입력받은 값은 '대답' 블록에 저장됩니다. 따라서 변수 '비밀번호'에 '대답'받은 값을 넣어주어야 합니다.

스스로 해보기

계속 반복하기와 반복 중단하기 블록을 추가하여 비밀번호가 틀리면 맞을 때까지 계속 다시 물어보도록 만들어봅시다.

[작품주소] https://goo.gl/yozYj8

HINT

1. 전체 코드 중 어느 부분을 반복해야 하는지 고려하여 **계속 반복하기** 블록 안으로 넣어줍니다.
2. 언제 반복을 중단해야 하는지 고려하여 **반복 중단하기** 코드를 추가합니다.

SECTION 08 | 이벤트와 신호로 그림판 만들기

무엇을 만들까?

이번 시간에는 프로그램에서 이벤트와 신호의 역할과 필요성을 알고, 이를 활용하여 그림판을 만들어봅시다.

▶ 크레파스로 그림을 그립니다. 물감을 클릭해 원하는 색 크레파스로 바꿉니다. 지우개를 클릭하면 모든 그림이 지워집니다.

[작품주소] https://goo.gl/IrzKxG

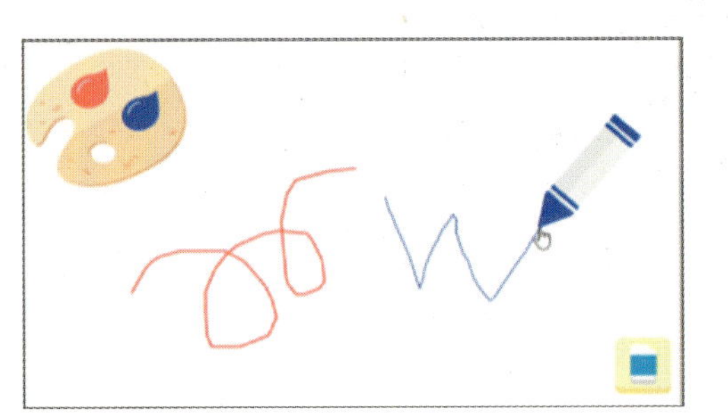

(1)프로그래밍 개념

1) 이벤트

춤추는 로봇이 있습니다. 로봇을 켜면 노래 한 곡에 맞춰 춤을 추는 프로그램이 실행되고 저절로 멈춥니다. 그런데, 컴퓨터를 켜고 가만히 두면 아무 일도 일어나지 않습니다. 인터넷을 하려면 마우스를 움직여 인터넷 프로그램을 클릭합니다. '마우스를 클릭했을 때', '인터넷 창을 열어!'라는 명령이 실행되는 것입니다. 이처럼 프로그램에는 프로그램을 켰을 때 바로 실행되는 명령도 있지만, 가만히 대기하고 있다가 '마우스 클릭'과 같은 일이 있어났을 때 실행되는 명령도 있습니다.

프로그램이 대기하고 있다가 어떤 신호가 발생했을 때 명령을 실행하는 것을 '이벤트'라고 합니다. '마우스 클릭', '키보드 키 누르기' 등이 대표적으로 사용되는 이벤트입니다. 스마트 디바이스가 발달하면서 '터치', '길게 누르기', '스마트폰 뒤집기', '지문 인식하기'와 같이 다양한 이벤트들이 생겨났습니다. 더 나아가 사람의 동작, 주변의 소리도 이벤트가 되어 프로그램의 명령을 실행시키기도 합니다.

2) 신호

엔트리에는 '오브젝트'가 있습니다. 오브젝트들을 각각 독립적인 블록조립소를 가지고 있고 그 내부 코드에 의해 움직입니다. 이 오브젝트들이 서로 상호작용하게 하려면 어떻게 해야 할까요? '강아지'가 말한 후에 '고양이'가 말하게 하거나, '인형'을 클릭하자 '여자아이'가 다가오게 프로그램을 어떻게 만들 수 있을까요? 이럴 때 '신호'를 만들어 오브젝트간 약속된 신호를 주고받을 수 있습니다. '강아지' 말이 끝난 후에 '고양이'에게 명령을 실행할 수 있도록 신호를 보내주고, '인형'을 클릭하면 '여자아이'에게 명령을 실행할 수 있도록 신호를 보내 주는 것입니다. 즉, '신호'란 오브젝트간 상호작용을 위한 '이벤트'라고 할 수 있습니다.

(2) 따라하며 익히기

1) 이벤트

[시작] 카테고리에 있는 블록 중 아래 블록들은 모두 이벤트 블록입니다. 이벤트 블록은 블록에 적힌 이벤트가 일어났을 때, 아래 연결된 명령들을 실행합니다.

키보드 키 이벤트로 엔트리봇을 좌우로 움직이는 코드를 만들고 실행해봅시다.

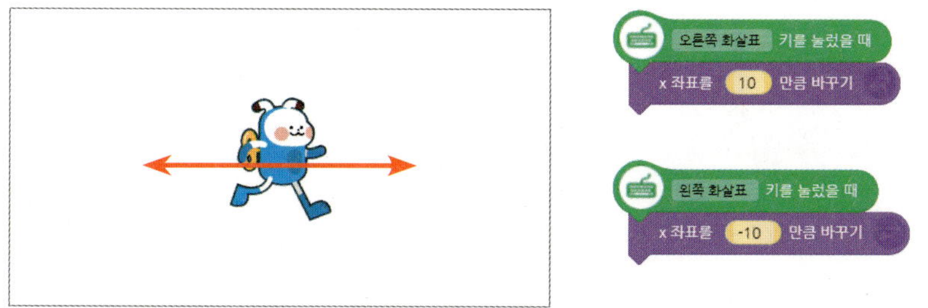

이번에는 오브젝트 클릭 이벤트로, 엔트리봇을 클릭하면 크기가 조금 커지며 '안녕!'이라고 말하고 다시 작아지는 코드를 만들어봅시다.

스페이스 키를 눌렀을 때 점프하는 코드를 만들어봅시다. 프로그램을 실행하고 스페이스 키를 한 번 눌러봅시다.

이번에는 스페이스 키를 빠르게 여러 번 눌러봅시다. 엔트리봇이 100보다 더 높이 올라갔다가 결국에는 원위치로 돌아오는 것을 볼 수 있습니다. 모든 이벤트는 각각 독립적으로 동작합니다. '스페이스 키' 이벤트를 빠르게 3번 발생시키면 아래 코드가 시간 차를 두고 병렬적으로 세 번 실행되는 것입니다.

2) 신호

신호를 사용하여 오브젝트간 대화하는 작품을 만들어봅시다. 먼저 [엔트리봇], [나비], [다람쥐] 오브젝트를 추가해봅시다. '엔트리봇'에 프로그램을 시작했을 때 자기소개를 하는 코드를 만들어봅시다.

엔트리봇이 말을 한 다음 나비가 말을 할 수 있도록 신호를 보내봅시다. [속성] 탭-[신호]-[신호 추가]를 통해 원하는 이름으로 신호를 추가할 수 있고 [시작] 카테고리에 신호 관련 블록에 생성된 신호 이름이 추가됩니다.

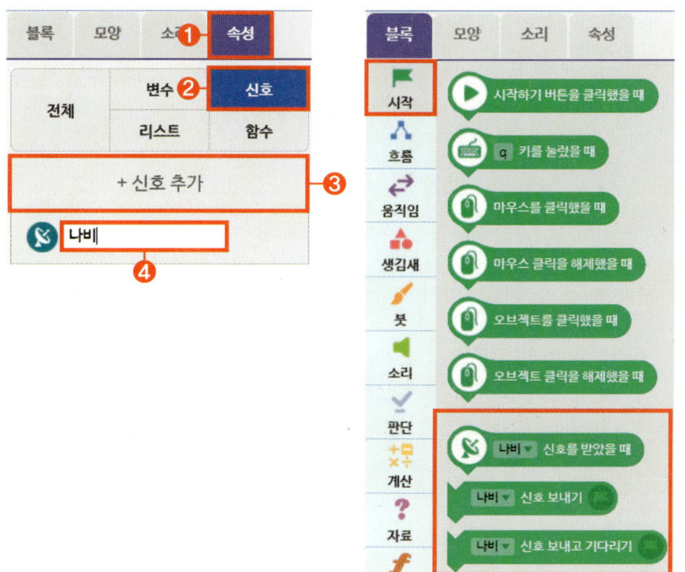

엔트리봇의 코드 끝에 **나비 신호 보내기** 블록을 추가하고, 나비의 블록 조립소에 **나비 신호를 받았을 때** 블록을 가져옵니다. 그 다음 나비가 말할 수 있도록 블록을 추가합니다.

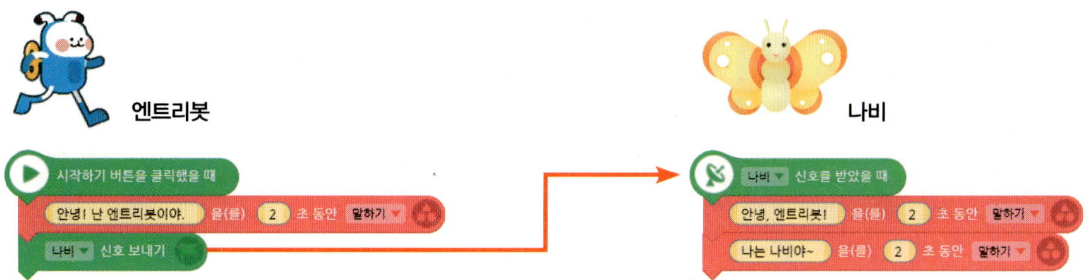

나비 다음에 다람쥐가 이어 말하도록 [속성] 탭-[신호]에서 '다람쥐' 신호를 추가해봅시다. 나비의 코드 끝에 **다람쥐 신호 보내기** 블록을 추가하고, 다람쥐의 블록 조립소에 **다람쥐 신호를 받았을 때** 블록을 가져옵니다. 그 아래 다람쥐가 말할 수 있도록 블록을 추가합니다.

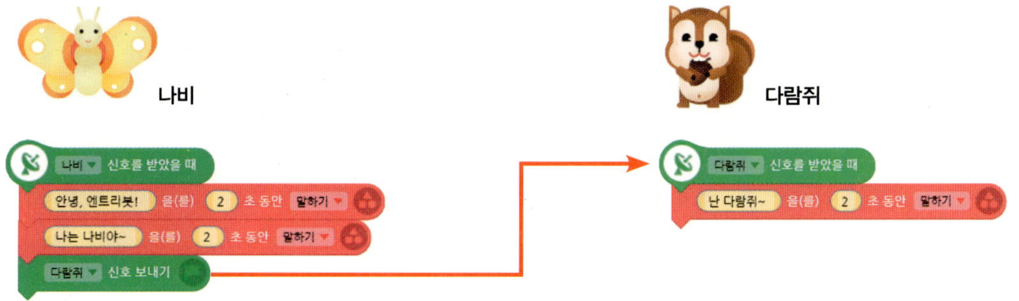

다람쥐의 말이 끝나면 세 명이 동시에 "우리 친하게 지내자~"라고 말하도록 해봅시다. 마찬가지로 [속성] 탭-[신호]에서 '다같이'라는 신호를 추가합니다. 다람쥐의 코드 끝에 **다같이 신호 보내기** 블록을 추가합니다. 그리고 엔트리봇에 '다같이' 신호를 받았을 때, '우리 친하게 지내자'라고 말하는 코드를 만듭니다.

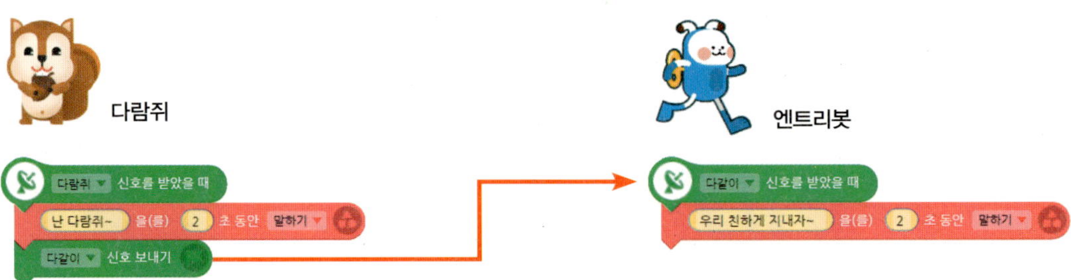

엔트리봇에 만든 코드를 복사하여 나비와 다람쥐에게 붙여넣기하고 프로그램을 실행해봅시다. 이처럼 신호는 1 : 1 뿐만 아니라 1 : 多 , 多 : 1 로도 보낼 수 있으며, 심지어 자기 자신에게도 보낼 수 있습니다.

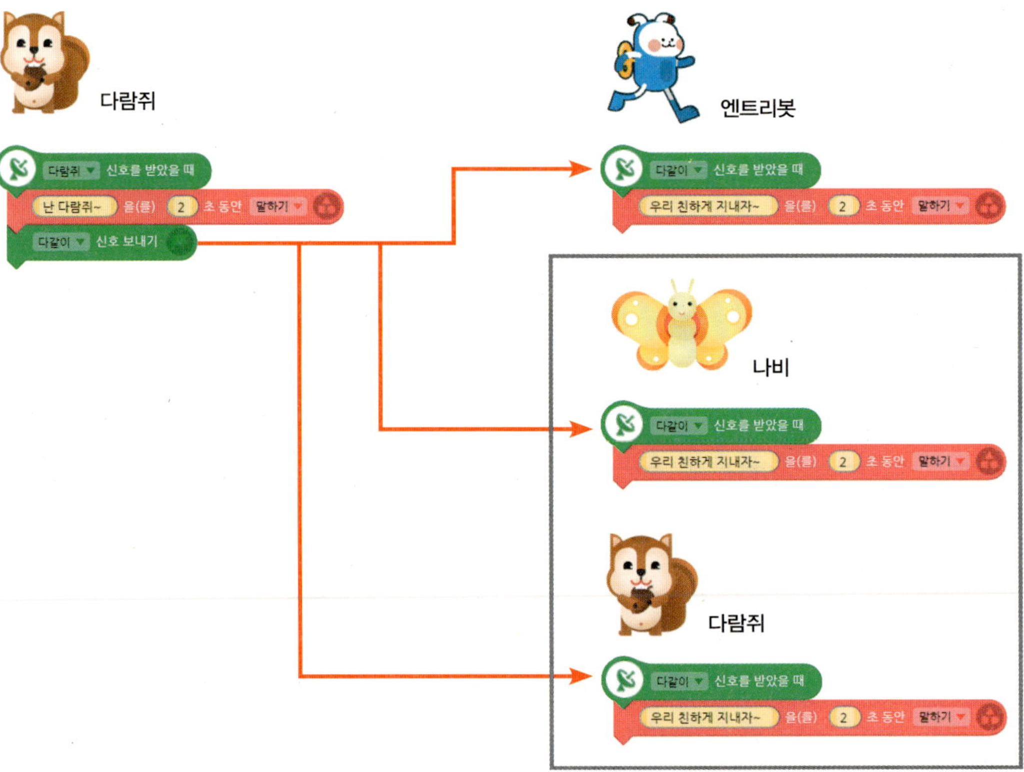

'신호'는 왜 필요한가요?

각각의 오브젝트는 자신의 블록조립소의 코드를 실행합니다. 만약, '사자'가 으르렁 거리고 난 후 '토끼'가 무서워하는 모습을 표현하거나, '지우개'를 클릭했는데, '연필'이 반응하게 하려면 어떻게 해야 할까요? 이렇게 오브젝트끼리 서로 상호작용이 필요할 때 '신호'를 만들어 오브젝트간 주고받을 수 있습니다.

'신호'를 만들고 사용하기

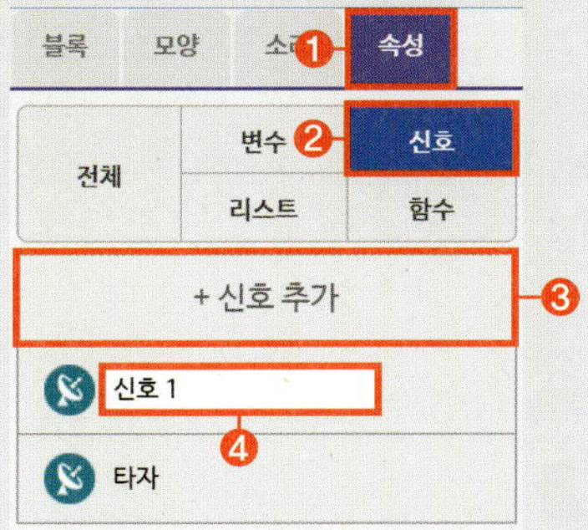

▶ [속성] 탭에서 원하는 이름으로 신호를 추가할 수 있습니다.

▶ 아래와 같이 신호를 활용할 수 있습니다.

　예 투수가 말을 한 후, 타자가 말을 합니다.

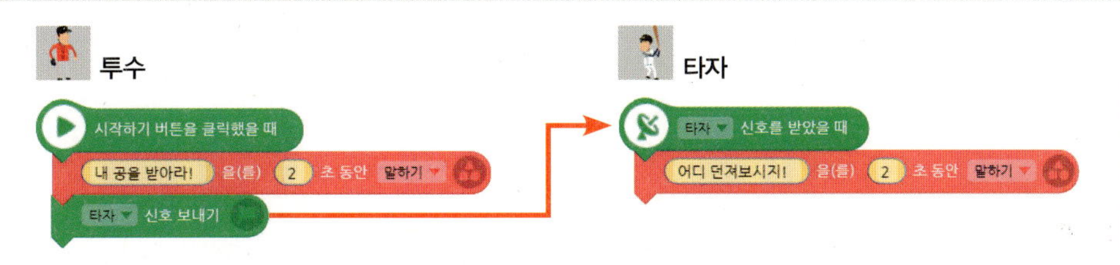

'신호' 관련 블록 살펴보기

블록	도움말
신호 1 신호를 받았을 때	해당 신호를 받으면 연결된 블록들을 실행합니다.
신호 1 신호 보내기	목록에 선택된 신호를 보냅니다.
신호 1 신호 보내고 기다리기	목록에 선택된 신호를 보내고, 해당 신호를 받는 블록들의 실행이 끝날 때 까지 기다립니다.

(3) 이벤트와 신호로 그림판 만들기

① [크레파스] 오브젝트를 추가하고, 적절한 크기로 줄인 후 방향을 바꾸어 화면에 배치합니다.

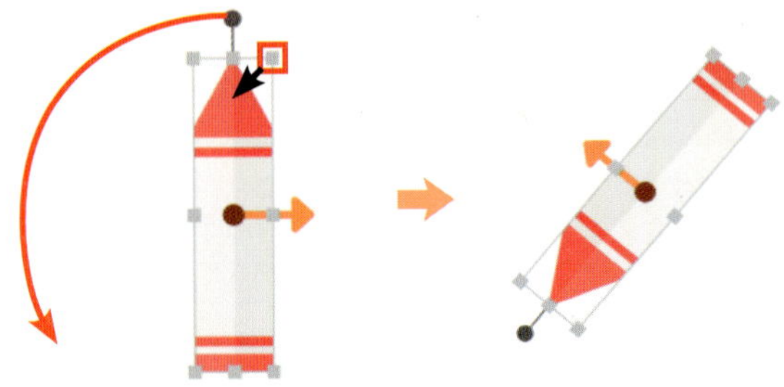

② [움직임] 카테고리에서 **~위치로 이동하기** 블록의 선택지를 '마우스 포인터'로 바꾸어주고, 크레파스가 계속해서 마우스포인터와 함께 이동하도록 코드를 만들어줍니다.

③ 크레파스의 촉 부분이 마우스포인터에 위치하도록 '중심점'을 촉으로 옮겨줍니다. [시작하기]를 클릭해서 결과를 확인해봅시다.

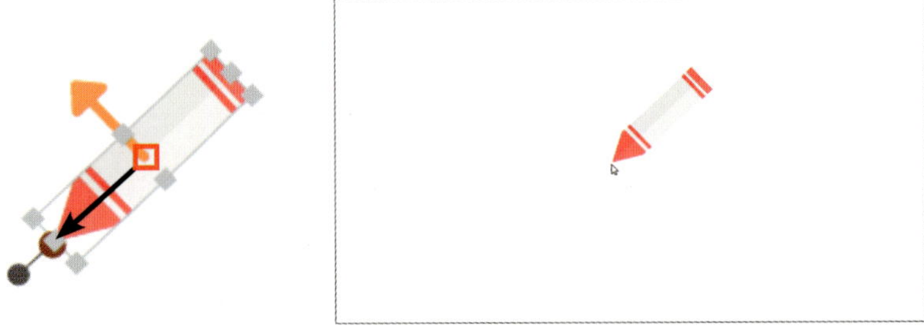

④ 마우스를 클릭하면 그림을 그리고, 해제하면 그려지지 않도록 만들어봅시다. 기본색인 빨간색으로 선이 그려지는 것을 볼 수 있습니다.

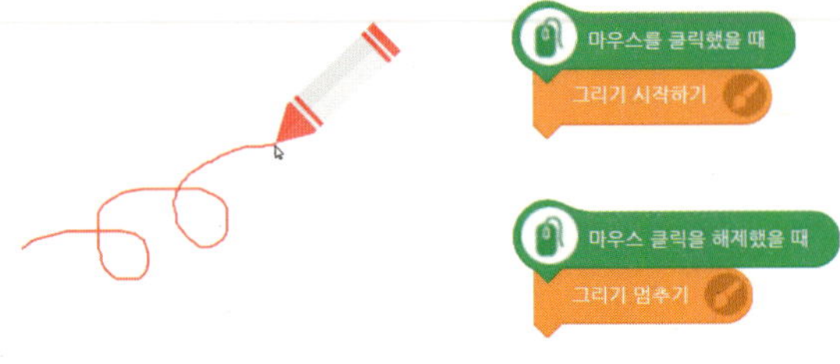

⑤ 여러 가지 색으로 그림을 그릴 수 있도록 하기 위해 팔레트를 만들어봅시다. [오브젝트 추가하기]를
클릭해서 '팔레트' 오브젝트를 추가하고, [모양] 탭에서 '팔레트_빈'을 선택합니다.

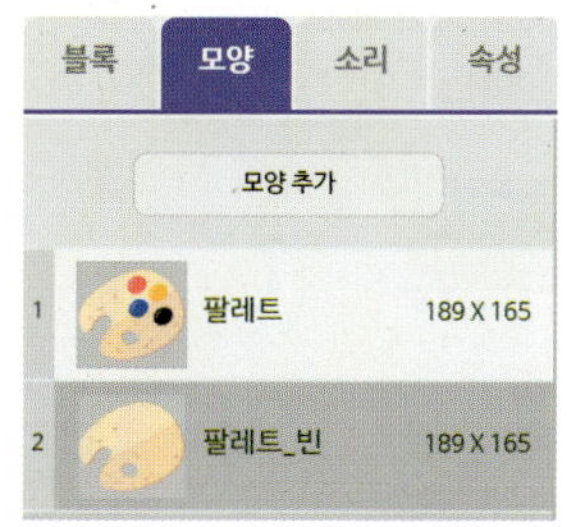

⑥ 팔레트 위에 물감을 배치해봅시다. [물감] 오브젝트를 추가하고, 오브젝트의 크기를 줄여 팔레트 위
에 배치합니다. [모양] 탭을 보면 물감이 네 가지 색을 가지고 있는 것을 볼 수 있습니다.

⑦ 빨간색 물감 오브젝트를 복제한 후 [모양] 탭에서 '물감_파랑'을 선택하여 모양을 파란색으로 바꿉
니다. 겹쳐져 있는 물감을 분리하여 두 오브젝트가 모두 보이도록 합니다.

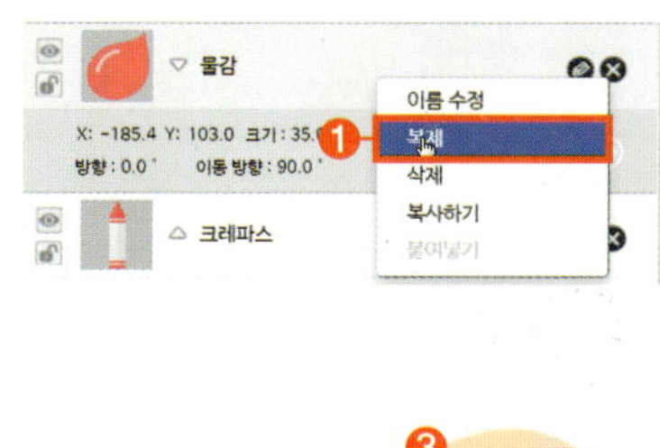

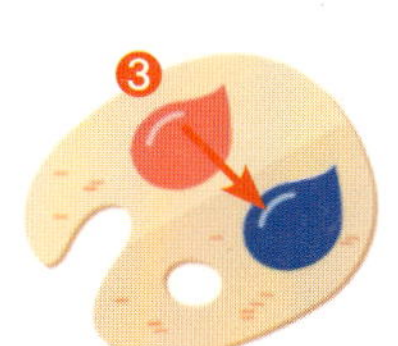

⑧ 크레파스도 4가지 모양을 가지고 있습니다. 물감을 클릭하면 크레파스가 파란색으로, 빨간 물감을 클릭하면 다시 빨간색으로 바뀌도록 만들어봅시다. 이때, 우리가 클릭하는 것은 '물감'인데, 색이 변해야 하는 것은 '크레파스'이기 때문에 '신호'가 필요합니다. 다음 단계로 '빨강'과 '파랑' 신호를 만듭니다.

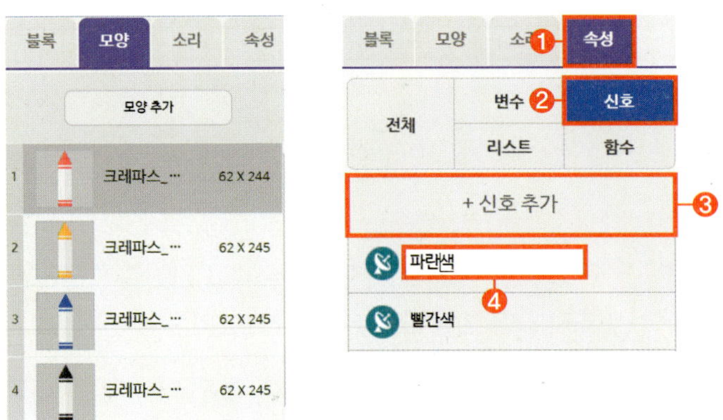

⑨ 만든 신호를 사용하여 물감 오브젝트를 클릭하면 해당 색깔의 크레파스로 바뀌도록 코드를 만들어봅시다.

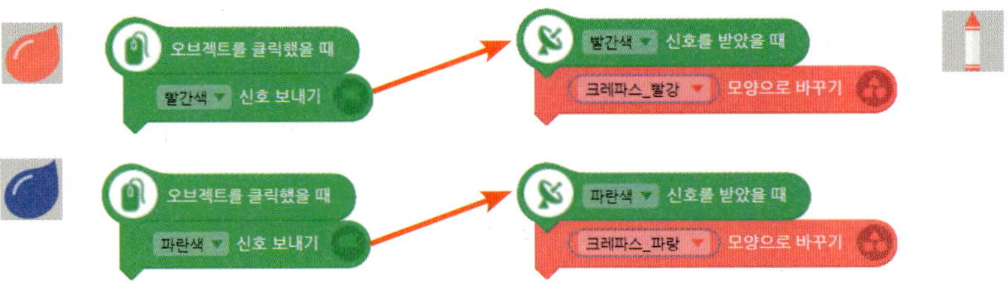

⑩ 실제 그려지는 색도 바뀌도록 코드를 추가하고 [시작하기]를 클릭해서 결과를 확인해봅시다.

⑪ [지우개 버튼] 오브젝트를 추가하여 화면에 배치해봅시다. [지우개 버튼]을 클릭하면 '크레파스'가 그린 그림을 모두 지울 수 있도록 '지우기' 신호를 만듭니다.

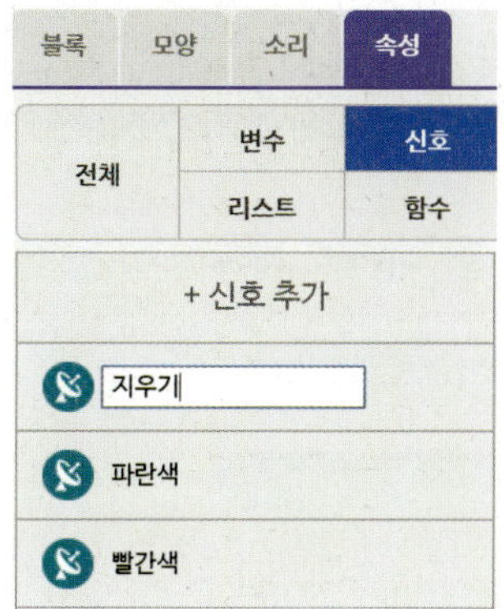

⑫ [지우개 버튼] 오브젝트를 클릭하면 '크레파스'가 그린 그림을 모두 지우는 코드를 추가합니다.

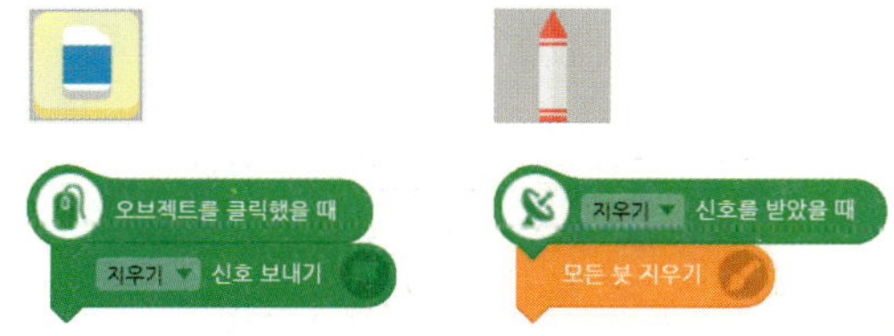

학습정리

1. 프로그램이 대기하고 있다가 '마우스 클릭', '키보드 키 누르기' 등의 신호가 발생했을 때 명령을 실행하는 것을 '이벤트'라고 합니다.

2. 엔트리에서 오브젝트간 상호작용을 위해 이벤트처럼 사용하는 기능을 '신호'라고 합니다.

01 다음 중 '이벤트' 블록이 아닌 것은?

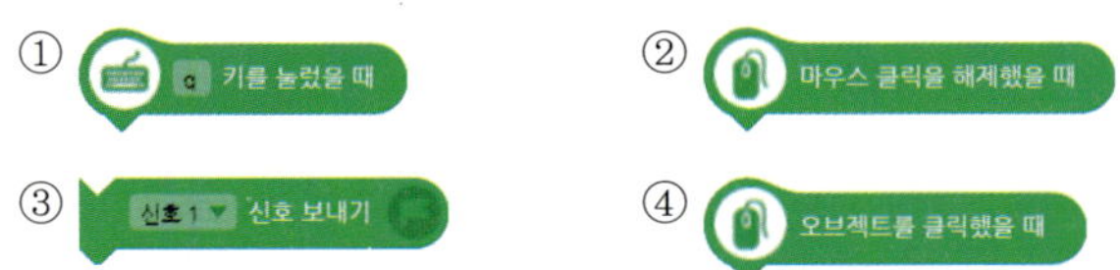

02 아래 프로그램에서 키보드의 1, 2, 3키를 동시에 누르면 어떤 결과가 나타나는가?

① 안녕!이라고 말함과 동시에 색깔과 크기가 바뀐다. 2초 후 말풍선만 사라진다.

② 안녕!이라고 2초간 말하는 동안, 색깔과 크기가 서서히 커진다.

③ 안녕!이라고 말함과 동시에 색깔과 크기가 바뀐다. 2초 후 말풍선이 사라지며 크기와 색깔이 원래대로 돌아온다.

④ 안녕!이라고 2초간 말한 후, 색깔을 2초간 서서히 바꾸고, 크기가 2초간 서서히 커진다.

정답 해설

01 ③

'이벤트'는 언제 코드를 실행할지 결정합니다. 따라서 위에 더 이상 블록을 연결할 수 없는 형태의 블록들이 이벤트 블록입니다.

02 ①

각각의 이벤트는 독립적으로 동작하므로, 키보드 1, 2, 3키를 동시에 눌렀다면 세 개의 코드가 동시에 실행됩니다. '1키를 눌렀을 때'와 '2키를 눌렀을 때' 이벤트의 마지막 '2초 기다리기' 블록은 아무 역할을 하지 않습니다.

03 아래 프로그램을 실행시키면 등장인물들이 어떤 순서로 대화를 하게 되나?

여자아이

루돌프

산타

① 산타 → 루돌프 → 여자아이 → 여자아이
② 여자아이 → 여자아이 → 루돌프 → 산타
③ 여자아이 → 루돌프 → 산타 → 여자아이
④ 여자아이 → 산타 → 루돌프 → 여자아이

정답 해설

03 ④

'시작하기 버튼을 클릭했을 때' 블록부터 차례대로 신호를 따라갑니다. 누가 어떤 신호를 보내고, 그 신호를 누가 받는지 파악해야 합니다.

스스로 해보기

[버튼(위)], [버튼(아래)] 오브젝트를 추가하여 클릭했을 때 붓의 굵기가 바뀌는 기능을 추가해봅시다.

[작품주소] https://goo.gl/uWtcBy

HINT

1. [버튼(위)], [버튼(아래)] 오브젝트를 추가합니다.

2. '굵게'와 '얇게' 신호를 추가합니다.

3. [버튼(위)]와 [버튼(아래)] 오브젝트를 클릭했을 때, '크레파스'에게 신호를 보내 붓의 굵기를 바꾸도록 합니다.

SECTION 09 | 산술연산과 비교연산으로 만드는 자동판매기

무엇을 만들까?

이번 시간에는 프로그램에서 산술연산과 비교연산의 의미와 필요성을 알고, 이를 활용하여 자동판매기 프로그램을 만들어봅시다.

▶ 자동판매기에서 뽑고 싶은 만큼 음료수를 클릭합니다. 버튼을 눌러 금액을 입력하면 넣은 금액과 음료수의 총 금액의 차이에 따라 멘트가 나옵니다.

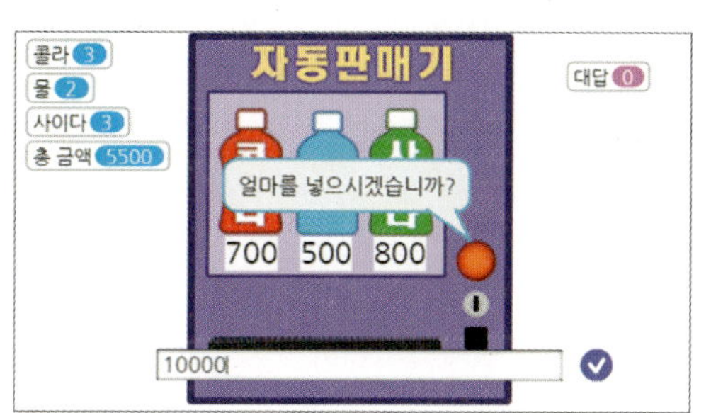

[작품주소] https://goo.gl/WuQAgP

(1) 프로그래밍 개념

1) 산술연산

최초의 컴퓨터는 큰 수를 빠르게 계산하기 위해 탄생했습니다. 지금의 컴퓨터와는 완전히 다른 모습이지만 기원전 26세기 중국에서 발명된 '주판'이 컴퓨터의 근원이며, 최초의 컴퓨터라고 불리는 '에니악'은 탄도 계산을 위해 제작되었습니다. 이렇듯 프로그램의 가장 기본적이고 핵심적인 기능은 '빠르고 정확한 계산'이라고 할 수 있습니다. 프로그램에서는 삼각함수, 로그 등 복잡하고 다양한 연산을 쉽게 할 수 있는 기능을 제공하지만, 이 모든 모든 복잡한 연산의 근간이 되는 것은 '덧셈, 뺄셈, 곱셈, 나눗셈'입니다. 프로그램에서 이렇게 수치 데이터를 가지고 덧셈·뺄셈·곱셈·나눗셈의 사칙 연산을 행하는 것을 '산술연산'이라고 합니다.

2) 비교연산

우리는 일상생활에서 많은 것들을 비교합니다. 누구의 빵이 더 큰지 비교하고, 누구의 키가 가장 큰지 비교합니다. 우유의 양을 비교하고, 어느 나라 사람이 더 행복한 지도 비교하기도 합니다. 프로그램에서는 어떨까요? 프로그램은 그 특성상 항상 두 개의 데이터를 비교합니다. 누구의 빵이 더 큰지를 비교하기 위해서는 빵의 부피를 구해 비교하면 됩니다. 그러나, 20명 중 가장 큰 키를 찾기 위해 두 명씩 비교하는 과정을 반복함하면서 가장 큰 키를 찾아내야 합니다. 또, 어느 나라 사람이 더 행복한 지를 비교하기 위해서는 '행복'이라는 것을 비교할 수 있는 명확한 '수치' 데이터로 나타내야 합니다. 누구의 얼굴 표정이 더 밝은지는 컴퓨터에서 알 수 없겠죠. 이렇게 프로그램에서 두 데이터 사이의 크기 비교를 수행하는 것을 '비교연산'이라고 하며, 그 종류에는 '>, =, <'가 있습니다. 비교연산은 특히 어떤 조건을 만족하는 경우와 만족하지 않는 경우 다른 명령을 신행하게 하는 '선택 구조'를 만들 때 활용합니다.

(2) 따라하며 익히기

1) 산술연산

[계산] 카테고리에 있는 블록들로 산술연산을 할 수 있습니다. 엔트리에서는 가장 기본적인 사칙연산 블록 외에도 다양한 계산 값을 쉽게 얻을 수 있는 블록을 제공합니다.

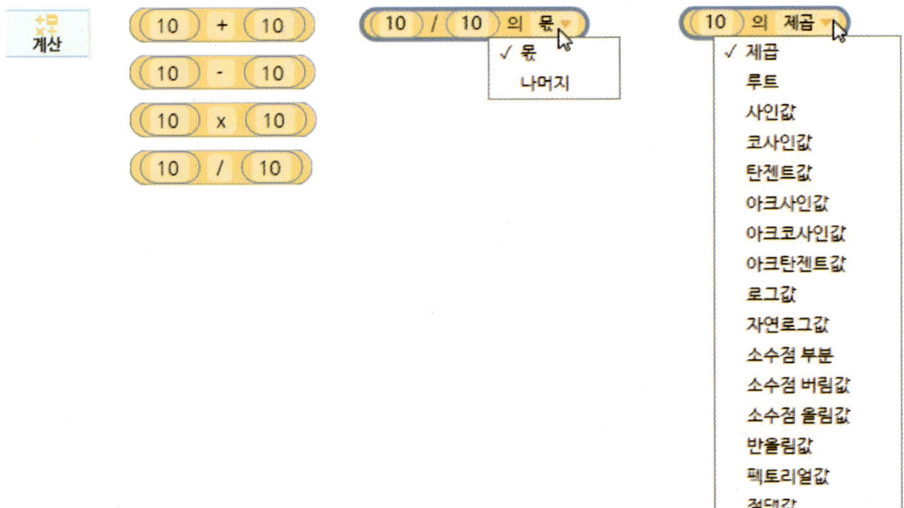

아래와 같이 두 코드를 만들고, 결과를 비교해봅시다. 계산식을 텍스트로 입력하면 입력한 텍스트를 그대로 보여주고, 계산 블록을 사용하면 계산된 결과 값을 보여줍니다.

[계산] 카테고리에는 일반적인 수학 계산식 외에도 아래와 같이 더 많은 데이터들을 제공하는 블록이 있습니다.

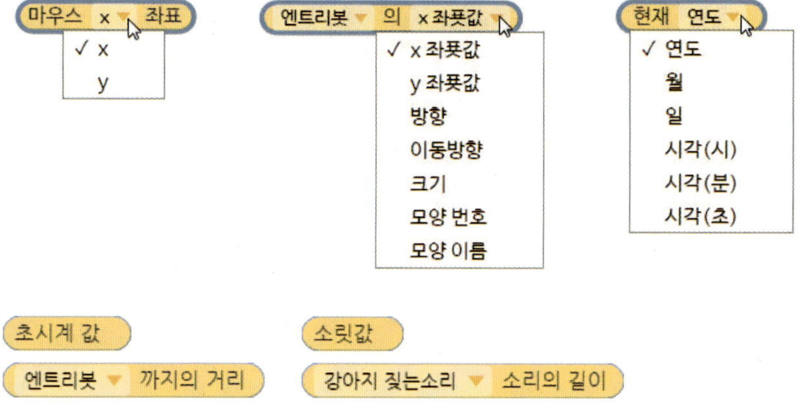

계산 블록은 두 수의 계산만 할 수 있도록 되어있지만, 블록 안에 블록을 끼워 넣어 복잡한 계산식을 만들 수 있습니다. 복잡한 계산식을 만들 때에는 사칙연산의 규칙에 따라 어느 계산을 먼저 할 것인지를 고려하여 계산할 순서대로 블록을 만들어줍니다. 아래 예시를 보며 계산식을 만드는 방법을 알아봅시다.

예시 1

$5 + 8 \times 10$

❶ 가장 먼저 계산해야 하는 8×10 블록을 만든다.

❷ 만든 블록을 덧셈 블록에 끼워 넣어 5를 더한다.

예시 2

$(5 + 8) \times 10$

❶ 가장 먼저 계산해야 하는 5+8 블록을 만든다.

❷ 만든 블록을 곱셈 블록에 끼워 넣어 10을 곱한다.

계산 블록에는 값을 직접 입력할 수도 있지만, 다른 둥근 형태의 블록들을 끼워 사용할 수 있습니다. 둥근 형태의 블록들은 주로 [계산] 카테고리와 [자료] 카테고리에서 만날 수 있습니다.

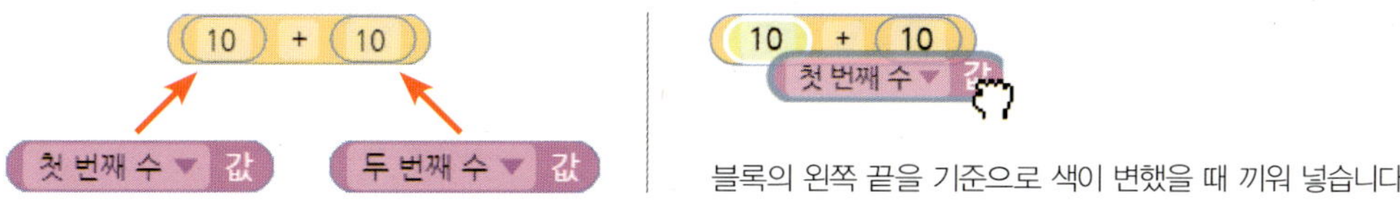

블록의 왼쪽 끝을 기준으로 색이 변했을 때 끼워 넣습니다.

국어, 영어, 수학 세 과목의 평균을 구하는 프로그램을 만들어봅시다. 먼저 각 과목의 점수를 저장할 변수를 만들고 원하는 값을 넣어줍니다.

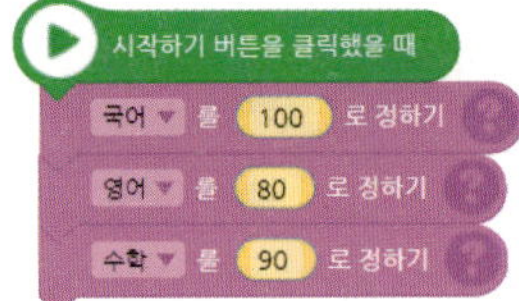

세 과목의 평균은 (국어+영어+수학)/3으로 구합니다. 세 과목의 '평균'을 저장할 변수를 만들고 계산 순서를 고려하여 블록으로 계산식을 만들어봅시다.

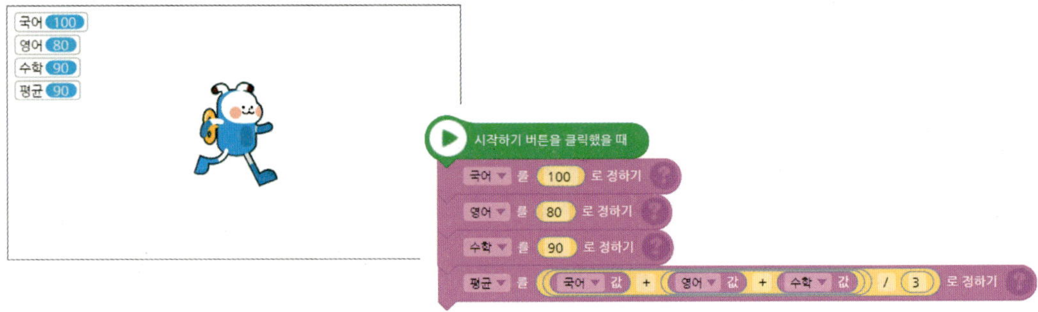

〈세 과목의 평균을 구하는 계산식 만드는 과정〉

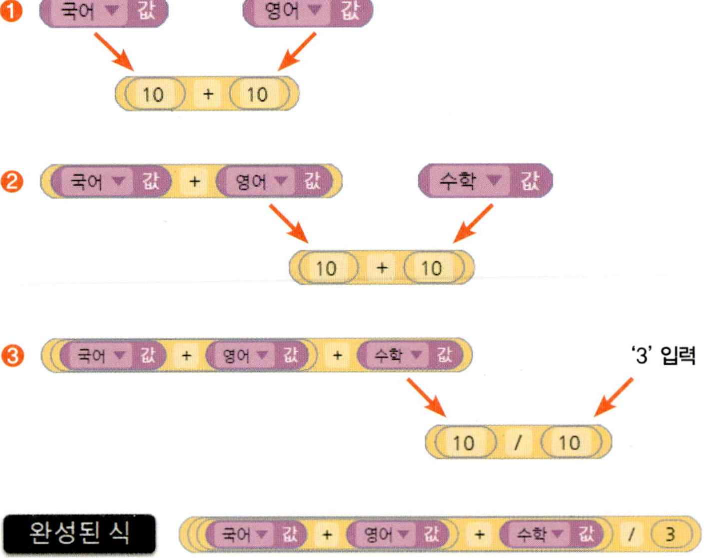

2) 비교연산

[판단] 카테고리에는 비교연산을 위한 블록들이 있습니다. 각 블록들은 두 데이터를 비교하여 〈참〉 또는 〈거짓〉을 판단합니다. 비교연산은 주로 '선택 구조'를 위한 판단 조건의 기준을 위해 활용됩니다.

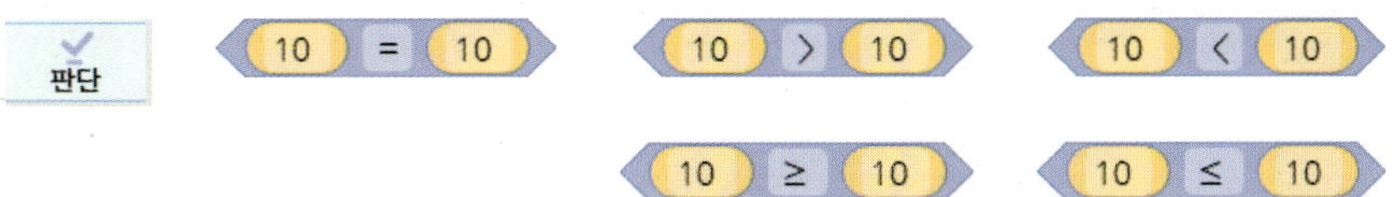

'=' 블록은 두 데이터가 숫자든 문자든 관계없이 데이터가 완전히 일치하는지를 판단합니다. 아래와 같이 간단한 퀴즈 프로그램을 만들고 결과를 확인해봅시다.

'〉, 〈, ≥, ≤' 블록은 숫자인 두 데이터의 크기를 비교하여 판단합니다. 아래와 같이 간단한 애니메이션 프로그램을 만들고 결과를 확인해봅시다.

(3) 산술연산과 비교연산으로 자동판매기 프로그램 만들기

① [자동판매기] 오브젝트를 추가하고, 그 안에 [콜라], [물], [사이다] 오브젝트를 추가해 넣어봅시다.

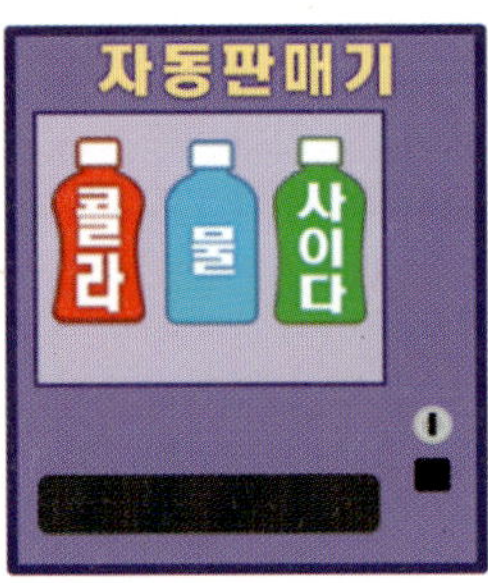

② 음료수의 가격표를 만들어봅시다. [오브젝트 추가하기]를 클릭하고 [글상자] 탭을 선택합니다. 글자 속성을 설정하고 내용을 '500'이라고 입력한 후 적용합니다.

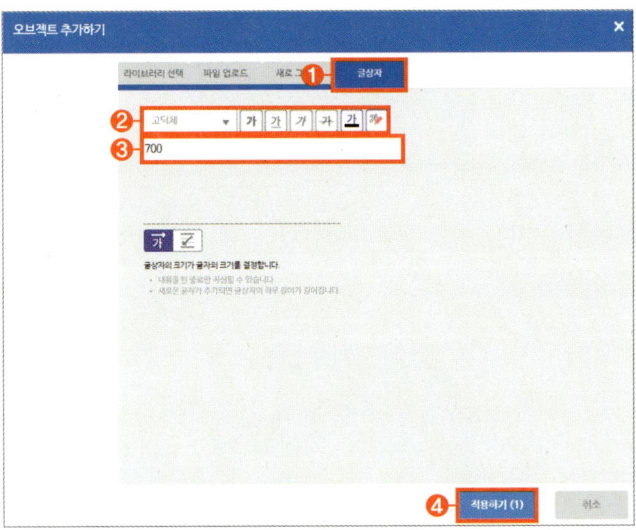

③ 3개의 음료에 모두 가격표를 만들어봅시다. 만든 글상자를 복제하고 각 오브젝트의 [글상자] 탭에서 내용을 변경한 후 음료 아래 배치합니다.

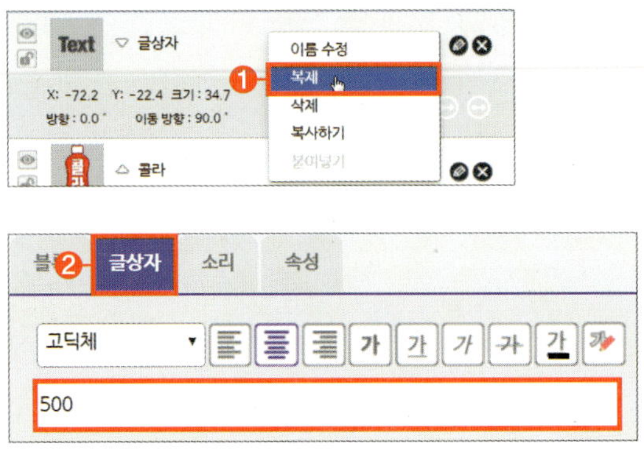

[오브젝트 추가하기]를 클릭하고 [글상자] 탭을 선택하면 글상자 오브젝트를 만들 수 있습니다. 서식과 내용, 모드를 선택하고 글상자를 만들어보세요. 일반 블록들 외에도 [글상자] 카테고리의 블록들로 프로그램 실행 중에 그 내용을 바꿀 수 있습니다. [글상자] 탭에서는 글상자를 만들 때 설정했던 서식, 내용, 모드를 수정할 수 있습니다.

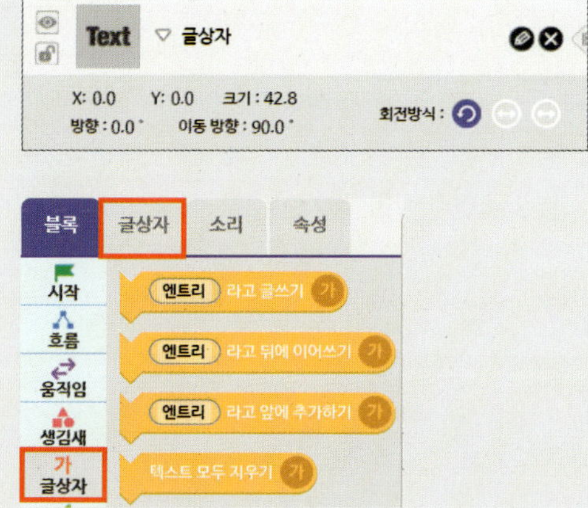

④ 각각의 물건을 몇 개씩 구매하는지 저장할 변수를 3개 만들어줍니다.

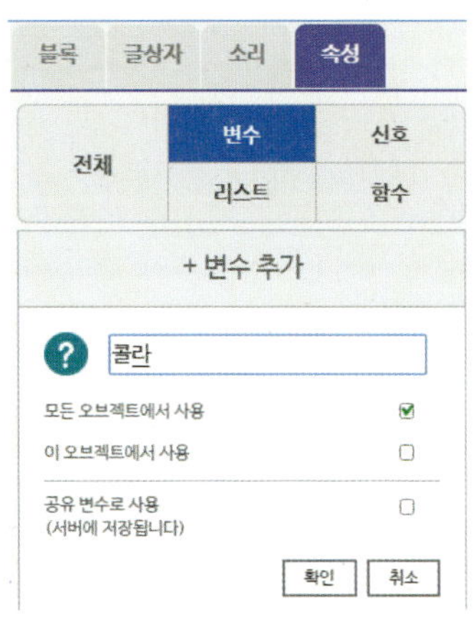

⑤ 각각의 물건을 클릭할 때마다 해당 변수가 1씩 증가하도록 만듭니다.

⑥ 모든 선택이 끝나면 완료 버튼으로 사용할 [동그란 버튼] 오브젝트를 하나 추가하여 배치합니다.

⑦ 버튼을 클릭하면 선택한 음료들 가격의 총 금액이 구해지고 구한 값을 저장할 변수 '총 금액'을 추가합니다.

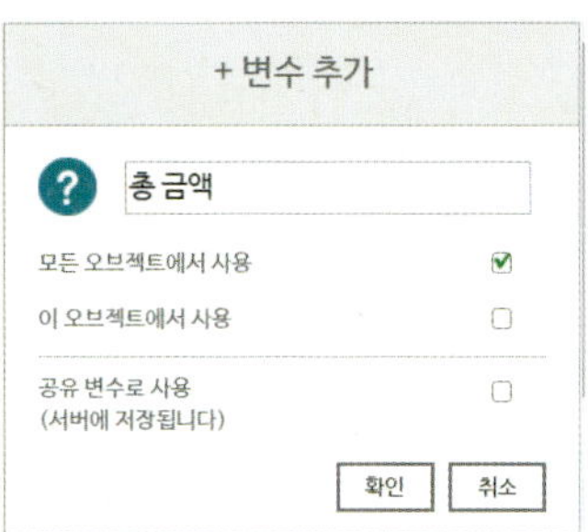

⑧ 블록의 포함관계에 유의하며 계산식을 만들어봅시다.

$$(3 × 700) + (2 × 500) + (5 × 800)$$

⑨ [동그란 버튼 (●)] 오브젝트를 클릭하여 계산 값을 '총 금액' 변수에 넣어봅시다. '얼마를 넣으시겠습니까?' 라고 묻고 투입금액을 입력해봅니다.

⑩ 상황에 따라 다른 코드를 실행하도록 [판단] 카테고리의 **<10 = 10>** 블록과 [흐름] 카테고리의 **만일 ~ 아니면** 블록을 사용해봅시다. [동그란 버튼 (●)] 오브젝트를 클릭하여 돈을 딱 맞게 넣은 경우와 더 넣은 경우, 덜 넣은 경우, 각각 다른 코드를 실행하도록 합니다.

⑪ 총 금액보다 돈은 더 많이 넣은 경우 '거스름돈은 300원입니다.'와 같이 말하는 코드를 만들어봅시다. 먼저 거스름돈을 계산하는 계산식을 만들어봅시다.

거스름돈은∨/300/원 입니다.

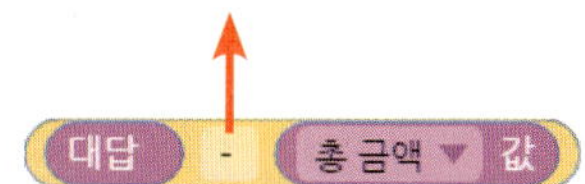

⑫ '300' 부분은 계산 값이고 다른 부분들은 변하지 않는 문자 값입니다. 따라서 아래 문장을 '거스름 돈은 /300/원 입니다.'의 세 부분으로 나눌 수 있습니다. [계산] 카테고리의 **~와 ~를 합치기** 블록을 여러 번 중첩하여 문장을 만들어봅시다.

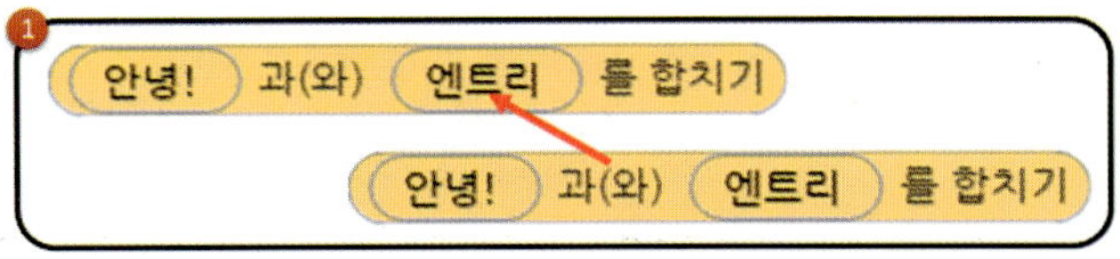

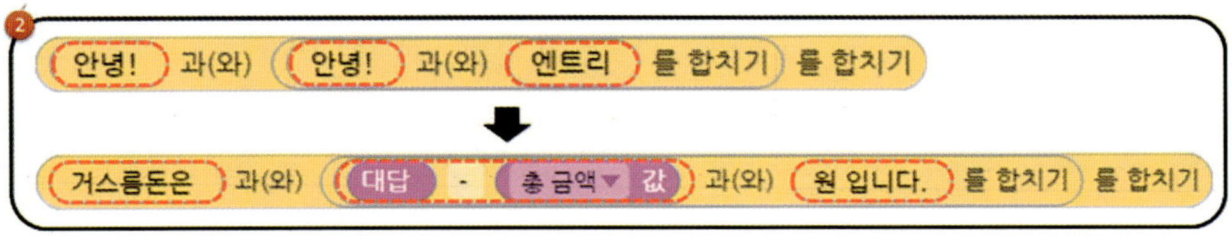

⑬ 거스름돈을 말해주는 코드를 추가해 프로그램을 완성해봅시다.

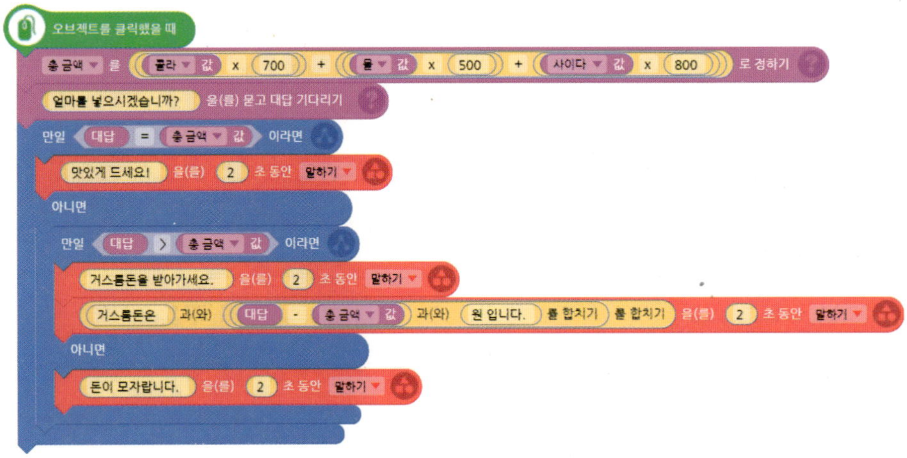

학습정리

1. 프로그램에서 이렇게 수치 데이터를 가지고 덧셈·뺄셈·곱셈·나눗셈의 사칙 연산을 행하는 것을 '산술연산'이라고 합니다.

2. 프로그램에서 두 데이터 사이의 크기 비교를 수행하는 것을 '비교연산'이라고 하며, '선택 구조'의 참·거짓을 따지는 조건을 만들 때 많이 활용합니다.

3. 사칙연산 블록으로 복잡한 계산식을 만들 때에는 계산 순서에 따라 블록의 포함 관계를 잘 만들 어주어야 합니다.

01 다음 중 '비교연산' 블록이 아닌 것은?

① 마우스를 클릭했는가?

② 10 ≤ 10

③ 10 = 10

④ 10 > 10

02 사칙연산의 규칙에 따라 $(1+2) \times 5 - 3$을 바르게 계산하기 위한 코드는?

① 1 + 2   x   5 - 3

② 1 +   2 x 5   - 3

③ 1 +   2 x   5 - 3

④ 1 + 2   x 5   - 3

정답 해설

01 ①

두 데이터 사이의 크기 비교를 수행하는 것을 '비교연산'이라고 하며, 그 종류에는 ' >, =, < ' 등이 있습니다.

02 ④

사칙연산 블록이 중첩되면, 가장 내부의 블록부터, 또 왼쪽부터 차례로 계산됩니다. $(1+2) \times 5 - 3$을 계산하려면 제일 먼저 계산하는 $1+2$가 가장 내부에, 가장 나중에 계산하는 -3이 가장 외부에 위치해야 합니다.

03 다음 중 프로그램에서 출력하는 결과가 다른 것은?

① 시작하기 버튼을 클릭했을 때
(3) 과(와) (x) 과(와) (9) 를 합치기) 를 합치기) 을(를) 말하기

② 시작하기 버튼을 클릭했을 때
숫자1 ▼ 를 (3) 로 정하기
숫자2 ▼ 를 (9) 로 정하기
(숫자1 ▼ 값 (x) 숫자2 ▼ 값) 을(를) 말하기

③ 시작하기 버튼을 클릭했을 때
숫자1 ▼ 를 (3) 로 정하기
숫자2 ▼ 를 (9) 로 정하기
(숫자1 ▼ 값 과(와) (x) 과(와) (숫자2 ▼ 값) 를 합치기) 를 합치기) 을(를) 말하기

④ 시작하기 버튼을 클릭했을 때
(3x9) 을(를) 말하기

정답 해설

03 ③

③은 실제로 3x9를 계산한 값인 '27'이 출력되며, 다른 것들은 '3x9'라는 식이 출력됩니다.

스스로 해보기

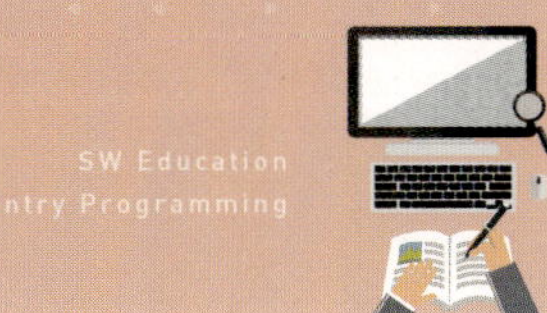

자동판매기에 아래 3가지 기능을 추가해봅시다.

> – 음료를 클릭할 때마다 누적된 총 금액을 실시간으로 볼 수 있도록 바꾸어봅시다.
>
> – 글상자 오브젝트를 2개 추가하여, 20% 할인과, −300원 할인쿠폰 기능을 추가해봅시다.
>
> – 돈이 부족할 때 얼마를 더 넣어야하는지 계산하여 안내해봅시다.

[작품주소] https://goo.gl/39YMpY

HINT

1. '버튼'에 있던 총 금액 계산 관련 코드를 콜라, 물, 사이다로 옮겨줍니다.
2. [20% 할인 쿠폰]을 누르면 '총 금액'에 0.8을 곱해 20%된 금액으로 만듭니다.
3. [−300원 할인 쿠폰]을 누르면 '총 금액'에서 300원을 빼줍니다.
4. 거스름돈을 알려주는 코드를 참고하여, 부족한 돈을 알려주는 코드를 만듭니다.

SECTION 10 | 리스트로 버킷리스트 만들기

무엇을 만들까?

이번 시간에는 리스트의 필요성과 역할을 알아보고, '버킷리스트' 프로그램을 만들어봅시다.

▶ 나의 버킷리스트에 목록을 추가해봅시다. 이미 완료한 목록은 지우고, 잘못 적힌 목록은 수정해봅시다.

[작품주소] https://goo.gl/pPgxHA

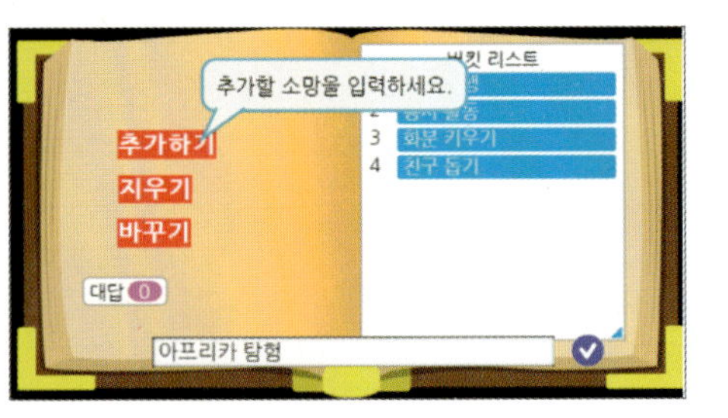

(1) 프로그래밍 개념

출석부를 떠올려봅시다. 우리 반 학생 30명의 이름이 1번부터 30번까지 번호를 달고 차례로 정리되어 있습니다. 이처럼 학생들의 이름을 목록으로 만들고 번호를 붙이면 어떤 점이 편리할까요? 선생님께서는 학생들의 이름을 일일이 부르지 않아도 "1번부터 5번까지는 교실청소를 하세요."와 같이 학생을 쉽게 부르거나 그룹 지을 수 있습니다. 또한 "어제 당번이 몇 번이었지? 그럼 오늘은 23번이 당번이네."처럼 '이전'과 '다음'의 개념이 생겨 쉽게 학생들을 관리할 수 있습니다.

프로그램에서는 데이터를 저장하기 위해 '변수'라는 공간을 만들어 사용합니다. 그러나 우리 학교 학생 100명의 이름을 저장하기 위해 100개의 변수를 만든다면 어떨까요? 변수를 만드는 과정도 어렵지만, 나중에 필요한 데이터가 어떤 변수에 저장되어 있는지 찾는 과정도 어려울 것입니다. 이렇게 많은 데이터를 다룰 때는 비슷한 성격의 데이터들을 묶어 목록으로 관리하는 것이 편리합니다. 이렇게 많은 데이터를 목록으로 만들어 저장하는 공간을 '리스트', 그 안에 들어있는 데이터를 '리스트 항목'이라고 합니다. 예를 들어, '이름'이라는 공간을 만들어 1번에 '성춘향', 2번에 '이몽룡'이라는 데이터를 저장한다면, '이름'은 리스트, '성춘향'은 리스트의 1번째 항목이 됩니다. 데이터를 리스트에 저장하면 각 항목의 '번호'를 활용하여 출석부의 사례처럼 더 쉽고 효율적으로 데이터를 관리할 수 있습니다.

(2) 따라하며 익히기

1) 리스트 생성하기

[속성] 탭에서 리스트를 추가해봅시다. 리스트를 추가하면 실행 화면에 리스트창이 나타납니다.
리스트 창은 원하는 위치와 크기로 자유롭게 조정할 수 있습니다.

를 클릭하면 리스트의 이름, 정보 등을 수정할 수 있습니다. 체크 박스를 통해 리스트를 실행
화면에서 보이게 하거나 숨깁니다. 관련 코드를 통해서도 리스트를 보이거나 숨길 수 있습니다.

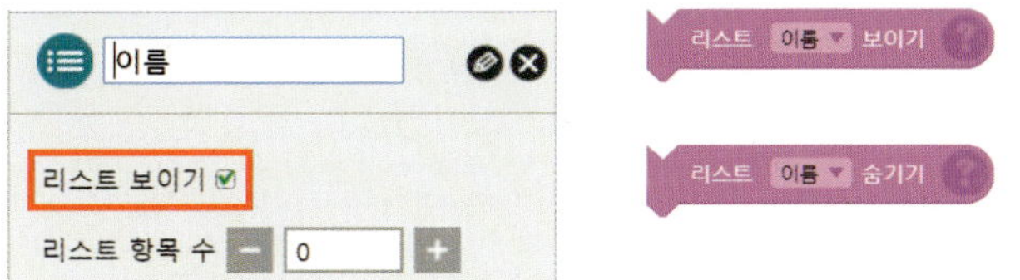

리스트를 추가하면 [자료] 카테고리에 관련 블록들이 나타납니다.

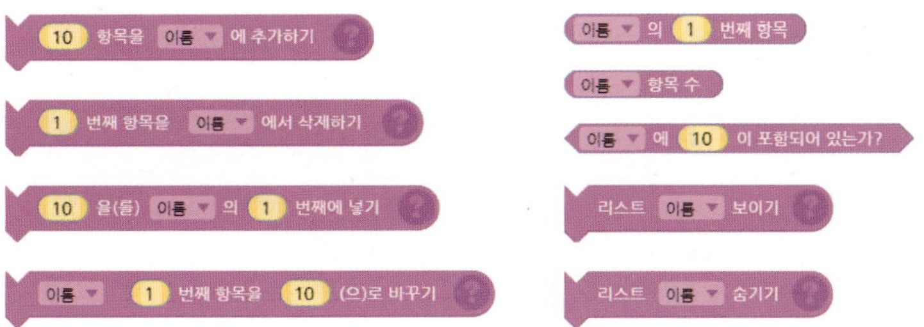

2) 리스트에 항목 추가하기

리스트의 항목 수를 직접 입력하거나 +/− 버튼으로 조절할 수 있습니다. 추가된 항목에 직접 기본값을 입력해봅시다. 다음 항목을 입력할 때 `Tab` 키를 누르면 편리합니다. 추가한 항목을 삭제하려면 ✖를 클릭합니다.

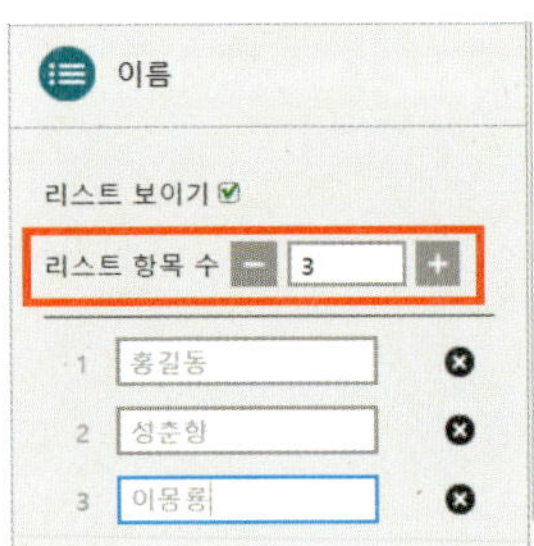

이번에는 코드를 통해 리스트에 항목을 추가해봅시다. 아래와 같이 코드를 만들고 [시작하기]를 클릭하면 왼쪽과 같이 리스트에 추가한 값들이 들어갑니다.

[정지하기]를 클릭하면 리스트에는 [속성] 탭에서 기본값으로 입력해준 값들만 남은 초기 상태로 돌아옵니다. 프로그램이 정지되어도 리스트에 추가한 값들이 남아있게 하는 방법에 대해서는 '공유 변수와 공유 리스트'에서 다루도록 하겠습니다.

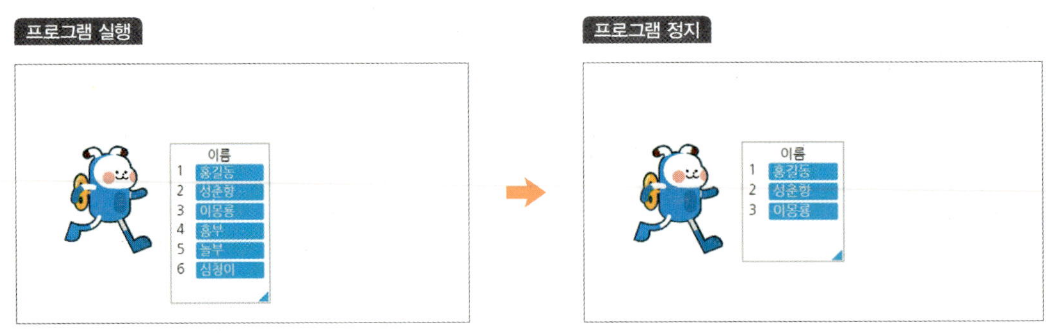

3) 리스트에서 항목 삭제하기

'이름' 리스트에 5개의 항목이 있는 상황에서 1번, 3번, 5번 항목(홍길동, 이몽룡, 놀부)을 삭제하는 방법에 대해 생각해봅시다.

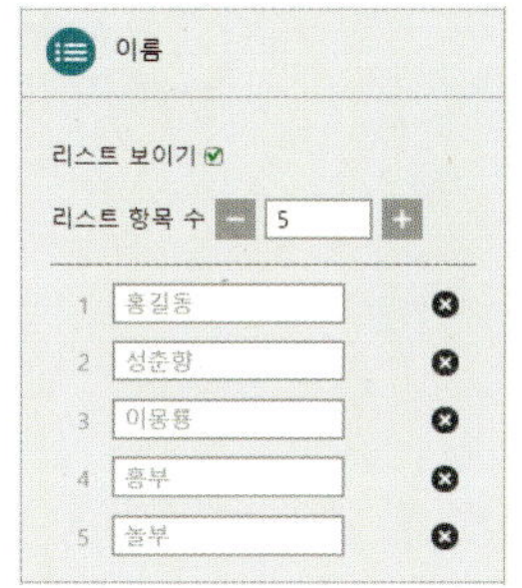

오른쪽과 같이 코드를 만들어 실행시키면 오류가 발생합니다.

아래와 같이 1번째 항목을 삭제하는 코드를 실행시켜봅시다. 1번 '홍길동' 항목이 삭제되고 기존에 2, 3, 4, 5번에 있던 항목들이 각각 1, 2, 3, 4번으로 한 칸씩 당겨진 것을 볼 수 있습니다.

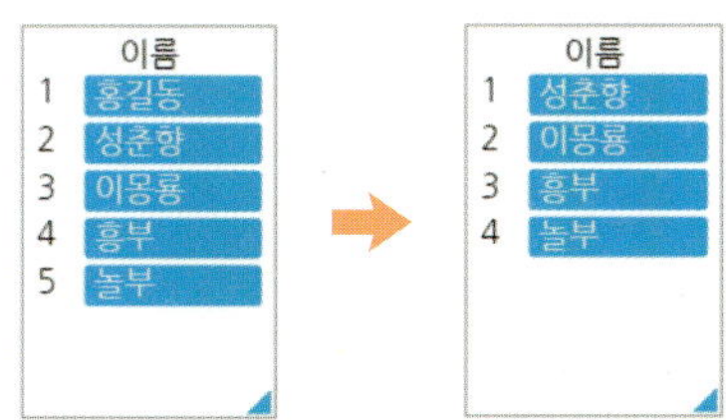

리스트는 항목을 삭제하면 그 이후의 항목들이 당겨져 와서 빈자리를 채우는 특성을 가지고 있습니다. 따라서 아래 리스트에서 1, 3, 5번 항목을 삭제하기 위해서는 가장 뒤에 있는 5번 항목부터 3번, 1번 항목을 차례로 삭제해주어야 합니다.

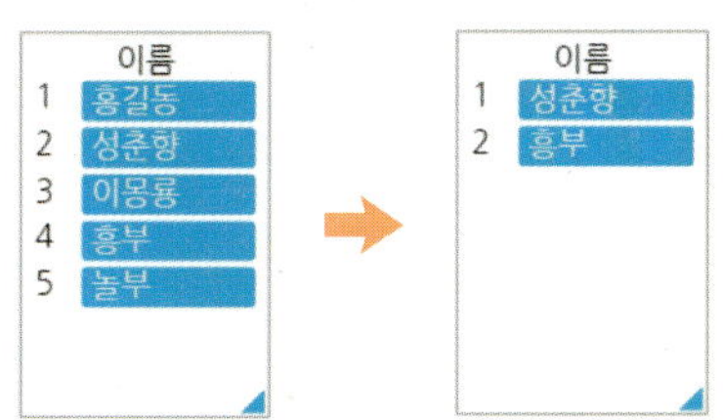

4) 리스트에 항목 삽입하기

리스트에 항목을 삽입해봅시다. 삽입하고자 하는 항목을 어느 위치에 삽입할지 입력하면, 해당 위치에 항목이 삽입되고, 그 이후 항목들이 하나씩 밀려납니다.

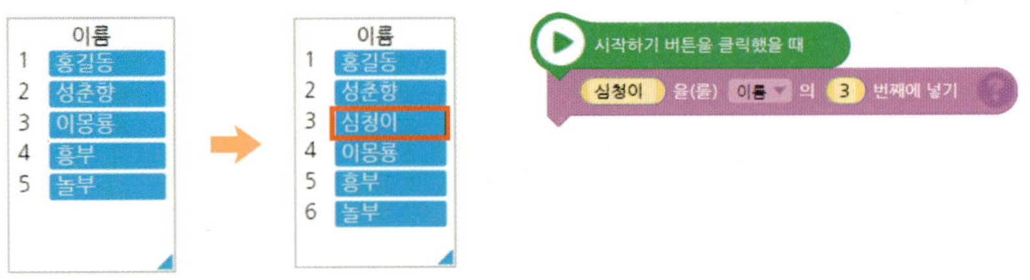

리스트의 마지막 위치에 항목을 삽입해봅시다. 원래 항목이 5개인 리스트에 6번째 위치에 항목을 삽입하면 기존 리스트 항목들에 영향을 주지 않고 항목을 추가한 것과 동일하게 동작합니다.

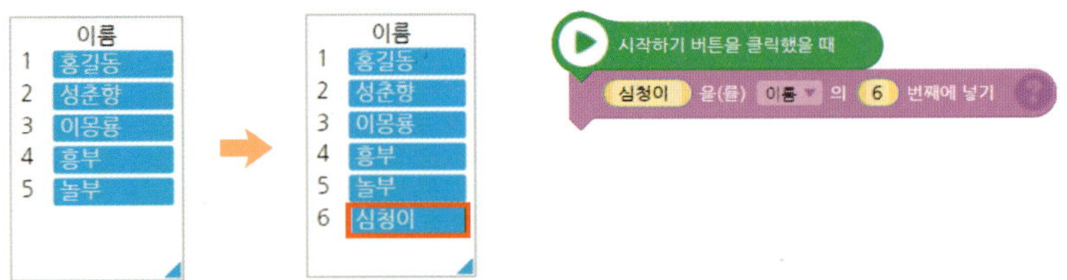

그러나 리스트의 항목 수 +1보다 더 뒤의 위치에 항목을 삽입하려고 하면 오류가 발생하며 프로그램이 정지됩니다.

5) 리스트의 항목 수정하기

리스트의 항목을 수정해봅시다. 수정하고자 하는 항목의 위치와 수정할 내용을 입력하면 해당 항목이 수정됩니다.

6) 리스트의 항목 수와 항목 값

리스트의 항목 수 블록은 리스트에 들어 있는 항목의 수를 나타내는 블록이고, **리스트의 1번째 항목** 블록은 리스트 항목에 들어있는 값을 나타내는 블록입니다. 아래와 같이 코드를 만들어 엔트리봇이 "우리 반에는 총 5명이 있습니다. 출석번호 2번은 성춘향입니다."라고 말하도록 해봅시다.

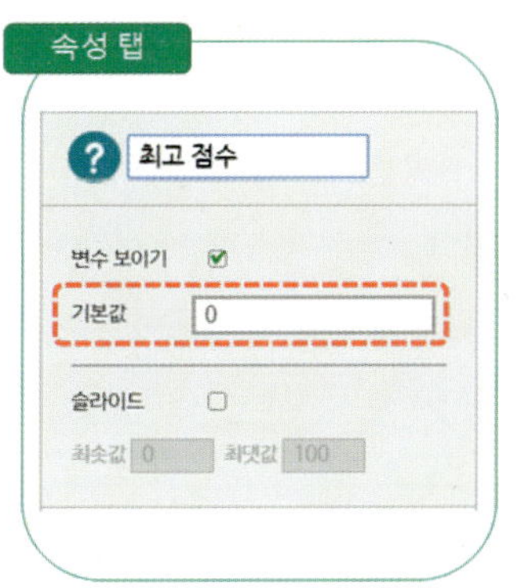

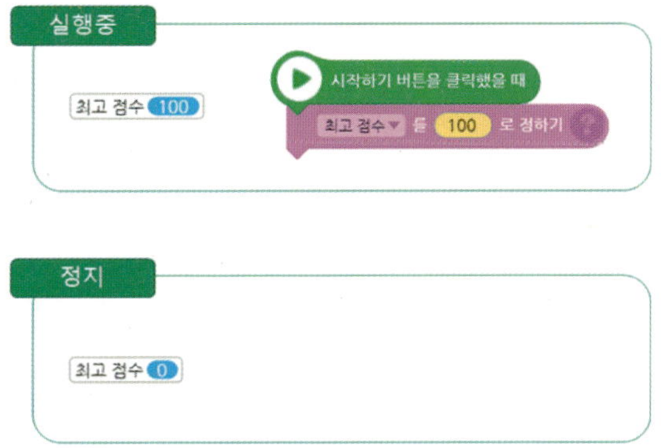

(3) 공유 변수와 공유 리스트

1) 공유 변수

엔트리에서는 프로그램을 정지시키면 모든 변수와 리스트 값이 [속성] 탭에서 정해준 초깃값으로 되돌아갑니다. '최고 점수' 변수를 만들어 기본값을 0으로 그대로 두고 오른쪽과 같이 코드를 실행시켜봅시다.

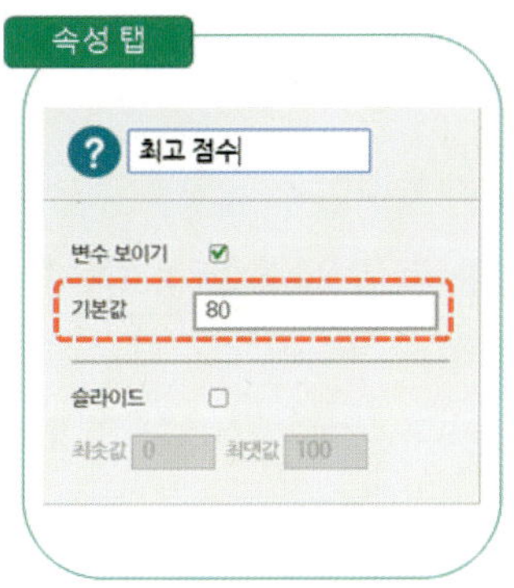

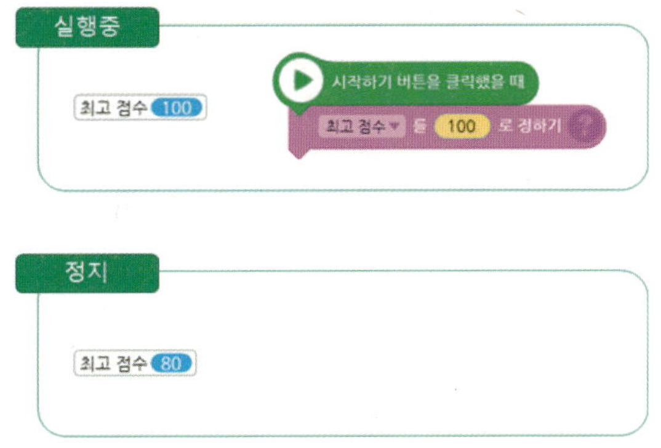

[속성] 탭의 기본값을 80으로 바꾸고, 오른쪽과 같이 코드를 실행시켜봅시다. 프로그램 실행 중에 변경된 변수값은 프로그램이 정지되면 항상 [속성] 탭에서 지정한 초깃값으로 돌아가는 것을 볼 수 있습니다.

그러나 프로그램을 종료할 때 반드시 변경된 변수값을 저장해야 하는 경우가 있습니다. 예를 들어 여러 사람이 즐기는 게임을 만들고, 현재까지의 최고 기록을 저장하고 싶다면 [정지하기]를 클릭해도 변수의 값이 유지되어야 할 것입니다. 이럴 때 '공유 변수'를 사용합니다. 공유 변수는 변수를 만들 때 '공유 변수로 사용'에 체크하여 만들 수 있습니다. 공유 변수는 일반 변수와는 다르게 아이콘에 구름 모양이 떠 있습니다.

공유 변수는 프로그램이 종료될 때 마지막 값이 '기본값'에 저장합니다. 따라서 프로그램을 여러 번 실행시키며 변경된 값들을 활용한 프로그램을 만들 수 있습니다.

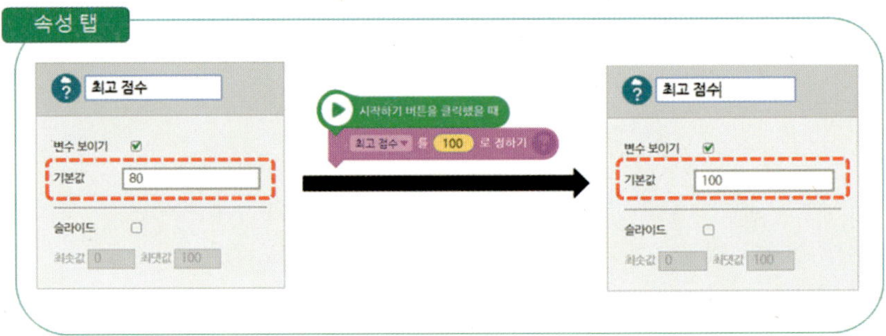

2) 공유 리스트

'리스트'도 공유 리스트로 만들면 프로그램을 종료할 때 반드시 변경된 항목들을 저장할 수 있습니다. 출석부에 전학생을 추가하는 상황, 게임의 순위를 갱신하는 상황 등 많은 경우 [정지하기]를 클릭해도 변수의 값이 유지되어야 할 것입니다. 이럴 때 '공유 리스트'를 사용합니다. 공유 리스트는 리스트를 만들 때 '공유 리스트로 사용'에 체크하여 만들 수 있습니다. 공유 리스트는 일반 리스트와는 다르게 아이콘에 구름 모양이 떠 있습니다.

[속성] 탭에서 리스트에 여러 항목을 추가하고, 코드를 실행시켜 항목값을 추가, 수정, 삭제해봅니다. 공유 리스트는 프로그램이 종료될 때 마지막 값이 [속성] 탭의 '항목'에 저장합니다. 따라서 프로그램을 여러 번 실행시키며 변경된 항목들을 활용한 프로그램을 만들 수 있습니다.

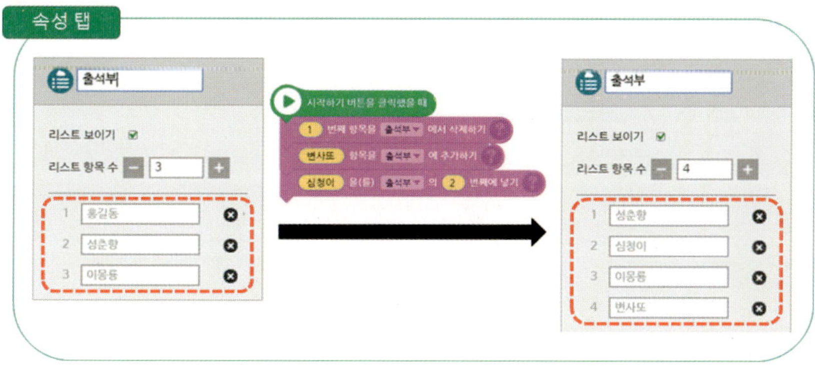

(4) 리스트로 버킷리스트 만들기

① 배경이 될 [책 배경] 오브젝트를 추가합니다.

② [속성] 탭에서 '버킷리스트'라는 이름의 리스트를 추가해봅시다. 버킷리스트를 프로그램이 종료된 후에도 리스트에 저장된 값이 유지되어야 하므로 '공유 리스트로 사용'에 체크합니다.

TIP 공유 리스트로 만들면 리스트 아이콘에 구름이 생깁니다.

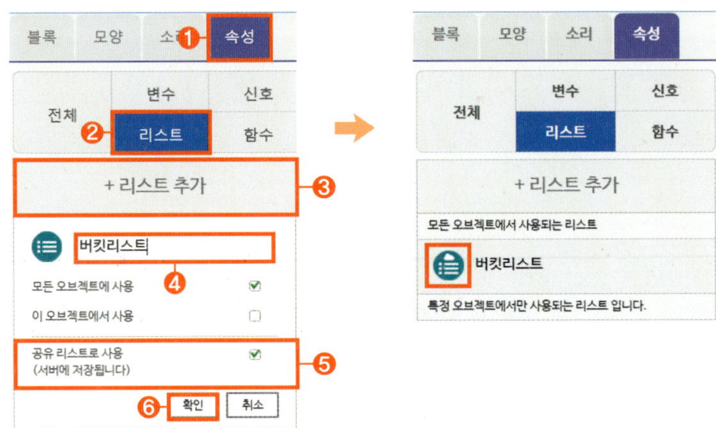

③ 화면에 생성된 리스트창을 적절한 위치와 크기로 배치합니다.

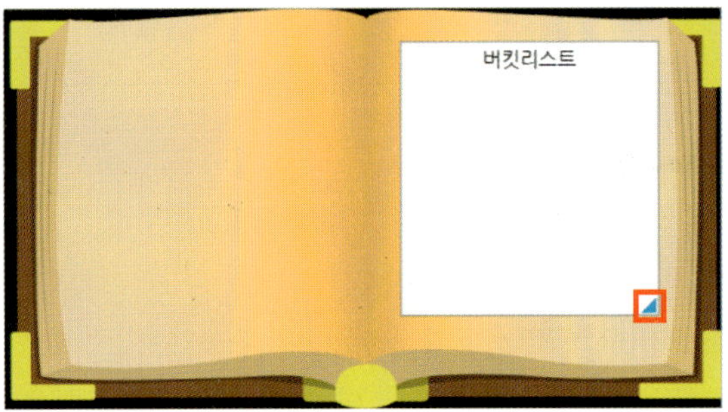

④ 버킷리스트에 항목을 추가, 삭제, 변경할 수 있도록 [추가하기], [지우기], [바꾸기] 버튼을 글상자 오브젝트로 추가해봅시다.

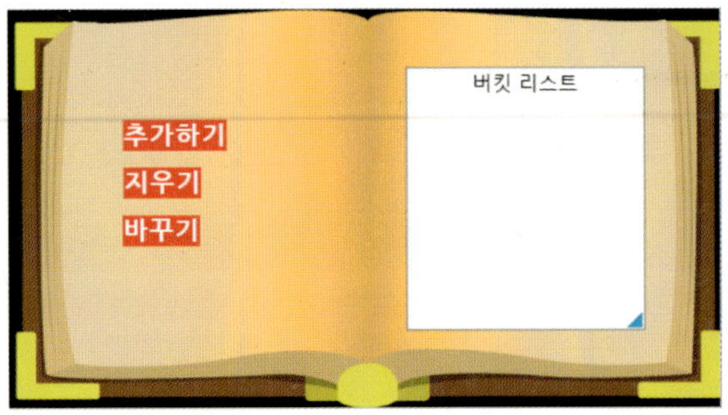

⑤ [추가하기] 버튼을 클릭하면 입력한 내용을 리스트에 추가하도록 만들어봅시다.

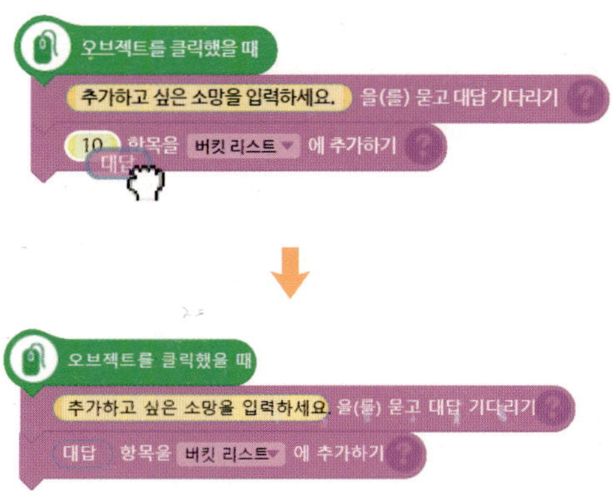

⑥ [지우기] 버튼을 클릭하면 몇 번째 항목을 삭제할지 묻고, 해당 항목을 삭제하도록 만들어봅시다.

⑦ [바꾸기] 버튼을 클릭하면 몇 번째 항목을 수정할 것인지 묻고 해당 항목을 입력한 내용으로 수정하도록 만들어봅시다. 이 기능을 만들기 위해서는 '수정할 항목 번호'와 '바꿀 내용' 두 가지를 입력받아야 합니다. 그러나 **대답** 블록에는 한 가지 값만 저장됩니다. 따라서 첫 번째 물은 내용을 잠시 저장해 둘 '바꿀 번호'라는 변수를 하나 추가합니다.

⑧ 바꿀 내용을 입력받아 해당 내용으로 바꾸도록 코드를 추가해봅시다.

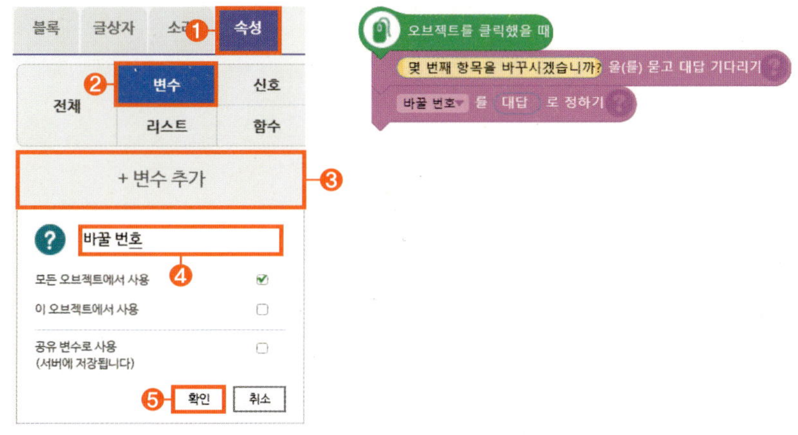

⑨ [책 배경] 오브젝트에 '대답'과 '변수창'을 숨기는 코드를 추가하고, 실제 버킷리스트의 항목을 추가, 삭제, 수정해봅시다.

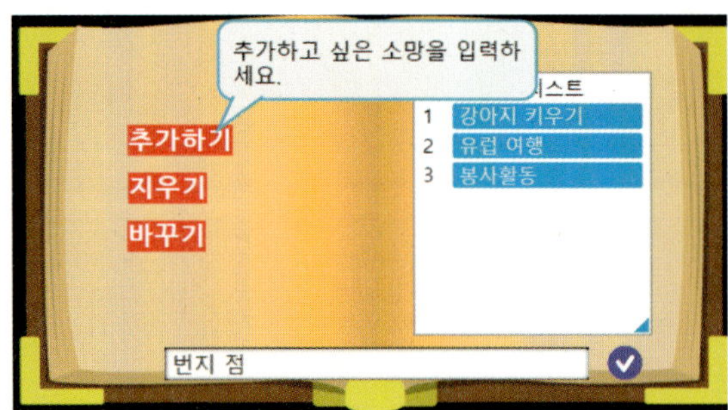

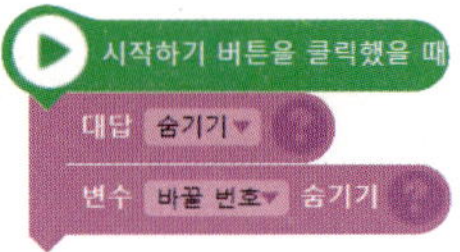

학습정리

1. 프로그램에서 비슷한 유형의 데이터를 번호를 붙여 목록으로 관리하는 것을 '리스트'라고 합니다.

2. '공유 변수'와 '공유 리스트'를 사용하면 프로그램 실행 중 변경된 변수와 리스트 값이 프로그램에 저장됩니다.

퀴즈!

01 다음은 무엇에 대한 설명인가?

> 프로그램에서 비슷한 유형의 자료들을 번호를 붙여 목록으로 저장하는 것을 말한다. 각 데이터에 번호가 붙어있기 때문에 필요한 데이터를 추가 수정, 삭제 등 관리하기에 편리하다.

(   )

02 왼쪽과 같은 리스트가 있다. 오른쪽 블록이 의미하는 값은 무엇인가?

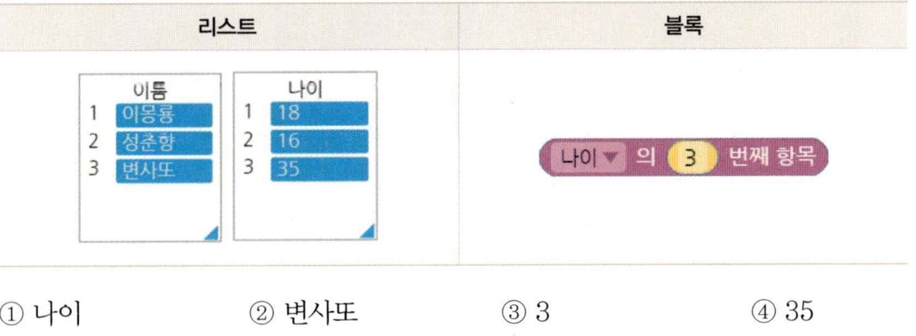

리스트	블록

① 나이　　　　② 변사또　　　　③ 3　　　　④ 35

정답 해설

01 리스트

02 ④
'나이' 리스트의 3번째 항목에 들어있는 값 '35'를 의미하는 블록이다.

03 아래 상황의 결과에 대해 읽고 맞으면 O, 틀리면 X를 고르시오.

아래 '버킷 리스트' 프로그램에서 '지우기' 버튼을 클릭하고 숫자 3을 입력했다.

[결과]
3번의 '번지 점프' 항목이 삭제되고, 4번의 '강아지 기르기' 항목이 3번이 된다.

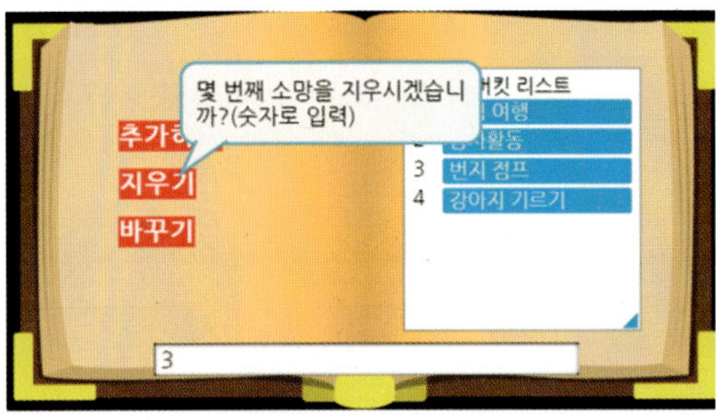

(   )

03 O

리스트에서 중간 항목을 삭제하면 그보다 뒤 항목들이 하나씩 당겨져옴으로써 빈자리를 채우게 됩니다.

버킷리스트에 아래 2가지 기능을 추가해봅시다.

> 1. 버킷리스트의 순서를 바꾸는 기능을 추가해봅시다.
> 2. 버킷 리스트의 모든 항목을 지우는 기능을 추가해봅시다.

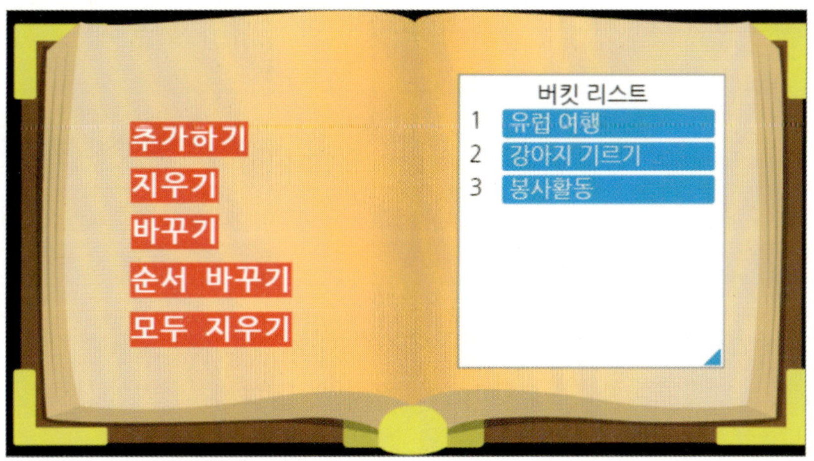

[작품주소] https://goo.gl/R4aihV

HINT

1. 리스트에서 순서를 바꾸려면 해당 항목을 삭제하고 새로운 순서에 같은 내용을 삽입해야 합니다.

1) '변경 항목'이라는 변수를 만듭니다.

2) 순서를 변경하고자 하는 항목의 내용을 만든 변수에 저장합니다.

3) 해당 항목을 삭제합니다.

4) '변경 항목'에 저장된 내용을 새로운 순서에 삽입합니다.

2. 버킷 리스트의 모든 항목을 지우는 기능을 추가해봅시다.

1) 리스트의 1번째 항목을 삭제합니다.

2) 위 명령을 리스트에 있는 항목의 수만큼 반복합니다.

SECTION 11 | 무작위 수로 두더지 게임 만들기

무엇을 만들까?

이번 시간에는 프로그램에서 무작위 수의 의미와 활용 방법을 알아보고, 이를 활용하여 두더지 게임을 만들어봅시다.

▶ 땅 속에서 예측할 수 없는 시간에 튀어나오는 두더지를 잡아봅시다. 30초 안에 몇 점이나 얻을 수 있을까요?

[작품주소] https://goo.gl/X84U8N

(1) 프로그래밍 개념

주사위를 던질 때를 떠올려봅시다. 주사위가 6이 나올 확률은 1이 나올 확률과 같습니다. 주사위 눈 1, 2, 3, 4, 5, 6이 나올 확률은 모두 1/6로 동일합니다. 컴퓨터는 마치 주사위를 던지듯 일정 범위 내에서 같은 확률로 '무작위 수'를 뽑아 낼 수 있습니다. 0~10 사이의 무작위 수를 뽑아 낼 때 '0, 1, 2, 3, …, 10'과 같이 정수 범위에서 수를 뽑아내기도 하고 '0.23, 3.7, 8.99'와 같이 실수 범위에서 수를 뽑아내기도 합니다. 컴퓨터가 뽑아내는 것은 '무작위 수'지만, 이것을 활용하면 문장, 음악, 모양, 소리 등도 무작위로 뽑을 수 있습니다. 이러한 무작위 수를 활용하면 게임, 추첨 등 예측할 수 없는 결과가 나타나는 재미있고 유용한 프로그램들을 만들 수 있습니다.

(2) 따라하며 익히기

1) 무작위로 숫자 뽑아내기

[계산] 카테고리의 **~부터 ~사이의 무작위 수** 블록을 사용하면 지정한 범위 사이의 무작위 수를 뽑아냅니다. 범위를 자연수(정수)로 지정하면 자연수(정수)만을 뽑아내고, 소수로 지정하면 소수(소수 둘째자리까지)로 뽑아냅니다.

블록	뽑아내는 수
	1, 2, 3
(1.0) 부터 (3.0) 사이의 무작위 수	1.00, 1.23, 2.14, 2.82 … 등

엔트리봇를 누를 때마다 1~10 사이의 '자연수'를 뽑아내도록 아래와 같이 코드를 만들고 엔트리봇을 여러 번 클릭해봅시다.

이번에는 엔트리봇을 클릭할 때마다 같은 범위의 '실수'를 뽑아내도록 해봅시다. 범위의 수 중 하나라도 소수로 바꾸면 실수 범위에서 수를 뽑아냅니다. '1'과 '10'을 각각 '1.0'과 '10.0'으로 입력합니다.

로또는 45개의 수 중에 6개의 수를 무작위로 뽑아냅니다. 리스트를 활용하여 로또 번호를 추첨해봅시다. 먼저 [속성] 탭에서 '추첨번호' 리스트를 만듭니다.

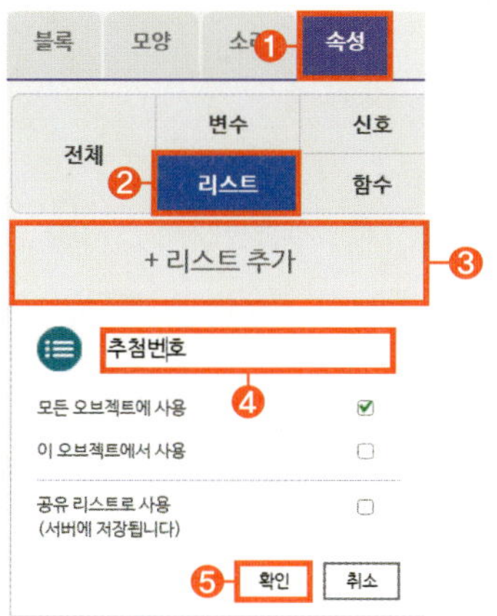

엔트리봇이 ‘1부터 45’ 범위 안에서 6개 번호를 뽑아 ‘추첨번호’ 리스트에 추가하도록 만들어봅시다.

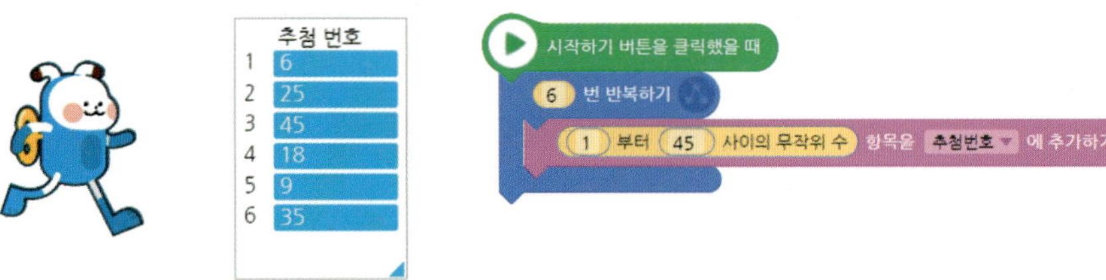

2) 무작위로 모양 뽑아내기

[주사위] 오브젝트를 추가해봅시다. [모양] 탭을 보면 주사위가 1~6개의 눈이 그려진 6개의 모양을 가지고 있는 것을 볼 수 있습니다. 각 주사위 모양 왼쪽에는 번호가 붙어있는데, 이 번호를 이용하여 주사위 모양을 무작위로 뽑아낼 수 있습니다.

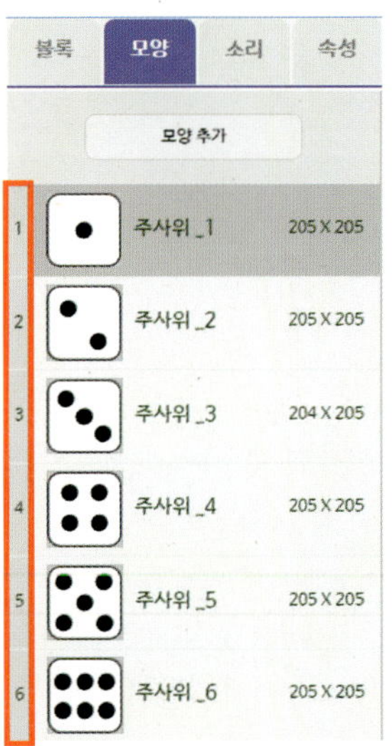

주사위를 클릭하면 주사위 눈이 무작위로 바뀌도록 만들어봅시다. [생김새] 카테고리의 **주사위_1 모양으로 바꾸기** 블록에서 **주사위_1** 부분을 빼서 버립니다. 빈 공간에 **0부터 10사이의 무작위 수** 블록을 넣습니다.

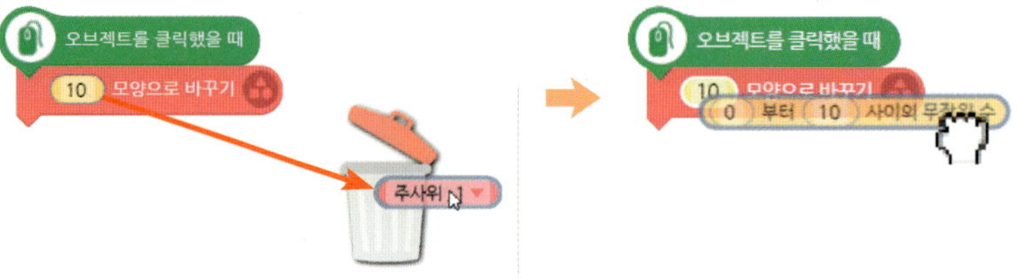

무작위 수의 범위를 1부터 6으로 바꾸고, 프로그램을 실행시켜 주사위를 여러 번 클릭해봅시다.

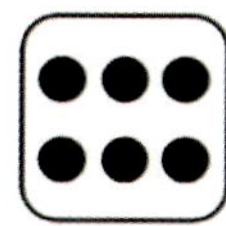

무작위 수 블록은 사용할 때마다 계속 다른 수를 뽑아냅니다. 따라서 뽑은 수를 여러 번 사용하기 위해서는 '변수'에 뽑은 수를 저장하여 사용합니다. 주사위를 클릭하면 주사위의 모양도 바꾸고, 나온 수도 이야기 해주고 싶다면 [속성] 탭에서 '주사위 눈'이라는 변수를 만들어 아래와 같이 사용합니다.

3) 무작위로 소리 뽑아내기

무작위로 캐릭터와 함께 소리를 뽑아내도록 해봅시다. 먼저 원하는 캐릭터 오브젝트를 하나 추가합니다. 그리고 [모양] 탭–[모양 추가]를 클릭해서 원하는 캐릭터 여러 개를 추가합니다.

TIP 여러 오브젝트를 추가하는 것이 아니라, 한 오브젝트에 여러 모양이 되도록 추가해야 합니다.

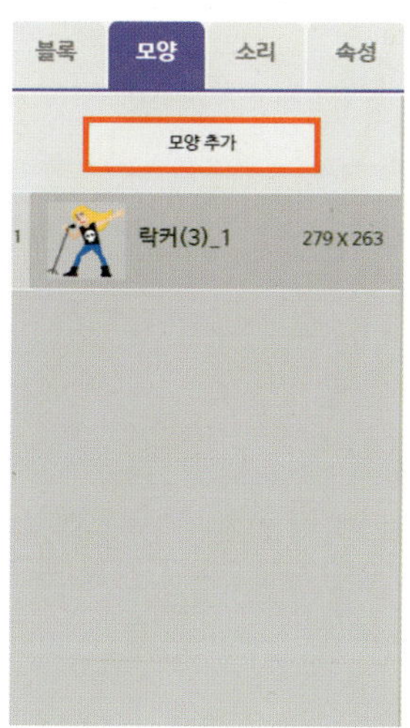

총 6개의 모양이 추가되었습니다. 스페이스 키를 누를 때마다 모양이 무작위로 바뀌는 코드를 만들어줍니다.

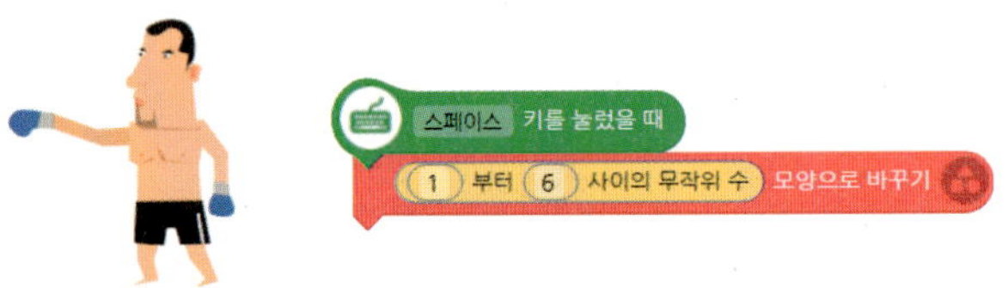

[소리] 탭에서 [소리 추가]를 클릭해서 재미있는 소리를 여러 개 추가합니다. 추가한 소리도 목록의 왼쪽에 '번호'를 가지고 있는 것을 볼 수 있습니다.

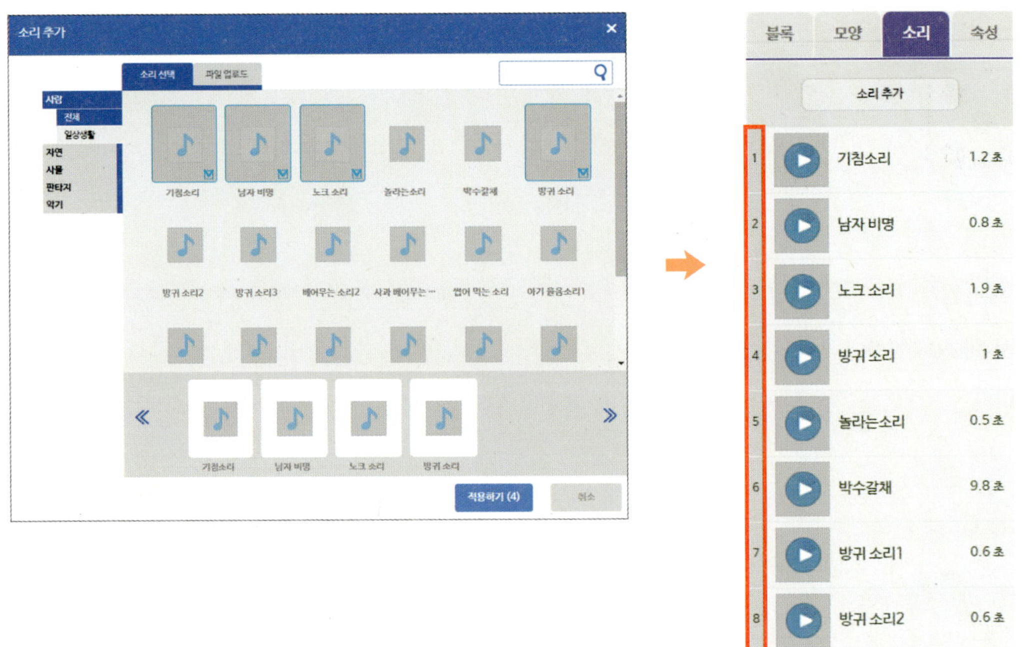

[소리] 탭의 **소리 ~재생하기** 블록에서 소리 이름에 해당하는 부분을 빼서 버립니다. 빈 공간에 **0부터 10사이의 무작위 수** 블록을 넣습니다.

아래와 같이 모양을 바꿀 때, 소리도 무작위로 재생하도록 코드를 만들고 프로그램을 실행해봅시다.

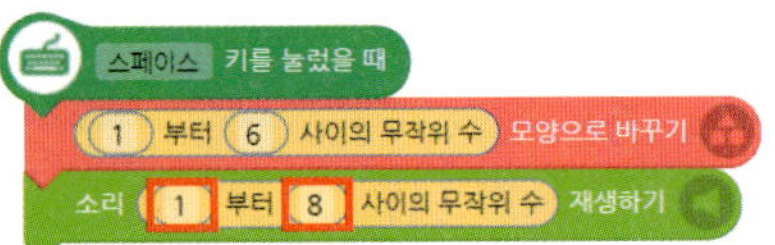

4) 무작위로 단어 뽑아내기

무작위로 단어나 문장 등을 뽑아내기 위해서는 원하는 것들을 '모양'이나 '소리'처럼 목록으로 만들어야 합니다. 이럴 때 사용할 수 있는 것이 '리스트'입니다. 앞에서 만든 캐릭터를 무작위로 뽑는 프로그램에 '말풍선'이라는 리스트를 추가하고, 리스트에 원하는 내용을 자유롭게 추가합니다. 리스트는 실행화면에서 보이지 않도록 숨겨줍니다.

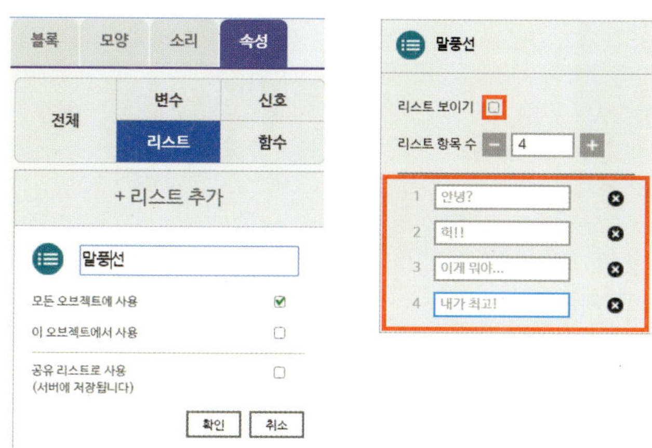

리스트의 1번째 항목 블록의 **1** 부분에 **~부터 ~사이의 무작위 수** 블록을 끼워 넣고, 무작위 수의 범위를 리스트의 항목의 수로 바꾸어줍니다.

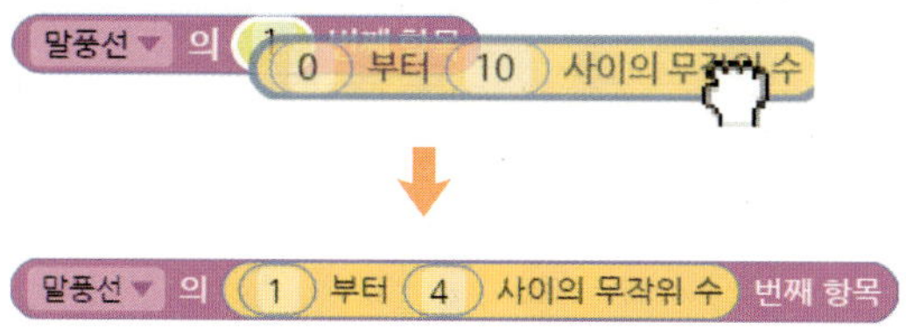

스페이스 키를 누를 때마다 리스트의 항목을 무작위로 뽑아 말하도록 코드를 추가하고 프로그램을 실행시켜봅시다.

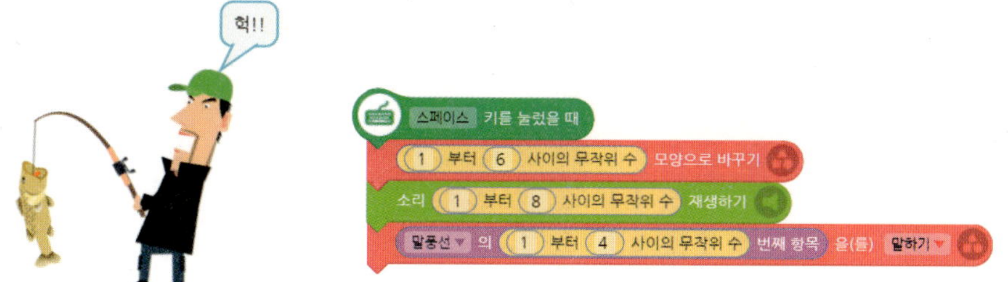

(3) 무작위 수로 두더지 게임 만들기

① 두더지 게임의 게임 방법을 설명하는 장면을 만들어봅시다. [들판(4)]와 [두더지] 오브젝트를 추가하고 화면에 배치합니다.

② 다시 한 번 [오브젝트 추가하기]를 클릭해서 '게임 설명'을 보여줄 글상자를 추가합니다. 글상자 안에 담길 내용이 길기 때문에 '여러 줄 모드'로 추가합니다.

> **TIP** [글상자] 탭에서 슬라이더로 글자의 크기를 조절할 수 있습니다.

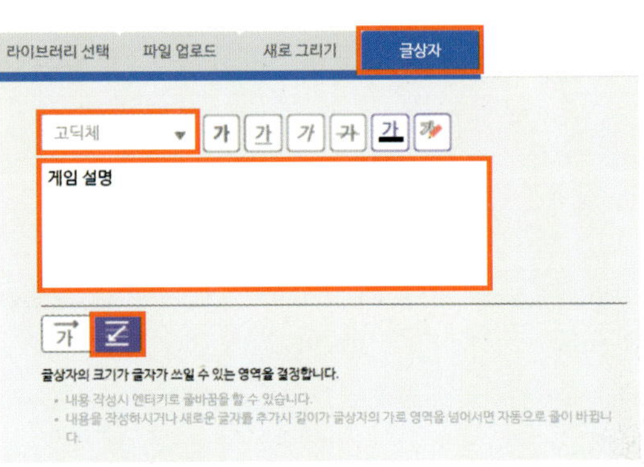

③ 글상자 안에 게임을 설명하는 글이 2초 간격으로 보여지도록 코드를 만듭니다.

④ 엔트리에는 여러 장면을 만들 수 있는 기능이 있습니다. 를 클릭해 장면을 추가하고, 첫 번째 장면 이름을 '게임 설명', 두 번째 장면 이름을 '게임'으로 바꾸어봅시다. 첫 번째 장면의 코드 미지막에 **게임 시작하기** 블록을 추가합니다.

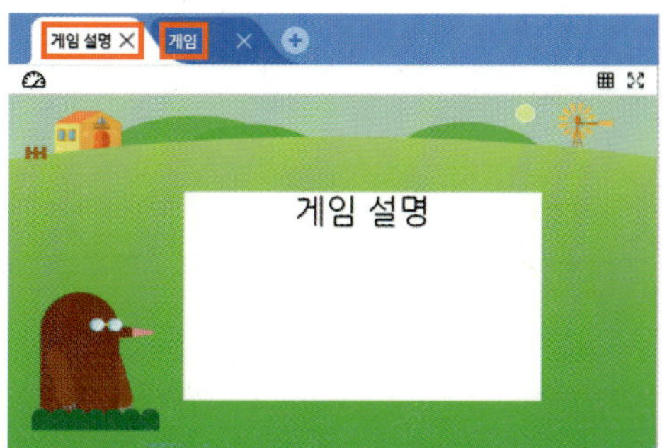

⑤ 게임 장면에 필요한 오브젝트를 추가하고 적당한 크기로 화면에 배치해봅시다.

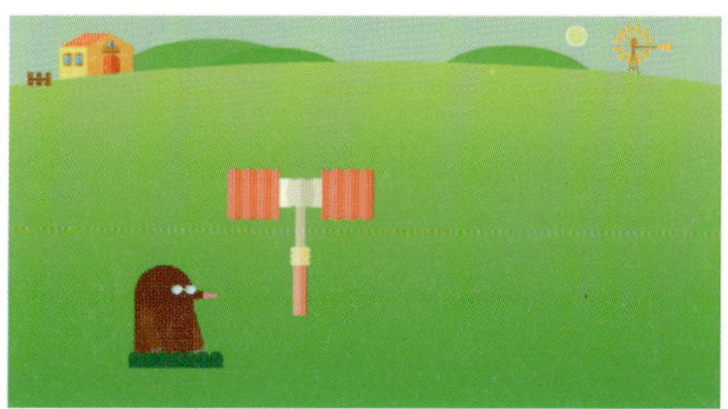

– 뽕망치(두더지를 잡을 도구)
– 두더지(1개) : 무작위로 튀어나왔다가 사라졌다가 함
– 들판(4) : 배경

⑥ [뽕망치] 오브젝트를 자연스럽게 살짝 기울입니다. 그리고 마우스 포인터로 움직일 수 있도록 코드를 만들어봅시다. 장면이 여러 개일 때에는 **시작하기 버튼을 클릭했을 때** 블록 대신 **장면이 시작되었을 때** 블록을 사용합니다.

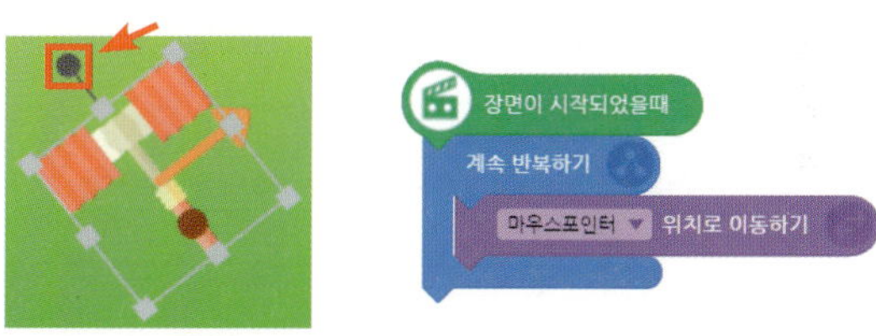

⑦ 뽕망치를 클릭하면 뽕망치가 내려치고 올라오는 효과를 주어봅시다. **~초 동안 방향을 ~만큼 회전하기** 블록을 쓰면 애니메이션 효과를 줄 수 있습니다. 시계방향이 +방향이므로, 왼쪽으로 기울이기 위해서 −30°를 회전했다가 다시 30°를 회전합니다.

⑧ 뽕망치가 잘 동작하는지 확인해봅시다. 게임 장면에는 **시작하기 버튼을 클릭했을 때** 블록이 없어서 동작을 확인하기 위해서는 '게임 설명' 장면으로 돌아가야 합니다. 매번 첫 장면부터 동작을 확인하면 시간이 오래 걸리고 불편하기 때문에 게임 장면의 [들판(4)] 오브젝트에 아래와 같이 코드를 추가합니다. 그러면 각 장면의 코딩 결과를 해당 장면만 실행시켜 확인할 수 있게 됩니다.

들판(4)

⑨ 이번에는 두더지가 2초 간격으로 나타났다 사라졌다를 반복하도록 해봅시다. 게임을 시작할 때에는 숨겨진 상태인 것이 더 자연스러우므로 **모양 숨기기** 블록을 가장 상위에 배치합니다.

두더지

⑩ 두더지가 2초 간격이 아닌 무작위로 나올 수 있도록 만들어봅시다. [계산] 카테고리의 **~부터 ~사이의 무작위 수** 블록을 가져와 범위를 '0.5부터 3'으로 바꾸어주고 '2초' 부분에 각각 끼워 넣어줍니다.

⑪ 두더지가 뽕망치에 맞으면 사라지도록 만들어봅시다. 뽕망치와 두더지가 상호작용을 해야 하므로 '신호'가 필요합니다. [속성] 탭에서 '때렸다' 신호를 만들고, 뽕망치로 때리는 순간에 신호를 보내는 코드를 추가합니다.

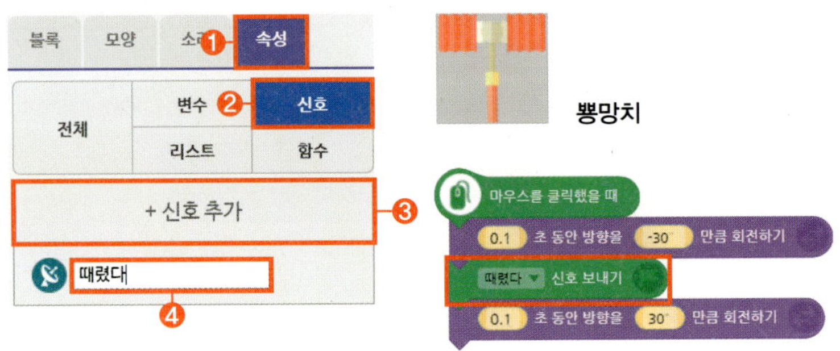

뽕망치

⑫ 두더지가 뿅망치에 맞으면 모양이 숨겨지고, 소리가 나고, 점수가 올라가도록 만들어봅시다. 먼저, [소리] 탭에서 '또이' 소리를, [속성] 탭에서 '점수' 변수를 추가합니다. 이때, 소리는 반드시 [두더지] 오브젝트에 추가합니다.

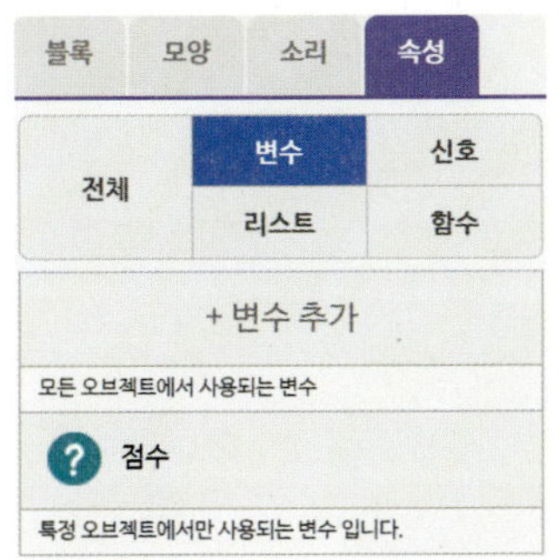

⑬ 두더지가 '때렸다' 신호를 받았을 때, 뿅망치에 닿아있다면 맞은 것입니다. 이때, 모양이 숨겨지고 소리가 나고 점수가 올라가도록 만들어봅시다.

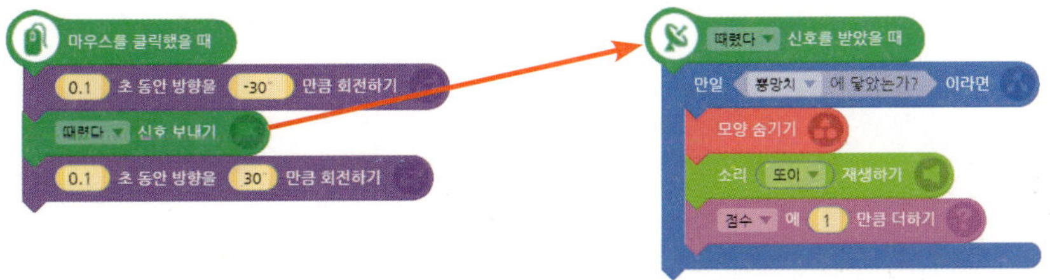

⑭ 두더지를 6마리로 늘려봅시다. [오브젝트 추가하기] 대신 오브젝트 정보에서 마우스 오른쪽 버튼을 클릭해서 복제한 후 복제된 오브젝트를 아래 화면처럼 배치해 줍니다.

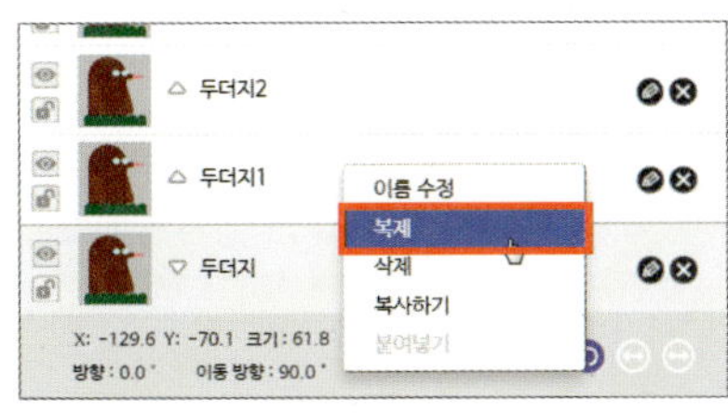

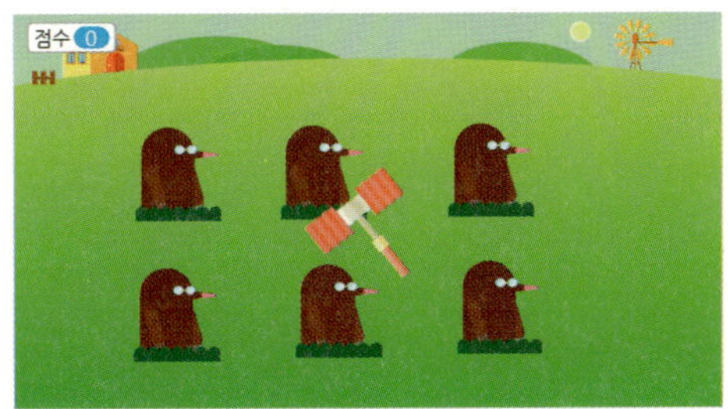

뽕망치가 안보여요!

프로그램을 실행해보면 뽕망치가 두더지에게 가려지는 현상이 발생합니다. 뽕망치 오브젝트보다 복제한 두더지 오브젝트들이 오브젝트 목록에서 상위에 있기 때문입니다. 뽕망치를 클릭하고 오브젝트 상위로 끌어 배치하면 뽕망치가 가려지지 않습니다.

⑮ [계산] 카테고리의 **초시계** 블록을 사용하여 게임을 30초간 진행할 수 있도록 만들어봅시다. 배경인 [들판] 오브젝트를 선택하고, 게임이 시작되었을 때 초시계를 시작한 후, 30초 후에 초시계를 멈춥니다.

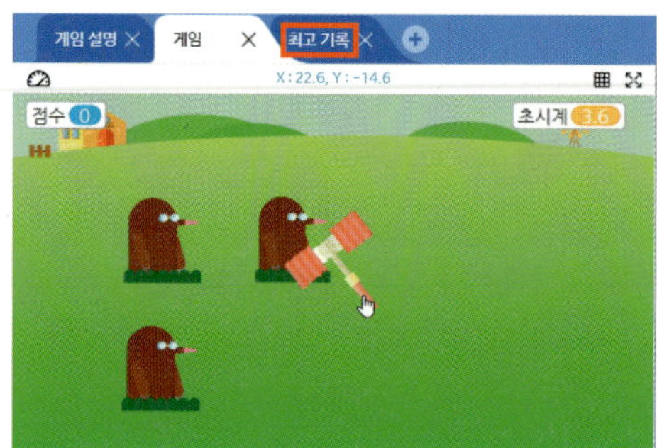

들판(4)

⑯ 장면을 추가하고 이름을 '최고 기록'이라고 바꾸어줍니다. 30초가 지나면 '최고 기록' 장면을 시작하는 코드를 추가하고 30초간 게임을 진행해봅시다.

⑰ '최고 기록' 장면에 필요한 오브젝트를 추가하고 적당한 크기로 화면에 배치해봅시다.

TIP 이때 글상자 오브젝트는 '한줄 모드', '왼쪽 정렬'로 생성합니다.

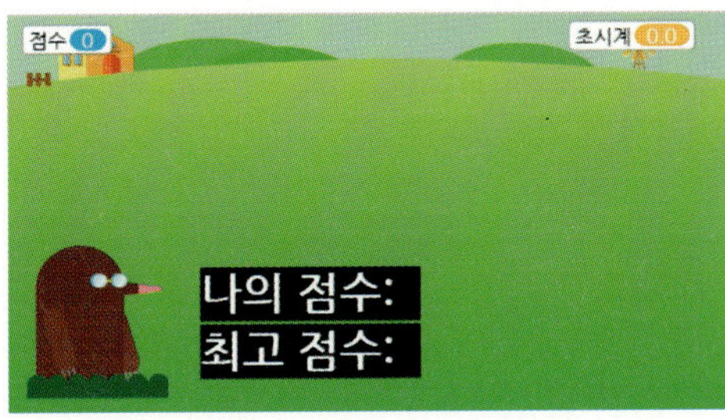

– 두더지 : 기록을 말해 줌
– 글상자 : 나의 점수를 보여 줌
– 글상자 : 지금까지 게임을 한 사람의 최고 점수를
    보여 줌
– 들판(4) : 배경

⑱ 프로그램이 여러 번 실행되어도 '최고 기록' 값을 누적하여 기록하기 위해서 '최고 기록' 변수를 '공유 변수'로 추가합니다.

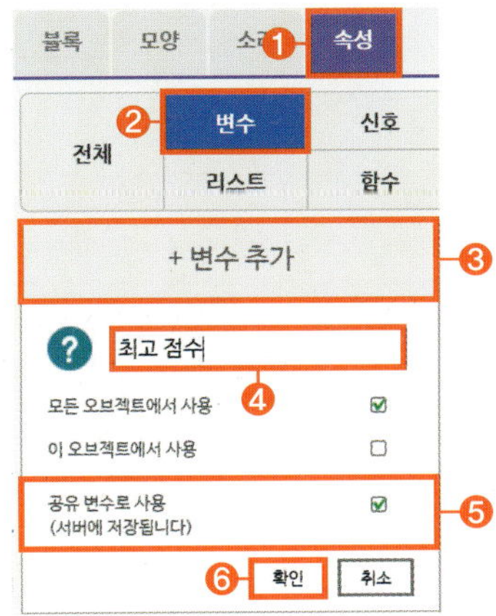

⑲ 장면이 시작되면, 내가 기록한 '점수' 값을 '나의 점수: ' 글상자에 표기합니다. 내가 기록한 '점수'가 '최고 점수' 보다 높아 기록을 경신했다면 '최고 기록'을 경신한 후 '최고 기록: ' 글상자에 최고 기록을 표기합니다.

㉔ 두더지가 내 점수를 말해주도록 **~와 ~를 합치기** 블록을 중첩하여 아래와 같이 코드를 만들어봅시다.

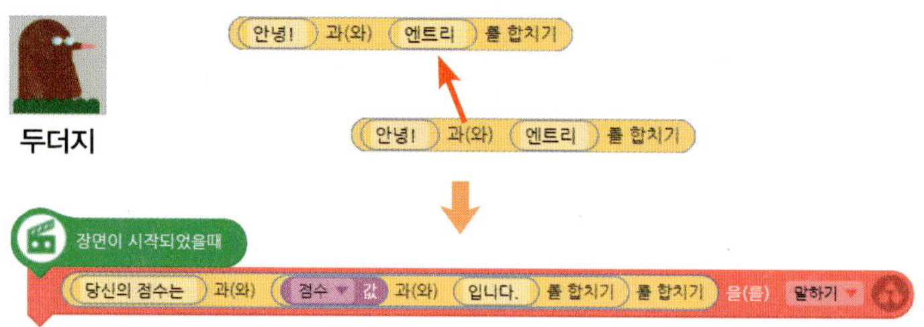

두더지

㉑ 마지막으로 '초시계창'과 '변수창'들이 필요한 장면에서만 나타날 수 있도록 각 장면의 배경에 관련
코드를 추가해줍니다.

학습정리

1. 프로그램에서 같은 확률로 일정 범위 내에서 뽑아내는 수를 '무작위 수'라고 합니다.

2. '무작위 수'를 이용하면 수뿐만 아니라, 모양, 소리, 문자도 무작위로 뽑아낼 수 있습니다.

3. 엔트리의 '장면'을 기능을 활용하면 게임, 이야기 등을 여러 장면으로 꾸밀 수 있습니다.

4. 엔트리의 '초시계' 기능을 활용하면 게임, 퀴즈 등의 시간을 잴 수 있습니다.

01 다음은 무엇에 대한 설명인가?

> 일정한 범위 내에서 같은 확률로 뽑아낸 수를 말한다. 이렇게 뽑아낸 수를 활용하여 모양, 소리, 문자 등도 뽑아낼 수 있다.

(   )

02 다음 중 아래 블록으로 뽑아낸 무작위 수가 아닌 것은?

[0] 부터 [2.0] 사이의 무작위 수

① 0　　　　　② 0.7　　　　　③ 1　　　　　④ 2.3

03 아래 코드의 실행 결과에 대해 O, 틀리면 X를 고르시오.

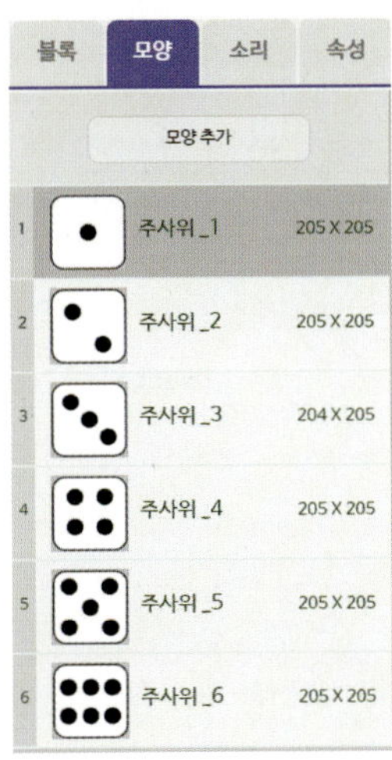

> 무작위로 뽑힌 '주사위 모양'과 '주사위가 말하는 수'는 반드시 일치한다.

(   )

정답 해설

01 무작위 수

02 ④
무작위 수의 범위 중 적어도 하나를 '소수'로 설정하면 범위 내의 무작위 수를 소수점 둘째자리까지의 소수로 뽑아낸다. ④는 범위 내에 속하지 않는다.

03 X
주사위 눈은 '주사위 눈' 변수에 뽑힌 무작위 수에 따라 변한다. 그러나 주사위가 말하는 수는 새롭게 무작위 수를 뽑아 말한다. 따라서 두 무작위 수는 서로 일치하지 않는다.

스페이스 키를 누르면 무작위로 캐릭터를 만들어내는 프로그램을 만들어봅시다.

[작품주소] https://goo.gl/3qzsuJ

HINT

1. 캐릭터 오브젝트를 추가하고 [모양] 탭에서 다양한 모양을 추가하여, 스페이스 키를 누르면 무작위로 모양이 변하도록 합니다(캐릭터의 옷 부분만 활용합니다).

2. 얼굴 모양, 눈, 코, 입, 머리 오브젝트를 추가하고 캐릭터의 얼굴 부분 위에 배치한 후, 스페이스 키를 누르면 무작위로 모양이 변하도록 합니다.

3. 배경 오브젝트로 여러 가지 모양을 추가하고, 스페이스 키를 누르면 무작위로 모양이 변하도록 합니다.

4. [소리] 탭에서 재미있는 소리들을 추가하고, 스페이스 키를 누르면 무작위로 소리를 재생하도록 합니다.

5. [속성] 탭에서 '말' 리스트를 만들고, 다양한 말을 추가한 후, 스페이스 키를 누르면 무작위로 리스트의 항목을 말하도록 합니다.

SECTION 12 | 현실세계와 소통하는 피지컬 컴퓨팅

01 피지컬 컴퓨팅이란?

(1) 피지컬 컴퓨팅의 개념

피지컬 컴퓨팅의 개념은 댄 오설리번(Dan O'Sulivan)과 탐 아이고(Tom Igoe)교수가 인터랙티브 피지컬 시스템(interactive physical systems)를 가르치는데서 시작되었습니다. 그는 피지컬 컴퓨팅을 "피지컬한 실제 세계와 컴퓨터의 가상 세계가 서로 대화할 수 있도록 하는 것이다." 라고 말했습니다.

즉, 피지컬 컴퓨팅이란 현실 세계의 여러 현상들을 센서나 여러 장치들을 통해 감지하고, 감지된 값들을 컴퓨터를 통해서 물리적인 장치를 제어하는 것을 말합니다.

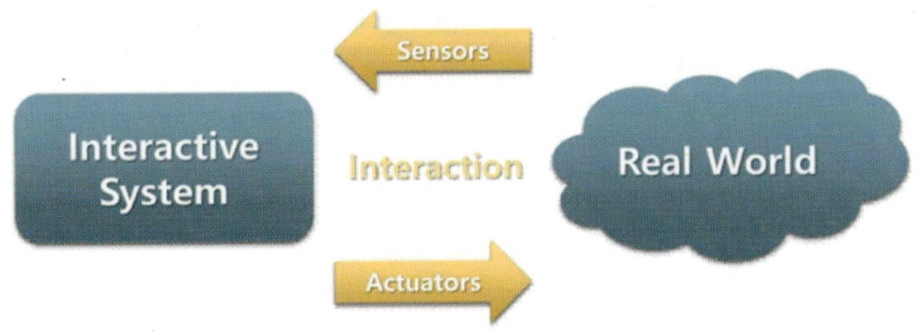

피지컬 컴퓨팅을 통해 학생들은, 프로그래밍으로 실제 기계들을 움직이거나 현실 세계의 상태(밝기, 온도 등)에 따라 프로그램을 다르게 동작시킵니다. 그리고 이와 같은 경험을 통해 프로그래밍의 결과가 화면 안에만 머무르지 않고 생활 속 다양한 문제들을 해결할 수 있다는 것을 이해할 수 있게 되며, 실제 생활 속 문제들을 컴퓨팅 사고력으로 해결하고자 하는 태도를 갖게 됩니다.

(2) 피지컬 컴퓨팅 도구

피지컬 컴퓨팅 도구는 종류가 매우 다양합니다. 많은 피지컬 컴퓨팅 도구들이 교육용 프로그래밍 언어와의 연결을 지원하고 있습니다. 그 중 엔트리와 연결되는 도구는 다음과 같습니다. 각 피지컬 컴퓨팅 도구는 모두 장단점을 가지고 있으니 교육의 목적과 학생들의 수준에 맞추어 선택해야 합니다.

피지컬 컴퓨팅 도구는 형태에 따라 로봇형, 모듈형, 보드형으로 나누어볼 수 있습니다.

1) 로봇형 피지컬 컴퓨팅 도구

로봇형 피지컬 컴퓨팅 도구는 모터 등의 물리적 출력장치가 강화된 완성된 형태의 도구입니다. 프로그래밍의 결과로 로봇을 움직이거나 소리나게 할 수 있으며, 로봇에 센서가 포함된 경우 소리를 내면 로봇이 반응하게 하거나 장애물이 있으면 피하게 하는 등의 피지컬 컴퓨팅 활동을 할 수 있습니다. 완제품 형태로 출시되므로 어린 학생들도 쉽게 다룰 수 있는 장점이 있지만 가격이 비싸고 기능이 제한적이라는 단점이 있습니다.

[출처] hamster.school

[출처] http://news.naver.com/main/read.nhn?mode=LSD&mid=sec&sid1=105&oid=117&aid=0002316979

2) 모듈형 피지컬 컴퓨팅 도구

모듈형 피지컬 컴퓨팅 도구는 프로그램으로 제어할 수 있는 본체(마이크로 컨트롤러)에 제공되는 다양한 입력장치와 출력장치 중 필요한 것을 골라 조립하여 제어하는 형태의 도구입니다. 핵심이 되는 본체, 센서, 출력장치 외에도 레고 같은 조립 블록들을 제공하여 사람, 자동차 등 다양한 형태로 만들어 쓸 수 있는 장점이 있습니다. 그러나 피지컬 컴퓨팅 도구 중 가장 가격이 비싸고 제품 간 호환이 어렵다는 단점이 있습니다.

[출처] http://blog.naver.com/nvplaysw/220856535372
[출처] http://news.naver.com/main/read.nhn?mode=LSD&mid=sec&sid1=105&oid=030&aid=0002006958

3) 보드형 피지컬 컴퓨팅 도구

보드형 피지컬 컴퓨팅 도구의 대표적인 유형으로 아두이노와 센서보드가 있습니다. 아두이노는, 마이크로컨트롤러를 내장하고 6개의 아날로그 입력 핀과 13개의 디지털 입출력 핀을 제공함으로써 다양한 모터, 센서류 등의 전자소자들을 연결하여 프로그래밍으로 제어할 수 있습니다. 아두이노는 못하는 것이 없을 정도로 활용 범위가 방대하고 구입 비용도 저렴한 장점이 있습니다. 그러나 아두이노를 다루기 위해서는 전류, 전압 등 전기회로에 대한 이해와 저항, Led, 모터, 트랜지스터, 릴레이 등 전자소자에 대한 이해가 필요하기 때문에 초보자는 다루기 어렵다는 단점이 있습니다.

센서보드는, 아두이노와 같은 보드에 다양한 입력장치와 출력장치를 집약하여 얹은 형태의 보드형 피지컬 컴퓨팅 도구입니다. 전기·전자 회로 지식 없이도 다양한 센서의 동작을 볼 수 있으며 가격이 저렴하다는 장점이 있습니다. 그러나 형태나 센서의 위치 등이 고정되어 있고, 모터 등의 출력장치보다는 센서 위주의 입력장치로 되어있어 동적인 피지컬 컴퓨팅을 하기에는 매우 제한적이라는 단점이 있습니다.

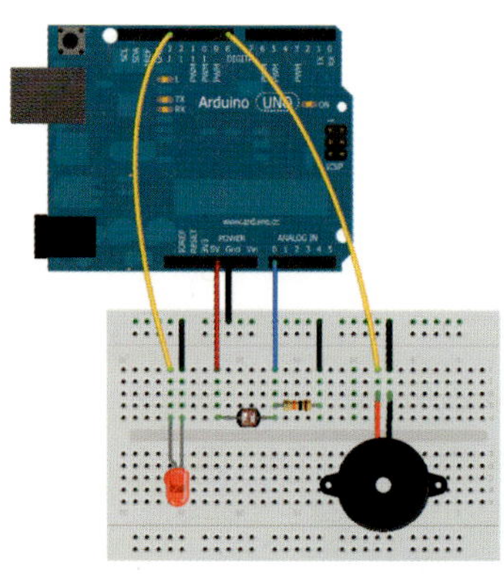

[출처] http://blog.daum.net/owl10/15832443

02 엔트리와 햄스터 로봇 연결하기

(1) 햄스터 로봇 알아보기

햄스터 로봇은 국내에서 생산된 약 4cm 큐브 모양의 미니로봇입니다. 블루투스로 컴퓨터와 무선 연결이 가능하며, 가격도 저렴한 편입니다.

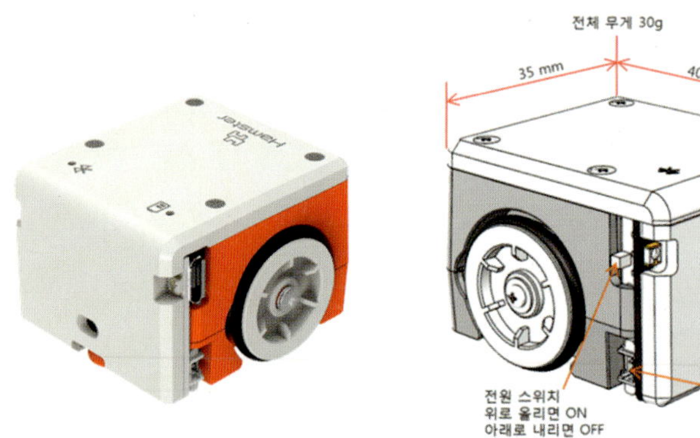

작은 체구에 근접 센서, 밝기 센서, 바닥 센서 등 다양한 센서류의 입력장치와 LED, 피에조 스피커, 모터의 출력장치가 달려 있어 다양하게 활용할 수 있습니다.

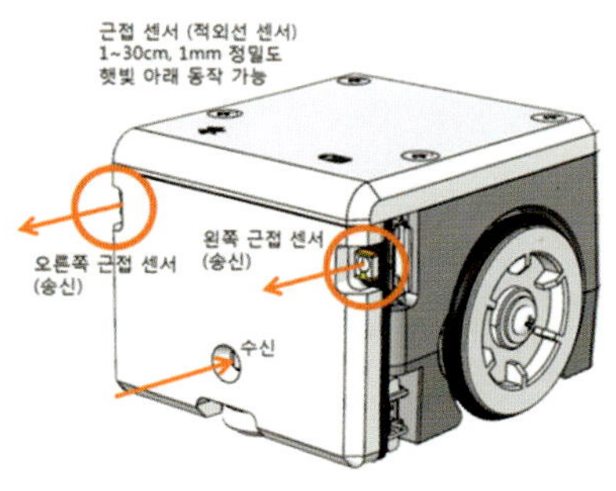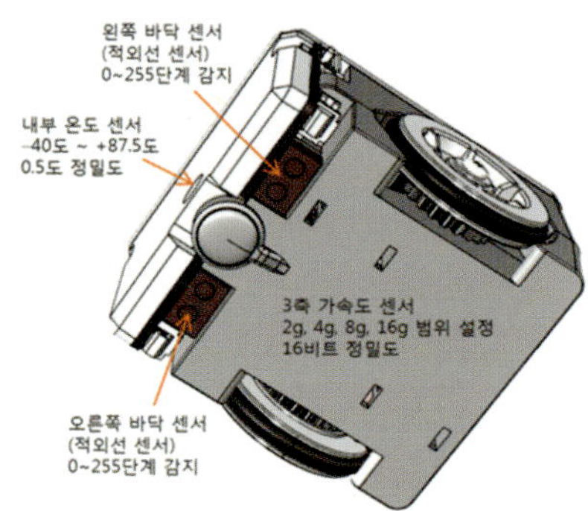

햄스터 로봇은 엔트리, 스크래치와 같은 교육용 프로그래밍 언어 뿐만 아니라, 자바스크립트나 파이선과 같은 전문 언어로도 움직일 수 있습니다.

TIP hamster.school에서 햄스터 구입 방법 및 더 많은 정보를 볼 수 있습니다.

(2) 엔트리와 햄스터 로봇 연결하기

엔트리 블록 꾸러미에서 [하드웨어] 탭을 선택하고 [연결 프로그램 다운로드]를 클릭하고 설치 파일을 다운받아 엽니다.

TIP 엔트리-하드웨어 연결은 '윈도우(Window)' 운영체제의 '크롬(Chrome)' 브라우저에서만 지원하며, '맥(Mac)'
과 '익스플로러(IE)'는 추후 지원 예정입니다.
엔트리 오프라인 버전을 사용하는 경우에는 연결 프로그램을 따로 설치할 필요 없이 [하드웨어] 탭에서 [연결
프로그램 열기]를 클릭합니다.

다운받은 연결 프로그램(Entry_HW_Setup.exe) 파일을 실행하고, [다음]–[설치]–[다음]–[마침] 버튼을
차례대로 클릭해 설치를 완료합니다.

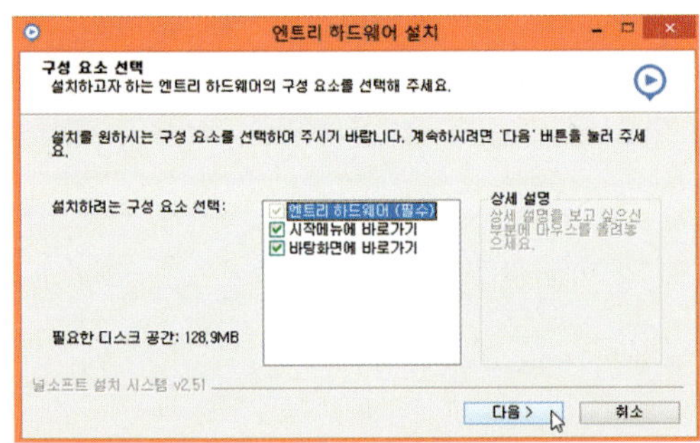
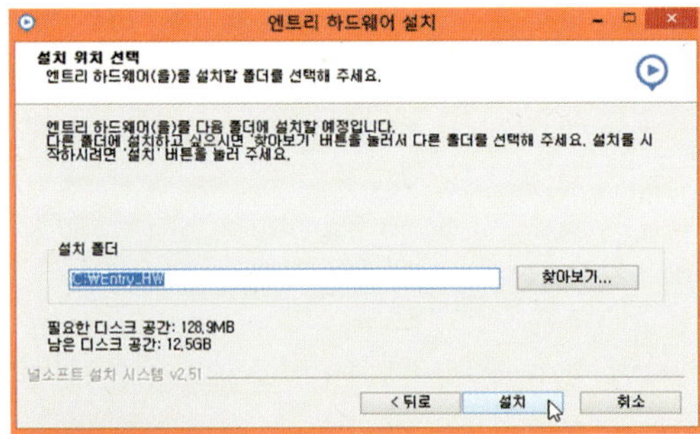
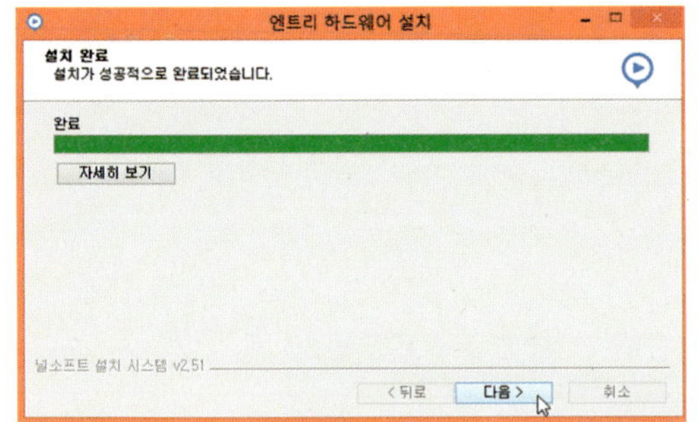
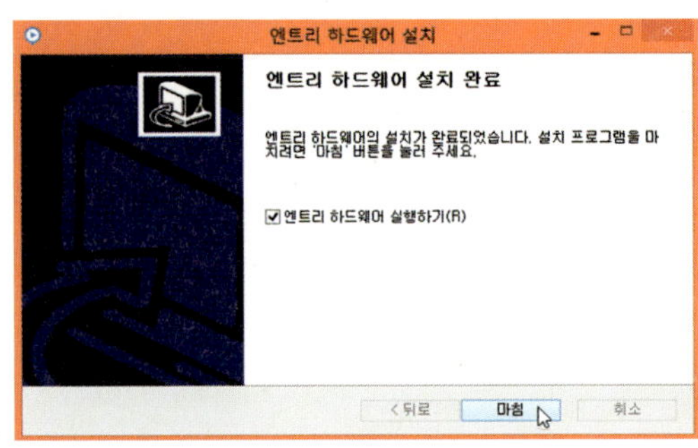

바탕화면에서 엔트리 하드웨어 를 더블클릭하여 연결 프로그램을 실행한 후, 목록에서 '햄스터'를 선
택합니다.

TIP 하드웨어는 가나다순으로 정렬되어 있으며, 가장 최근에 사용한 하드웨어가 맨 앞으로 이동합니다.

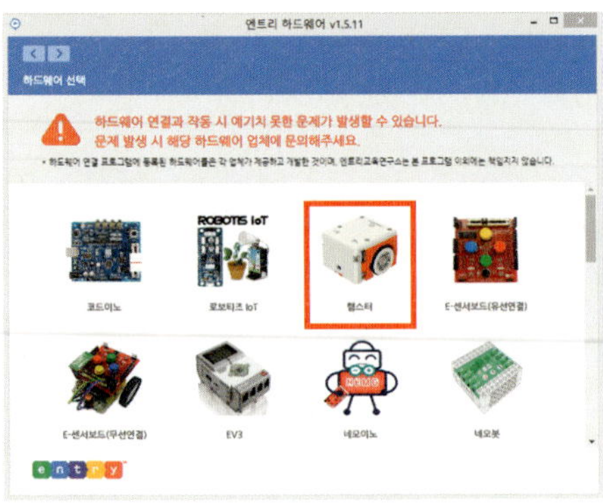

컴퓨터에 USB를 연결하고 햄스터 로봇의 전원 스위치를 켭니다.

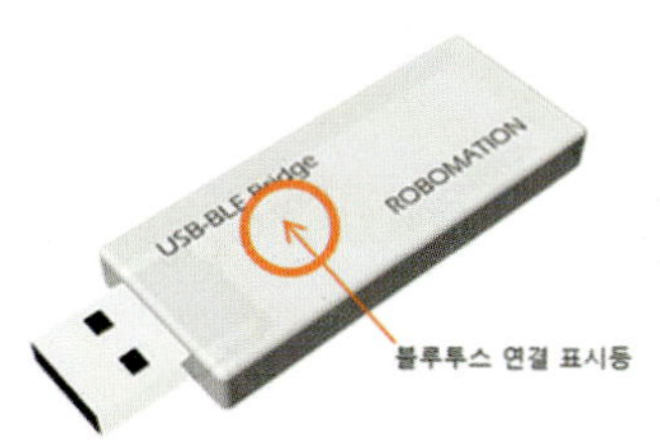

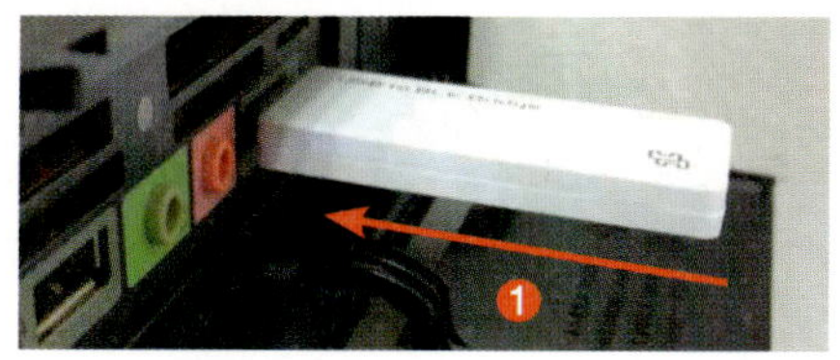

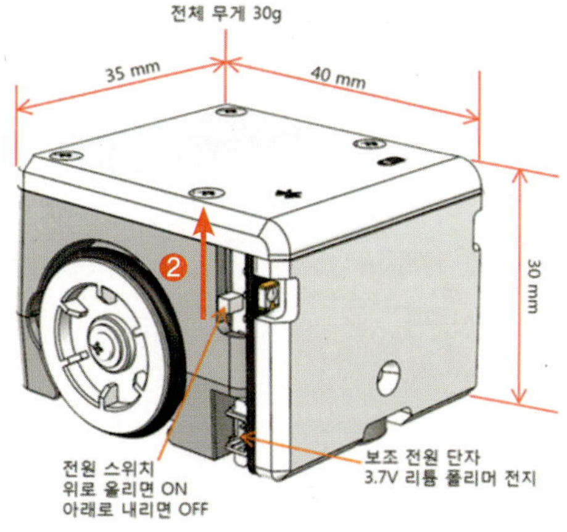

연결 프로그램에서 [드라이버 설치]를 클릭하고 드라이버를 설치합니다.

TIP [드라이버 설치]는 해당 컴퓨터에 햄스터를 처음 연결하는 경우에만 필요한 과정입니다.

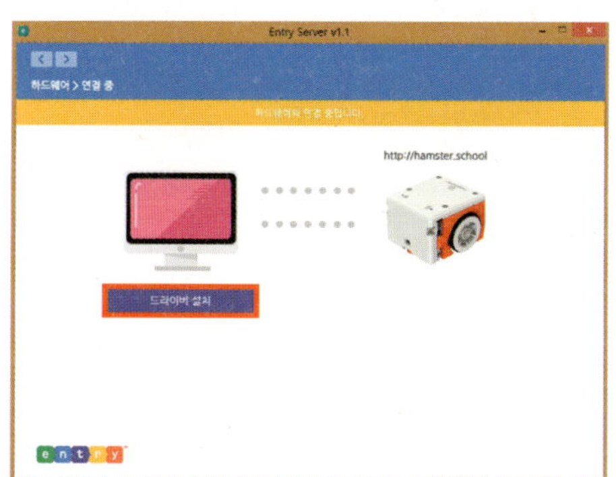

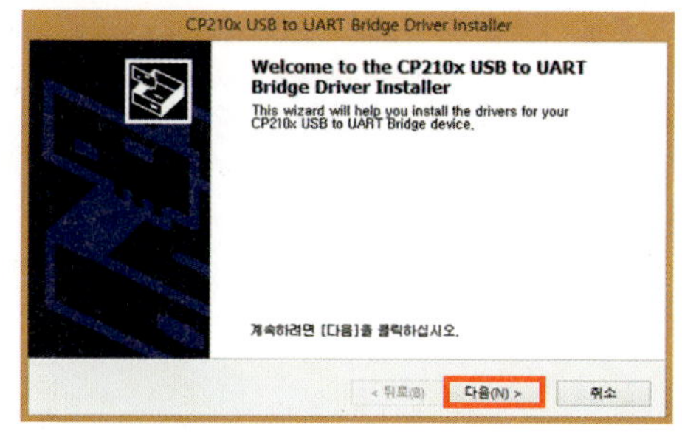

[하드웨어 > 연결 중]이 [하드웨어 > 연결 성공]으로 바뀌면 연결에 성공한 것입니다. 프로그램을 닫지 않고 최소화 버튼을 클릭합니다.

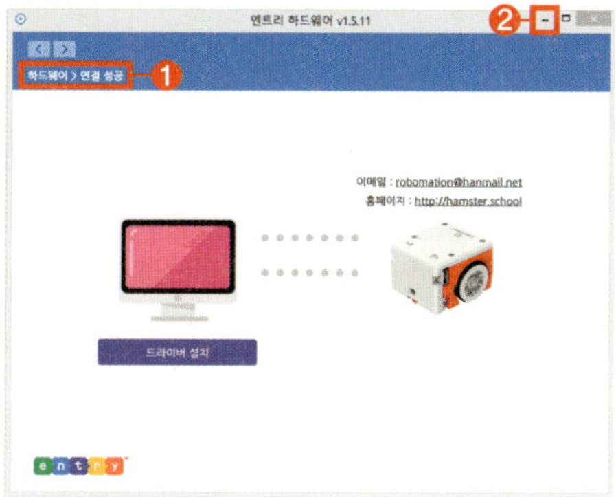

햄스터가 갑자기 동작하지 않는 경우, 연결 프로그램이 종료되지는 않았는지, 연결이 끊어져 [하드웨어 〉 연결 중]으로 바뀌지 않았는지 확인합니다.

엔트리 기본 화면으로 돌아와 [하드웨어] 탭의 [하드웨어 연결하기] 버튼을 클릭합니다.

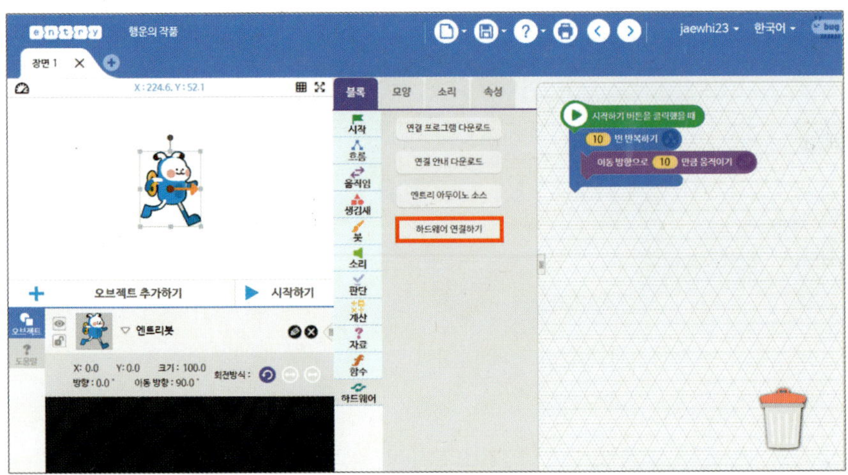

[하드웨어] 탭에 햄스터 관련 블록들이 생겨난 것을 볼 수 있습니다

'오브젝트 목록' 영역의 [하드웨어] 탭을 선택하면 하드웨어의 센서값을 볼 수 있습니다.

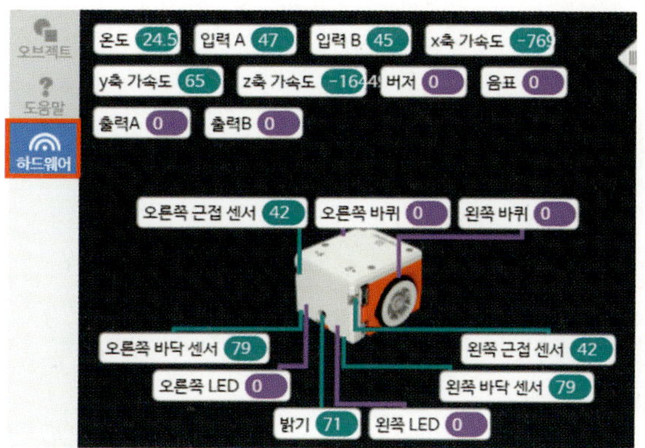

03 햄스터 로봇 출력장치 제어하기

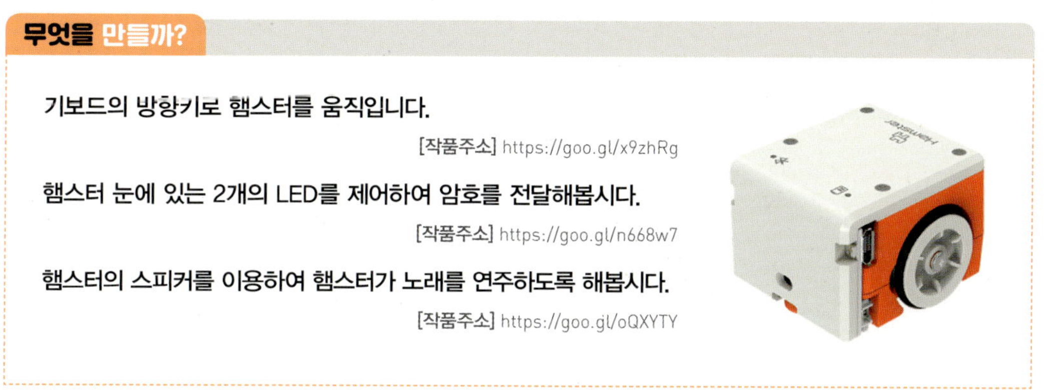

(1) 방향키로 움직이는 햄스터

① 햄스터를 움직이는 코드는 아무 오브젝트에 넣어도 됩니다. 위쪽 방향키로 햄스터를 움직여봅시다.
엔트리봇 기본 코드를 지우고 [시작] 카테고리의 **q키를 눌렀을 때** 블록을 가져와서 q 부분을 누르고
키보드에서 직접 위쪽 방향키를 눌러 **위쪽 방향키를 눌렀을 때** 블록으로 만들어줍니다.

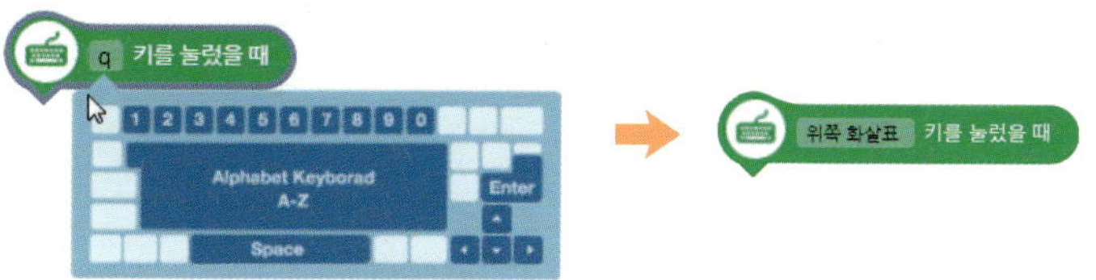

② [하드웨어] 탭의 **앞으로 1초 이동하기** 블록을 가져와 연결합니다. 같은 방법으로 아래쪽 화살표 키를 눌렀을 때, 뒤로 1초 이동하도록 코드를 만들어봅시다. [시작하기]를 클릭하고 위/아래 방향키로 햄스터를 움직여봅시다.

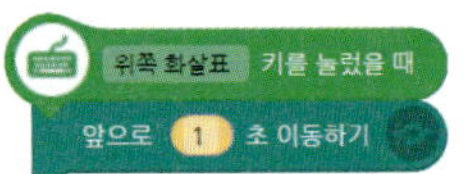

③ 오른쪽/왼쪽 방향키로 햄스터를 회전하는 코드를 추가하고 햄스터를 움직여봅시다.

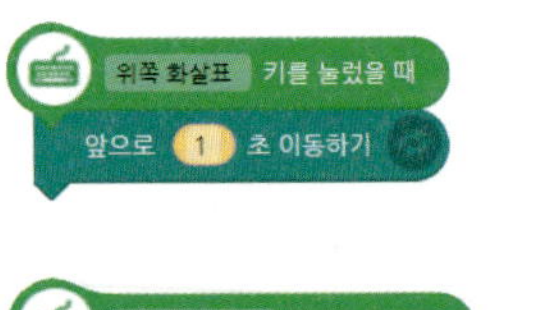
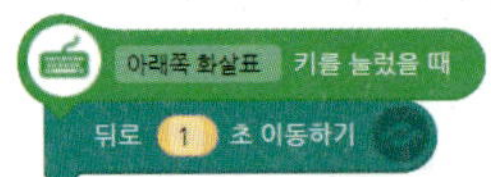

④ 햄스터를 맵 위에 올리고 도착지점까지 움직여봅시다. 코드의 숫자부분을 바꾸어 햄스터를 정확히 한 칸, 90도 움직이는 시간을 찾아봅시다(바닥의 재질, 햄스터의 배터리 잔량 등에 따라 달라집니다).

TIP 햄스터 맵은 hamster.school에 접속하여 '교육자료 〉 엔트리 〉 실습자료'를 다운받아 'board.ppt' 파일을 인쇄하여 사용합니다.

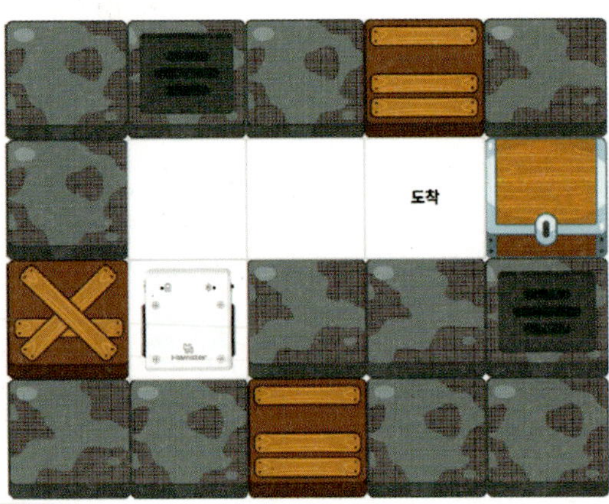

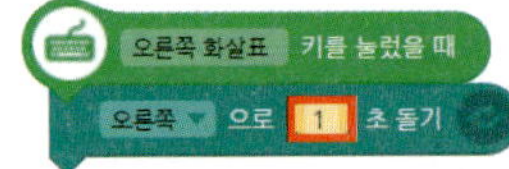

(2) 눈으로 말하는 햄스터

① 햄스터는 양쪽 눈에 LED를 가지고 있어 눈의 색이 여러 가지로 바뀌도록 할 수 있습니다.

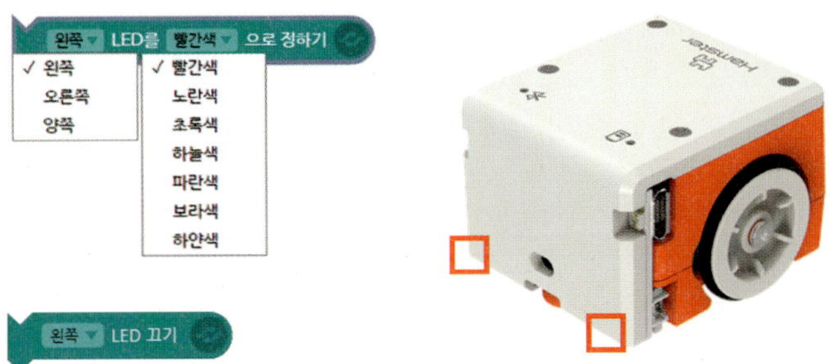

② **~초 기다리기** 블록을 사용하여 햄스터의 양쪽 눈이 1초 간격으로 빨강 – 노랑 – 초록 – 파랑으로 바뀌고 꺼지도록 만들어봅시다.

③ 햄스터의 양쪽 눈이 번갈아 깜빡이도록 **계속 반복하기** 블록을 사용하여 만들어봅시다.

④ 햄스터 눈으로 암호를 전달해봅시다. 햄스터와 마주봤을 때 왼쪽 LED에 1~5까지의 숫자를 약속합니다.

 햄스터를 마주봤을 때 나를 기준으로 왼쪽은, 햄스터의 오른쪽 눈을 의미합니다.

오른쪽LED (마주볼 때 왼쪽)	빨강	노랑	초록	파랑	보라
	1	2	3	4	5

⑤ 햄스터의 왼쪽 LED를 사용하여 숫자 '3244'를 표현해봅시다. 44처럼 똑같이 이어진 숫자를 표현하기 위해서는 각 LED 사이에 잠시 LED를 꺼 깜빡이도록 합니다.

⑥ 이번에는 왼쪽 LED에 사칙연산 기호를 약속합니다.

오른쪽LED (마주볼 때 왼쪽)	빨강	노랑	초록	파랑	보라
	1	2	3	4	5

왼쪽LED (마주볼 때 오른쪽)	빨강	노랑	초록	파랑
	+	−	×	÷

햄스터의 양쪽 LED를 사용하여 식 '12 X 4'를 표현해봅시다.

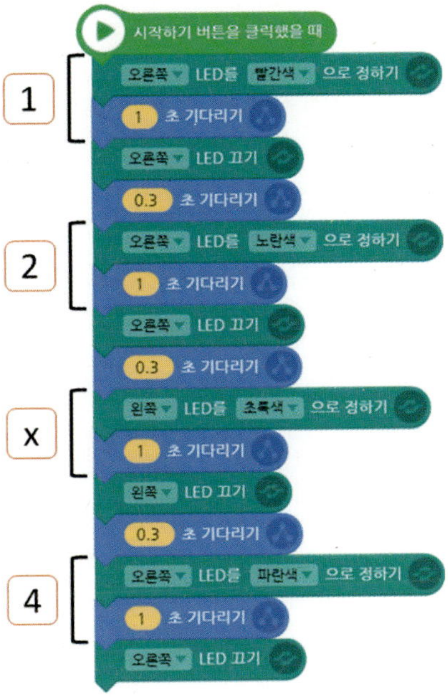

(3) 노래하는 햄스터

① 햄스터는 스피커를 가지고 있어 여러 음을 낼 수 있습니다.

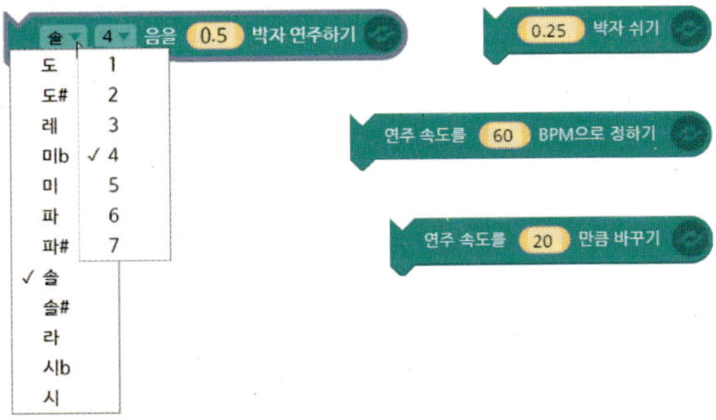

② '도레미파솔'을 '0.5박자'로 연주하도록 만들어봅시다.

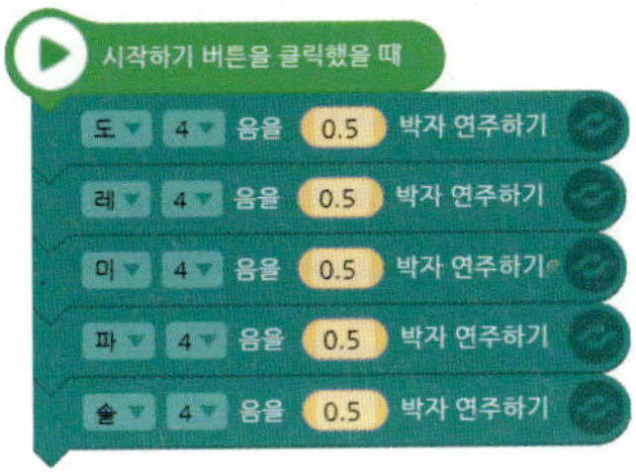

③ 반복 블록을 사용하여 '동요(똑같아요)'를 연주해봅시다.

④ **연주 속도를 ~BPM으로 정하기** 블록을 사용하여 연주 속도를 변경해봅시다. 연주 속도 60BPM이 기본 속도입니다.

학습정리

1. 현실세계의 여러 현상들을 센서나 여러 장치들을 통해 감지하고, 감지된 값들을 컴퓨터를 통해서 물리적인 장치를 제어하는 것을 '피지컬 컴퓨팅'이라고 합니다.

2. 피지컬 컴퓨팅을 통해 컴퓨터 모니터 이외에도 모터, LED, 피에조 스피커 등의 출력장치를 제어할 수 있습니다.

01 다음은 무엇에 대한 설명인가?

> 현실세계의 여러 현상들을 센서나 여러 장치들을 통해 감지하고, 감지된 값들을 컴퓨터
> 를 통해서 물리적인 장치를 제어하는 것

(   )

02 다음 중 햄스터 로봇을 도착 지점까지 이동시키는 코드를 완성시키는 코드는?
(단, 각 블록에 입력된 숫자는 각각 로봇은 1칸, 90도 이동시킨다고 가정한다.)

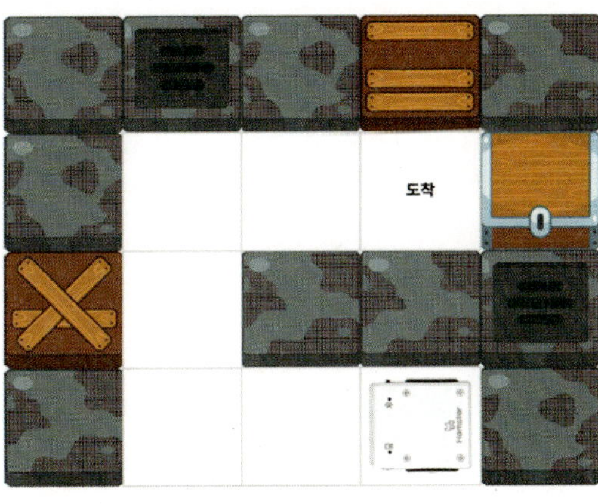

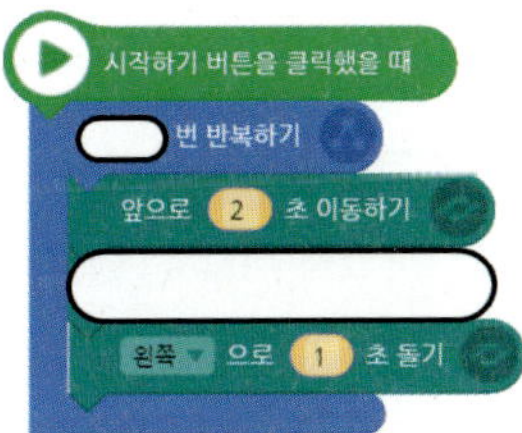

①  , 

②  , 

③  , 

④  , 

정답 해설

01 피지컬 컴퓨팅

02 ④
'앞으로-앞으로-왼쪽 회전'을 3번 반복하면 도착지점에 도달한다. 하지만 피지컬 컴퓨팅의 경우 항상 물리적인 제약이 있기 때문에 실제
햄스터 로봇이 정확한 위치로 이동하지는 않는다. 바닥면의 재질, 배터리 상태 등에 따라 움직임이 다르다.

03 아래와 같이 햄스터 오른쪽 눈과 왼쪽 눈의 색에 따른 암호를 약속했다. 코드를 실행시켰을 때 햄스터가 보낼 암호는 무엇인가?

오른쪽LED (마주볼 때 왼쪽)	빨강	노랑	초록	파랑	보라
	1	2	3	4	5

왼쪽LED (마주볼 때 오른쪽)	빨강	노랑	초록	파랑
	+	−	×	÷

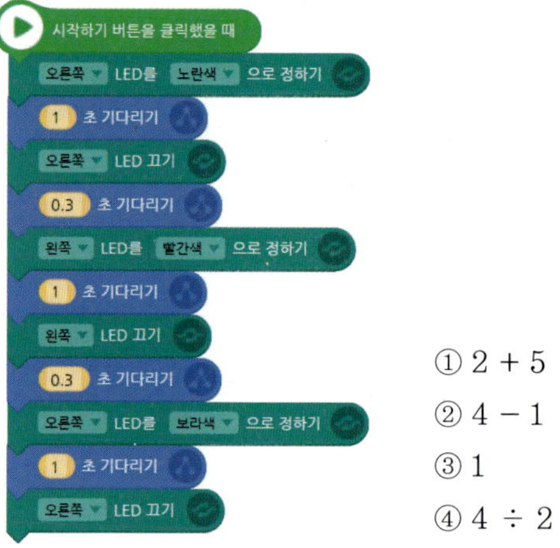

① 2 + 5
② 4 − 1
③ 1
④ 4 ÷ 2

정답 해설

03 ①

바퀴, LED, 피에조 스피커를 이용하여 햄스터가 동요를 부르며 춤추는 모습을 자유롭게 표현해봅시다.

[작품주소] https://goo.gl/j6JHa6

HINT

1. 햄스터가 노래를 부르는 코드를 만듭니다.
2. 햄스터가 좌우앞뒤로 춤을 추는 듯한 움직임을 하도록 코드를 병렬적으로 만듭니다.
3. 햄스터의 양쪽 눈을 알록달록하게 반짝이도록 코드를 병렬적으로 만듭니다.

SECTION 13 | 햄스터 로봇 센서 활용하기

무엇을 만들까?

햄스터의 밝기 센서를 가리고 있던 물건이 사라져 주변이 밝아지면 경보가 울리는 도난 방지기를 만들어봅시다.

[작품주소] https://goo.gl/JwiSXc

바닥 센서에 감지되는 흰색, 검은색 선의 차이를 이용하여 라인을 따라움직이는 햄스터를 만들어봅시다. [작품주소] https://goo.gl/YsViL4

햄스터 얼굴 부분의 근접 센서를 활용하여 장애물을 피해 움직이는 햄스터를 만들어봅시다. [작품주소] https://goo.gl/6vLpZ7

(1) 밝기 센서로 도난 방지기 만들기

① 엔트리와 햄스터를 연결합니다. 햄스터의 입 부분에는 밝기 센서가 달려 있어서 오브젝트 목록의 [하드웨어] 탭을 보면 센서값을 실시간으로 확인할 수 있습니다. 밝기 센서에 손을 가져가며 센서값을 확인해보면 밝아질수록 값이 커지는 것을 볼 수 있습니다.

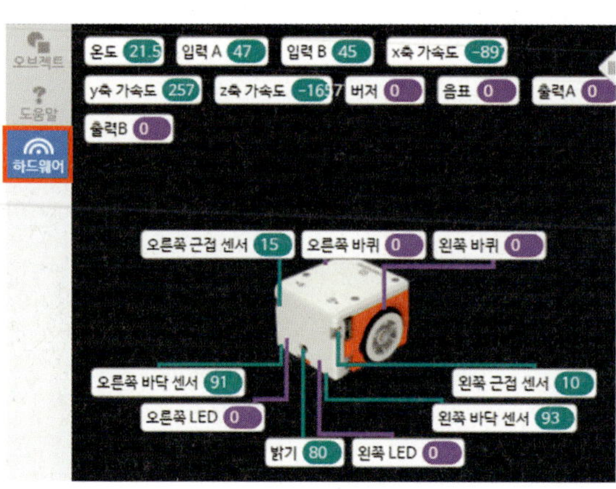

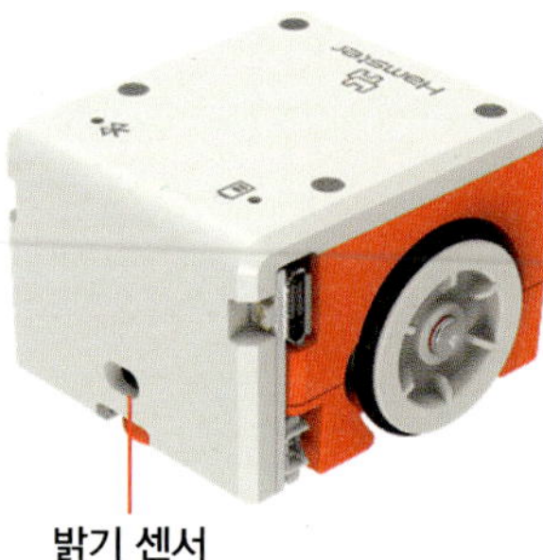

② [하드웨어] 탭의 **왼쪽 근접 센서** 블록은 햄스터의 다양한 센서값을 실시간으로 받아오는 블록입니다.
아래와 같이 코드를 만들고 [시작하기]를 클릭하면 오브젝트가 실시간으로 센서값을 말해줍니다.

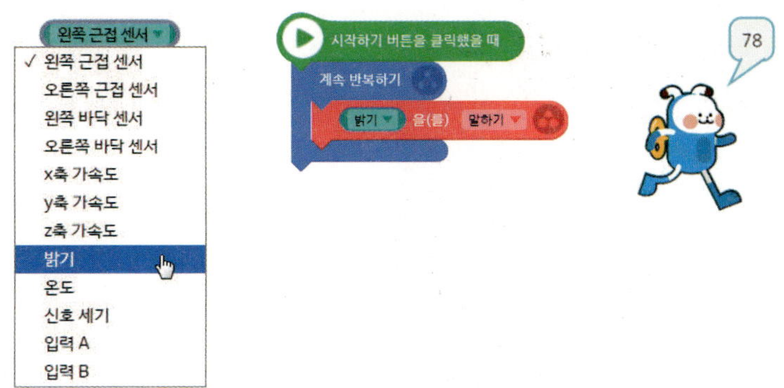

③ 햄스터의 밝기 센서를 활용하여 '도난 방지기'를 만들어봅시다. 햄스터의 밝기 센서를 위로 향하도
록 눕히고, 그 위에 종이컵을 덮습니다. 종이컵 바닥면에 지금 1cm가량의 구멍을 뚫고, 그 위에 물
건을 올려둡니다. 물건을 올려 두었을 때와 올리지 않았을 때 센서값을 비교해봅시다.

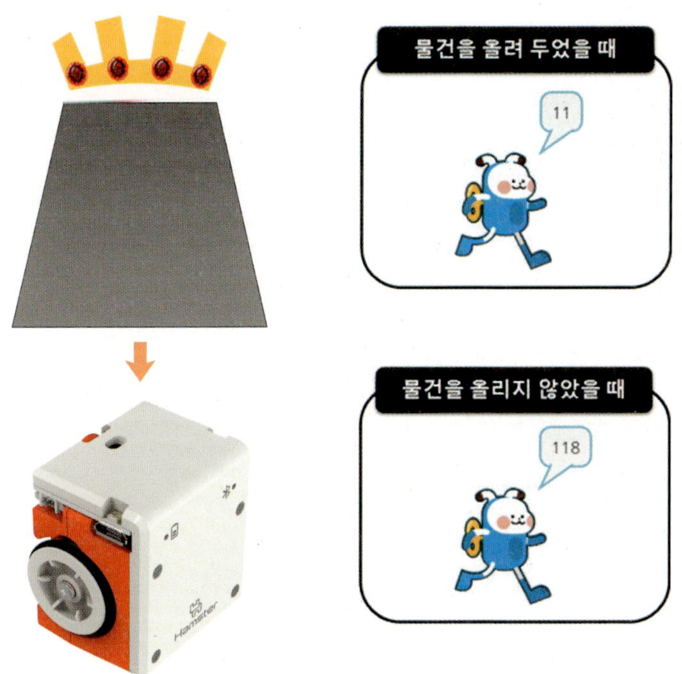

④ 엔트리 화면을 구성해봅시다. [조명이 있는 무대], [교탁], [왕관(2)] 오브젝트를 추가하고 화면에 적절히
   배치합니다.

⑤ 종이컵 위에 올려둔 물건이 사라지면 '밝기' 값이 증가합니다. [속성] 탭에서 '도난' 신호를 추가하고,
   '밝기' 값이 30보다 커지면 '도난' 신호를 보내도록 합니다.

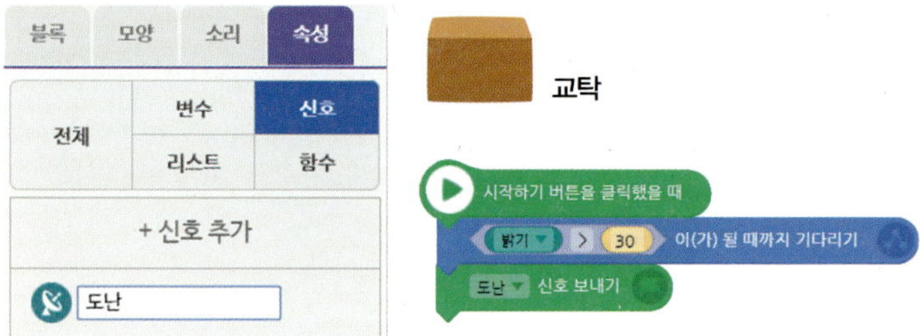

⑥ '도난' 신호를 받으면 사이렌 소리를 울리며, 왕관이 붉게 변하고 위로 올라가는 애니메이션 효과를
   내봅시다. [소리] 탭에서 '사이렌 소리'를 추가합니다.

⑦ 도난 시 현장에서도 경고음이 울릴 수 있도록, 다시 물건을 올려놓을 때까지 햄스터 로봇이 '삐~'
   소리를 내도록 해봅시다.

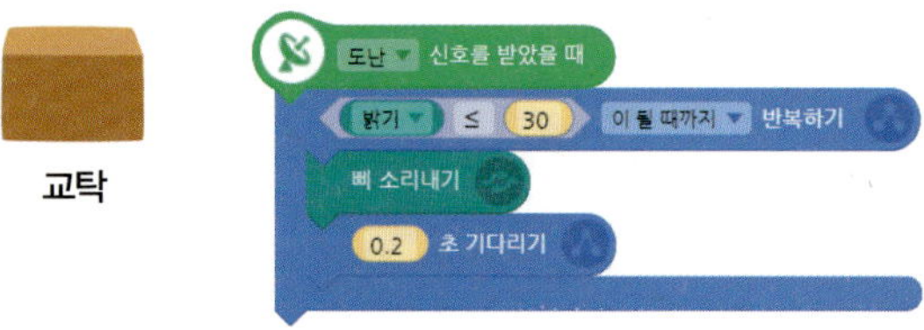

(2) 바닥 센서로 라인 따라 움직이기

① 햄스터의 바닥 왼쪽과 오른쪽에는 바닥 센서가 달려 있습니다. 오브젝트 목록의 [하드웨어] 탭을 보면 센서값을 실시간으로 확인할 수 있습니다.

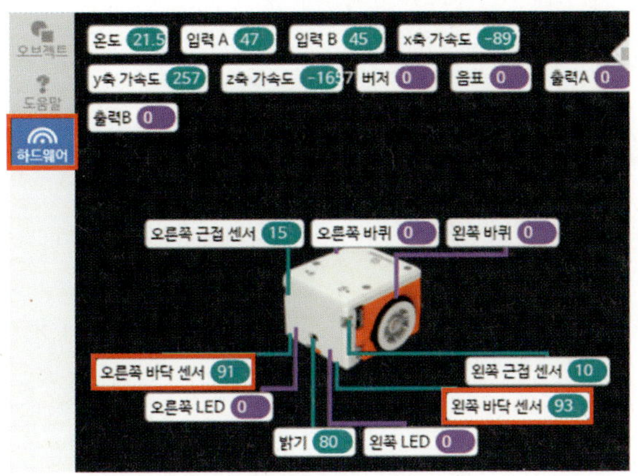

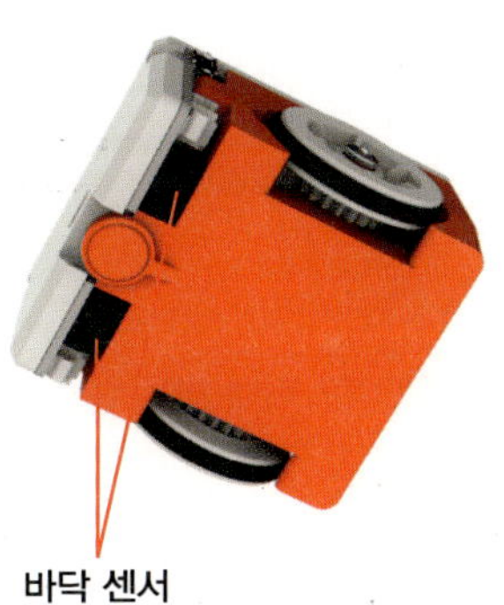

② 햄스터를 '검은색 종이'와 '흰색 종이'에 올려놓고 각각 바닥 센서값을 비교해봅시다. 밝은 종이 위에 있을수록 값이 커지는 것을 볼 수 있습니다.

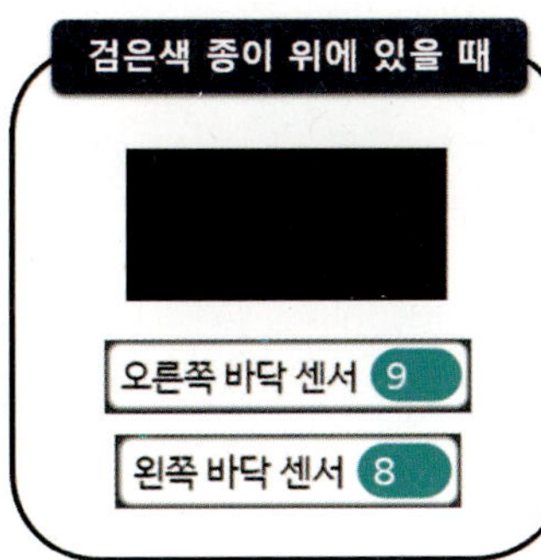

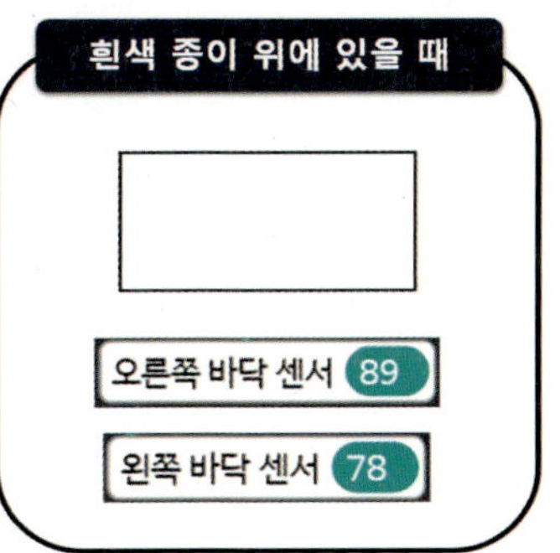

③ 검은색 매직으로 원형 트랙을 그려봅시다. 햄스터가 양쪽 바닥 센서 사이에 선을 끼고 움직일 수 있도록 1cm 정도의 라인을 그리면 적당합니다.

④ 햄스터가 직선 트랙을 움직일 때, 양쪽 바닥 센서는 흰색 종이 위에 있기 때문에 값이 50 이상일 것입니다. 그러나 왼쪽으로 도는 커브 길을 만나면 햄스터의 왼쪽 바닥 센서값이 50 이하가 됩니다. 그때, 왼쪽으로 도는 코드를 실행할 수 있도록 코드를 만들어봅시다.

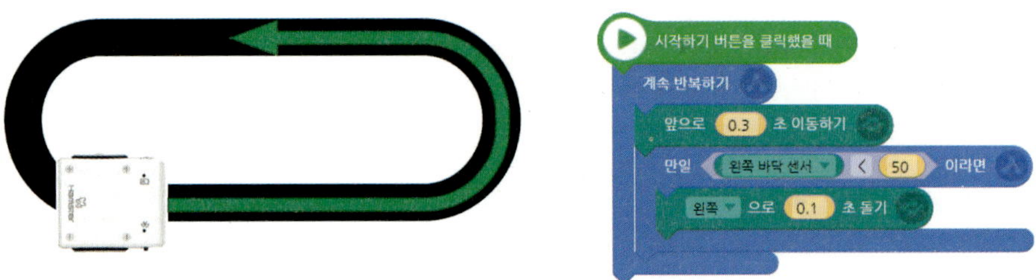

⑤ 햄스터가 반대방향 커브에도 회전할 수 있도록 만들어봅시다. 오른쪽 바닥 센서값이 50보다 작으면 오른쪽으로 돌도록 합니다.

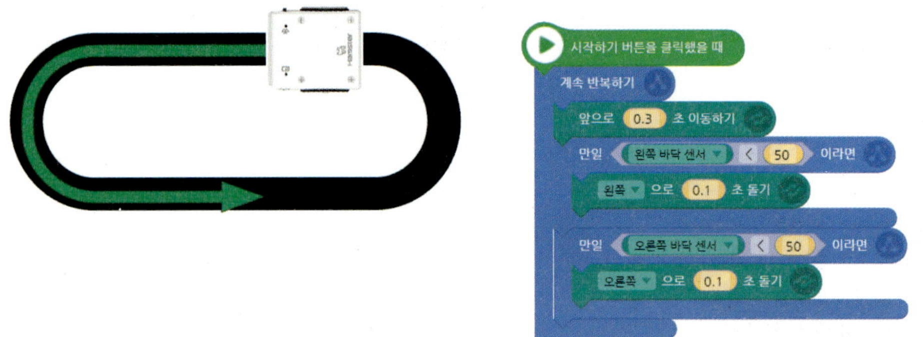

⑥ 아래 숫자를 크게 하면 햄스터가 움직이는 속도는 빨라지지만 정확도는 떨어지게 됩니다. 다양한 모양의 트랙을 그려 햄스터 경주를 해봅시다. 트랙의 모양에 따라 최적의 코드를 만들어봅시다.

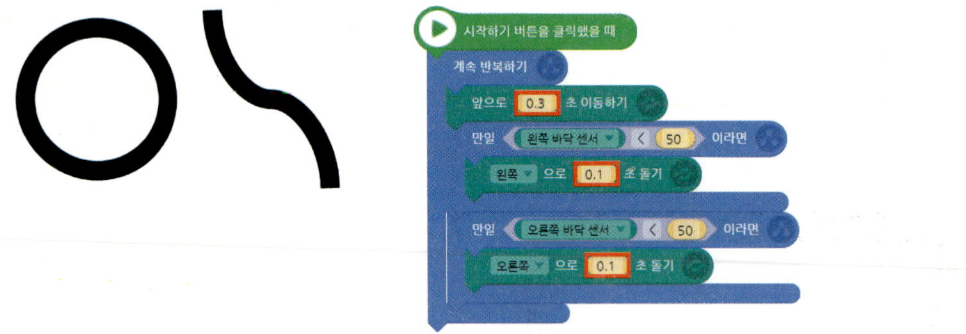

[활동 영상(1)] https://youtu.be/iZysL4wSWHg
[활동 영상(2)] https://youtu.be/X6NPnRfiW5Q

(3) 근접 센서로 장애물 피하기

① 햄스터 얼굴 부분의 왼쪽과 오른쪽에는 근접 센서가 달려있습니다. 오브젝트 목록의 [하드웨어] 탭을 보면 센서값을 실시간으로 확인할 수 있습니다.

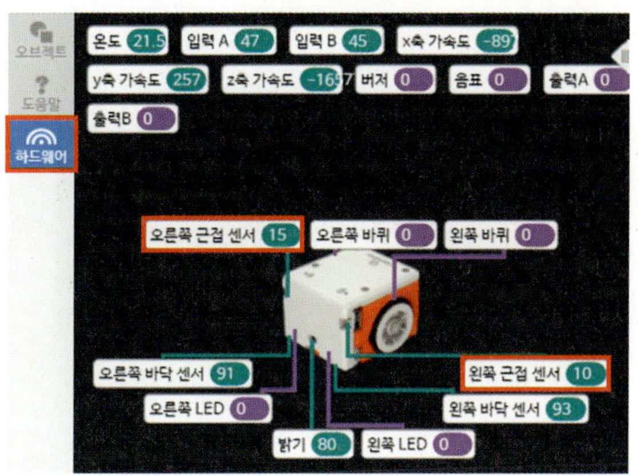

② 햄스터의 근접 센서에 손을 가까이 가져가며 변화를 살펴봅시다. 30cm 이상에서는 값이 0을 유지하다가 점점 가까워질수록 값이 커지는 것을 볼 수 있습니다. 그러나 1cm 이하로 가까워지면 오히려 값이 떨어지면서 센서를 완전히 가렸을 때에는 다시 0을 가리킵니다.

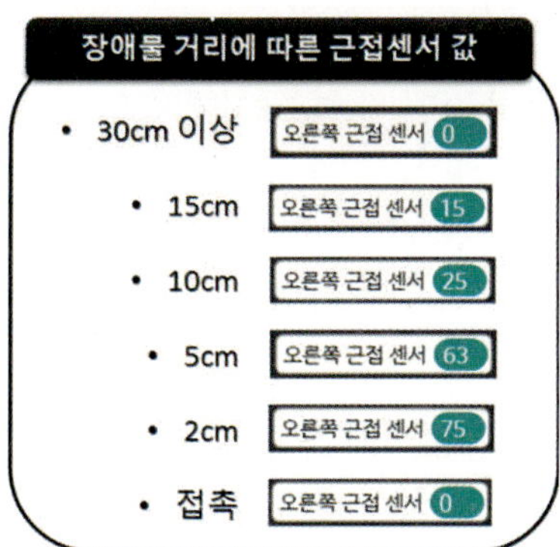

③ 근접 센서를 이용하여 햄스터가 무인자동차처럼 움직이도록 만들어봅시다. 햄스터가 움직이다가 오른쪽 근접 센서에 장애물이 감지되면 왼쪽으로 피하고, 왼쪽 근접 센서에 장애물이 감지되면 오른쪽으로 피하도록 만들어봅시다.

④ 근접 센서를 이용하여 햄스터가 목표 지점을 향해 가거나 미로를 탈출하는 등 다양한 활동으로 확
장해볼 수 있습니다.

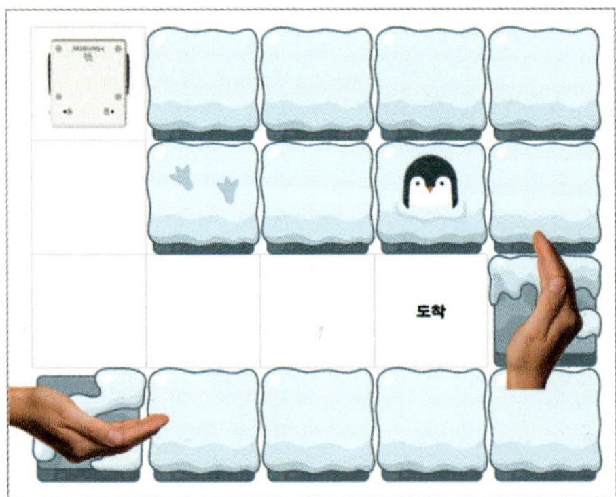

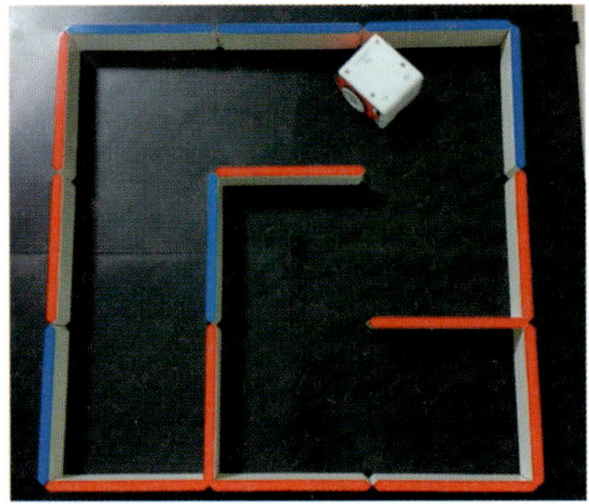

학습정리

1. '센서'를 이용하면 현실 세계의 밝기, 온도, 색, 가속도 등을 감지하여, 현실 세계와 컴퓨팅 환경이
상호작용하는 피지컬 컴퓨팅을 할 수 있습니다.

2. 센서값은 사용되는 피지컬 컴퓨팅 도구, 주변 환경에 따라 달라지므로, 반드시 사용 환경에서의
센서값 테스트를 거친 후 프로그래밍 합니다.

01 다음은 무엇에 대한 설명인가?

> (   )를 이용하면 현실 세계의 밝기, 온도, 색, 가속도 등을 감지하여, 현실세계와
> 컴퓨팅 환경이 상호작용하는 피지컬 컴퓨팅을 할 수 있습니다.

① 모터　　　　　　② 센서　　　　　　③ LED　　　　　　④ USB

02 아래 햄스터의 센서값에 대한 설명으로 틀린 것은?

> 컴퓨팅 시스템의 역량을 활용하여 해결하고자 하는 문제를 효과적이고 효율적으로 해결
> 할 수 있는 절차적 사고 능력

① **왼쪽 근접 센서 ▼** : 장애물이 2cm까지 가까워질수록 값이 커진다.

② **온도 ▼** : 주변의 온도가 높을수록 값이 커진다.

③ **밝기 ▼** : 주변의 밝기가 밝을수록 값이 커진다.

④ **왼쪽 바닥 센서 ▼** : 왼쪽 바닥면이 울퉁불퉁하면 값이 커진다.

정답 해설

01 ②
소프트웨어 교육은 모든 사람을 소프트웨어 개발자로 만들기 위한 것이 아니다. 변화하는 시대 흐름 속에서 미래 사회의 기본적인 역량으로서 컴퓨팅 사고력을 함양하여 다양한 분야와 융합할 수 있도록 하기 위한 것이다.

02 ④
바닥 센서는 바닥면의 색이 짙을수록 값이 커집니다.

03 햄스터를 이용하여 아래 코드를 작성했다면, 그 의도로 가장 적절한 것은?

① 장애물이 있으면 피해가는 로봇 청소기를 표현한 것이다.

② 검은색 라인을 따라가는 라인 트레이서를 만든 것이다.

③ 어두워지면 켜지는 가로등을 표현한 것이다.

④ 날씨가 더워지면 폭염주의보를 알리는 경고등을 표현한 것이다.

정답 해설

03 ③

햄스터의 밝기 센서는 밝을수록 그 값이 커진다. 위 코드는 주변이 어두워지면 햄스터의 양쪽 눈에 달린 LED를 켜고 아니면 LED를 끄는 것으로, 어두워지면 켜지는 가로등의 원리와 동일하다.

실습해보기

햄스터의 온도 센서를 통해 날씨가 더울 때에는 화면 속 '에어컨'을, 추울 때에는 '히터'를 트는 프로그램을 만들어봅시다.

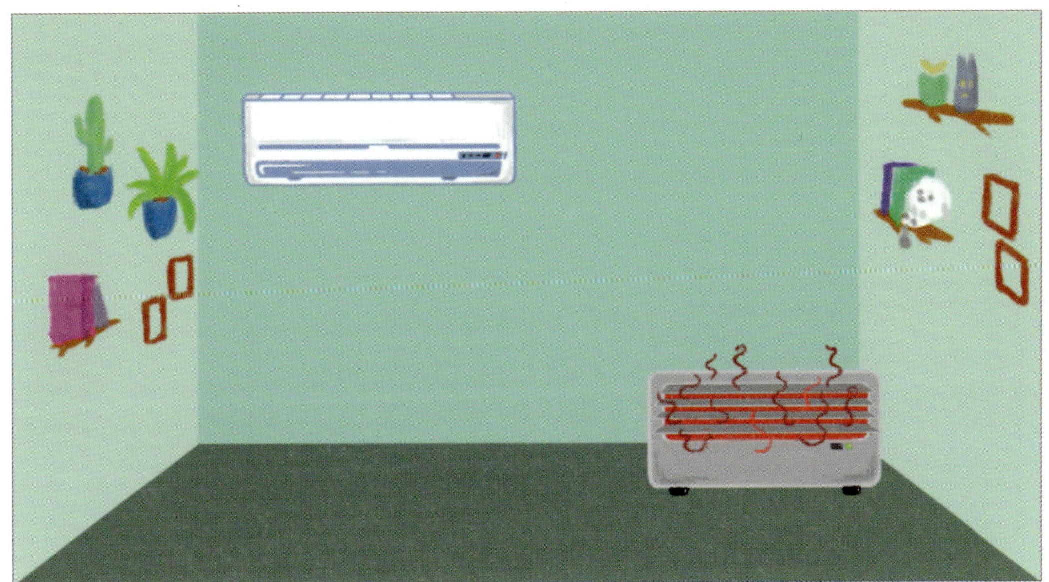

[작품주소] https://goo.gl/M72fzL

HINT

1. 엔트리 화면에 [에어컨]과 [히터]를 추가합니다.
2. [하드웨어] 탭의 온도 센서 블록을 사용하여 온도가 30도 이상이면 에어컨의 모양을 '켜짐'으로, 아니면 '꺼짐'으로 바꿉니다.
3. 온도가 20도 이하이면 히터의 모양을 '켜짐'으로, 아니면 '꺼짐'으로 바꿉니다.
4. 아이스 팩과 핫 팩을 이용하여 정상적으로 동작하는지 확인합니다.

EASY **ENTRY** PROGRAMMING

3

소프트웨어 수업하기

소프트웨어를 만들 수 있는 것과
가르칠 수 있는 것은 완전히 다른 이야기입니다.
어떻게 하면 소프트웨어 교육의 취지에 맞게
학생들의 사고력을 길러주는 교육을 할 수 있을까요?
여러 가지 수업 모형과 엔트리 선생님 기능을 통해
소프트웨어 교육을 준비해봅시다.

엔트리 학급·강의 기능으로 소프트웨어 수업 준비하기

01 학생 관리를 위한 학급 기능

(1) 학급 기능 소개 및 구성 요소

엔트리에서는 수많은 사용자가 작품을 공유하며, 새로운 글과 댓글을 작성하고 있습니다. 이들 중 우리 반 아이들이 공유한 작품을 찾거나 모르는 것을 물어보는 질문을 찾아 답해주기란 쉬운 일이 아닙니다. 따라서 학교 수업 시 이러한 불편함을 해결하기 위해 학급을 개설하여 활용할 수 있습니다. 선생님 계정으로 학급을 개설하면 아래와 같은 메뉴가 활성화되어 수업을 편리하게 해 주는 여러 기능을 사용할 수 있습니다.

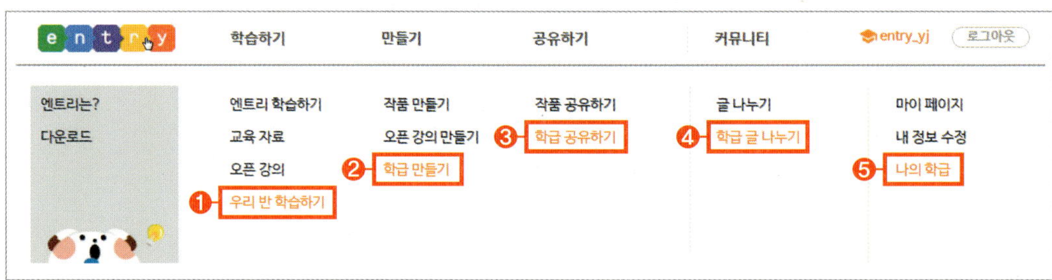

❶ **우리 반 학습하기** : 우리 학급에 강의나 강의 모음을 올려 학습을 할 수 있도록 하거나, 과제를 생성하여 학생들이 제출한 과제 결과물을 확인할 수 있습니다.

❷ **학급 만들기** : 새로운 학급을 만들 수 있습니다.

❸ **학급 공유하기** : 학급에 속한 교사, 학생들끼리 만든 작품을 올릴 수 있는 공간입니다.

❹ **학급 글 나누기** : 학급 커뮤니티 게시판을 통해 학급 안에서 소통할 수 있는 공간입니다.

❺ **나의 학급** : 내가 만들거나 속한 학급을 볼 수 있습니다. 내가 개설한 학급을 관리할 수 있으며, 특히 학생들의 계정 생성, 비밀번호 출력 및 재설정 등의 기능을 제공합니다.

학급을 개설하여 활용하면, 학습 내용, 작품 공유, 글 등을 구성원끼리 공유할 수 있는 공간을 갖게 되며, 학생들의 계정, 학습 과정, 작품, 과제 등의 관리를 손쉽게 할 수 있습니다.

(2) 학급 개설하고 학생 초대하기

먼저 학급을 개설하고 이용하기 위해서는 '선생님' 계정으로 로그인해야 합니다. 만약 선생님 계정으로 로그인이 되어 있다면, 상단 메뉴에서 본인의 아이디 영역이 주황색으로 보이면서 학사모 아이콘이 보입니다.

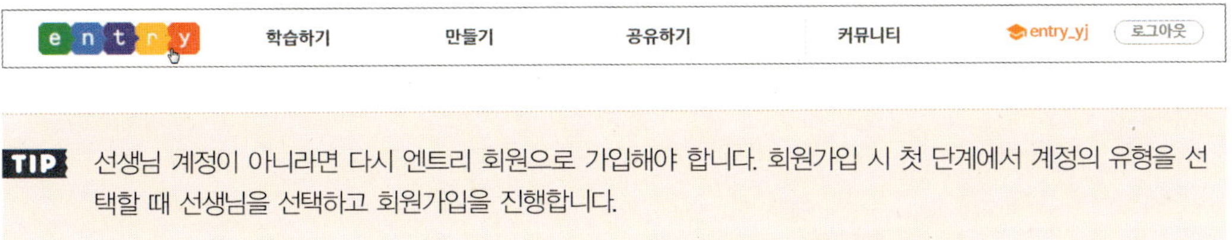

> **TIP** 선생님 계정이 아니라면 다시 엔트리 회원으로 가입해야 합니다. 회원가입 시 첫 단계에서 계정의 유형을 선택할 때 선생님을 선택하고 회원가입을 진행합니다.

이제 선생님 계정으로 로그인이 되었다면, 다음 순서에 따라 학급을 개설하여, 학생을 초대하고 관리하는 방법에 대해 알아보겠습니다.

상단 메뉴 영역에서 [만들기]–[학급 만들기] 메뉴 또는 [아이디]–[나의 학급] 메뉴를 클릭합니다.

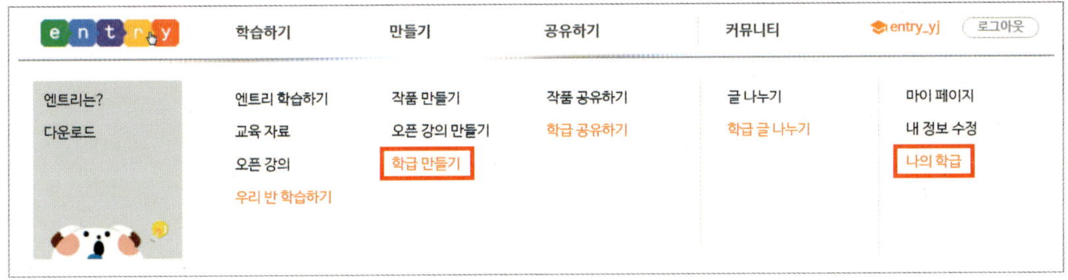

이동한 페이지에서는 ❶번 영역을 통해 만든 학급이나 가입한 학급을 볼 수 있습니다. 학급을 만들기 위해 ❷를 클릭합니다.

학급 이름, 학년, 학급을 대표할 이미지, 소개 문구를 입력한 뒤 [학급 만들기] 버튼을 클릭하여 학급을 개설합니다. '기본학급으로 지정'에 체크하면 추후 학급 페이지를 이용할 때 기본으로 노출됩니다.

개설한 학급에 학생들을 추가해봅시다. 학급 목록에서 개설한 학급을 클릭해서 관리 페이지로 이동합니다.

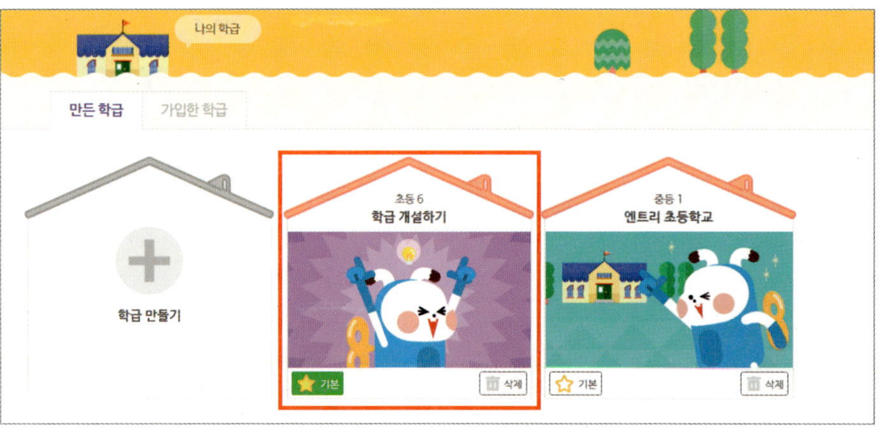

학급의 관리 페이지에서 학생을 추가할 수 있는 방법은 크게 2가지가 있습니다. ❶번 영역의 학생 추가하기를 이용하여 선생님이 직접 학생들의 정보를 입력하고 추가할 수 있으며, ❷번 영역을 통해 학생들이 스스로 학급에 가입할 수 있도록 초대할 수 있습니다.

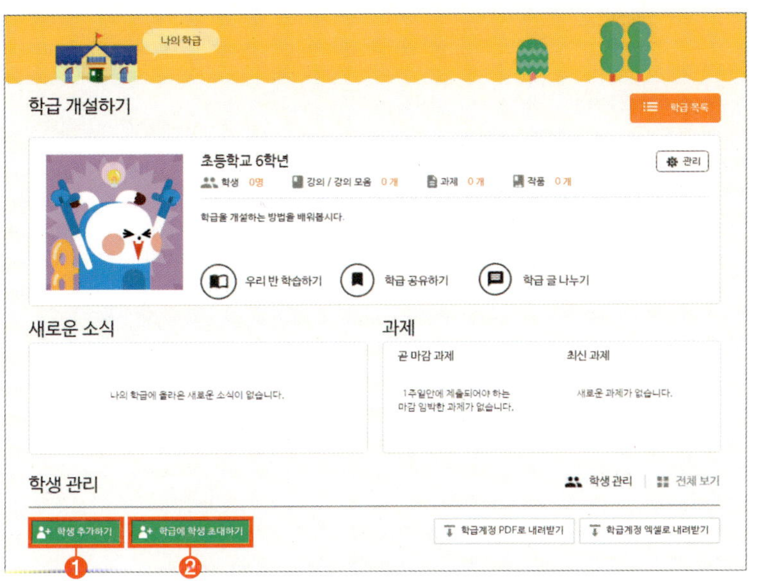

[학생 추가하기]를 통해 선생님이 직접 학생을 추가하는 방법에 대해 알아봅시다. ❶ 추가할 학생들의 이름을 한 줄에 하나씩 입력하고 [다음]을 클릭하면, ❷ 자동으로 학번이 생성됩니다. 이미 엔트리 아이디를 가지고 있는 학생의 경우 아이디를 입력하면 학급 초대장이 날아갑니다. 그러나 학생이 나중에 스스로 할 수 있는 과정이니, 특별한 경우를 제외하고는 입력할 필요가 없습니다. ❸ 올바르게 정보가 입력되었는지 확인 후 [완료] 버튼을 클릭합니다.

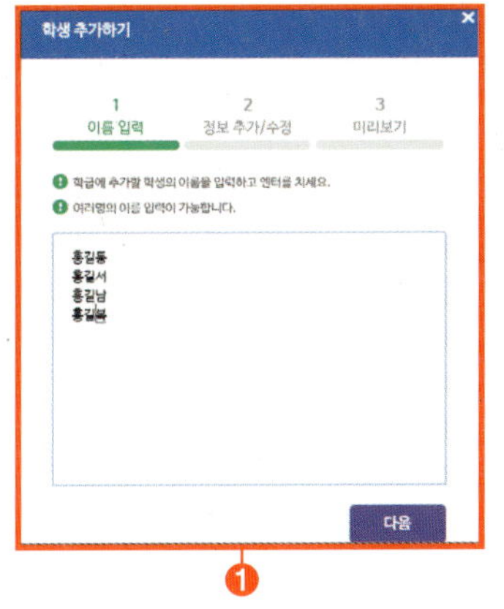

학급에 학생들이 추가되었습니다. ❶에서 학생들에게 발급된 학급 아이디를 볼 수 있습니다. 비밀번호는 화면에 공개되지 않습니다. ❷를 클릭하면 PDF 또는 엑셀로 학급 계정을 다운받을 수 있습니다.

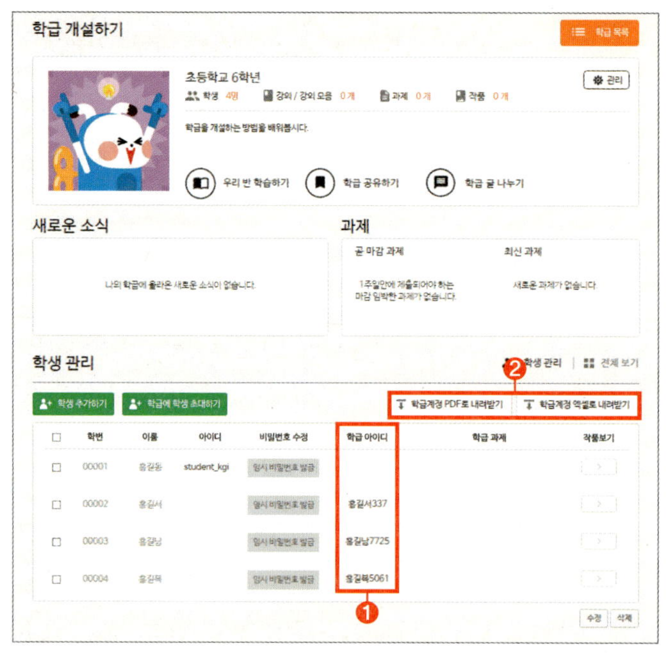

TIP 엔트리 계정이 없는 학생은 아래 과정을 통해 선생님께 받은 아이디와 비밀번호로 엔트리에 로그인 할 수 있습니다. 엔트리 회원이 아닌 학급 계정으로 로그인 한 학생은 학급 외 엔트리 서비스 이용에 일부 제약 사항이 있습니다.

1. 엔트리 들어가기 – 주소창에 http://play-entry.org 입력
2. 로그인하기 – 로그인 클릭
3. 정보 입력하기 – 선생님께서 알려주신 아이디와 비밀번호를 입력
4. 추가 정보 선택하기 – 성별 선택하고 약관에 동의한 후, 확인 클릭
5. 알림창 내용 확인하기 – 확인 클릭
6. 비밀번호 변경하기 – 나만 알 수 있는 비밀번호로 변경
7. 완료 – 엔트리 학급 서비스 이용

엔트리 계정이 있는 학생은 아래 과정을 통해 선생님께 받은 아이디와 비밀번호로 학급에 가입할 수 있습니다. 이후 학급 아이디는 사라지며 본인의 아이디로 학급을 이용할 수 있습니다. [학급에 학생 초대하기]를 통해 학생들이 스스로 학급에 가입하도록 초대하는 방법에 대해 알아봅시다. 교사는 '학급 코드' 또는 '학급 URL'을 학생들에게 공유합니다.

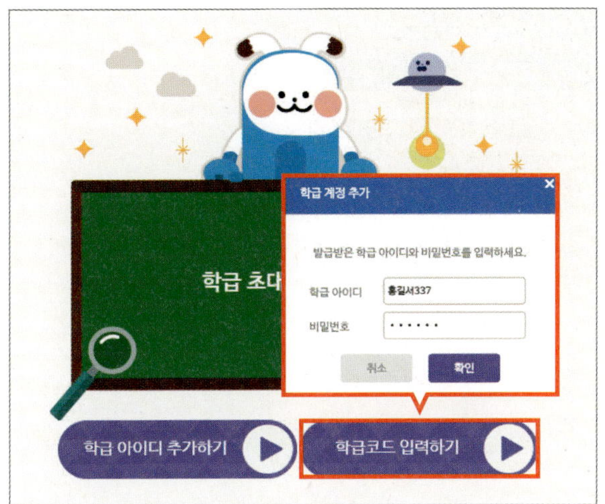

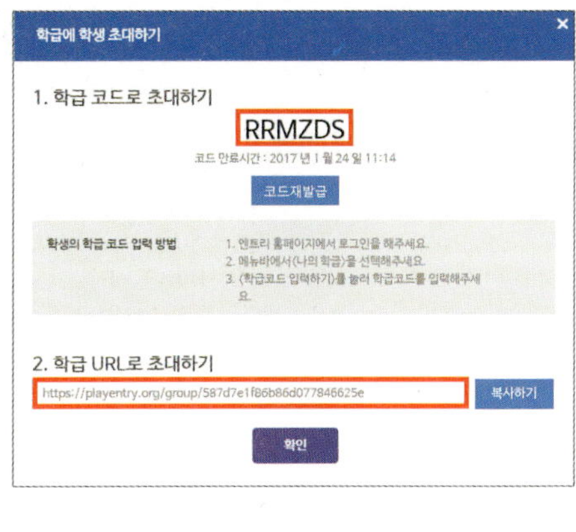

학생은 학급 코드 또는 URL로 가입하기 위하여 스스로 엔트리 회원으로 가입하고 로그인해야 합니다. 학급에 가입하면 선생님이 학생의 비밀번호 변경 권한을 갖게 되므로 학급에 가입할 때에는 반드시 선생님이 맞는지 확인하고 가입할 수 있도록 주의합니다.

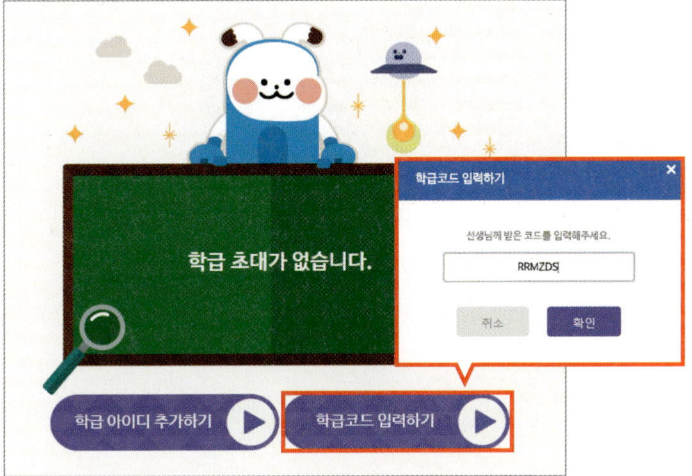

교사는 학급에 가입된 학생들이 비밀번호를 잊어버렸을 때 임시 비밀번호를 발급해 줄 수 있습니다. 임시 비밀번호는 일회성으로 발급 되는 것이므로, 로그인 한 후에는 반드시 비밀번호를 변경하도록 안내합니다.

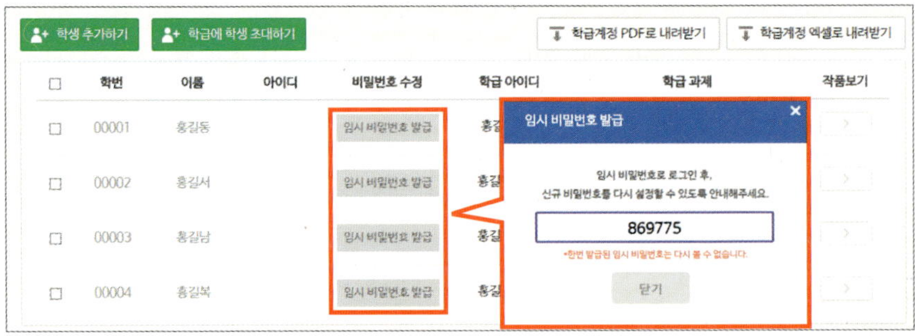

(3) 우리 반 공유하기와 학급 게시판 활용하기

학생들을 학급에 모두 추가하였다면, 이제 학생들이 만든 작품을 학급에 공유하고 의견을 나눌 수 있는 커뮤니티 공간에 대해서 살펴보겠습니다.

먼저 학급 공유하기에서는 해당 학급에 소속된 학생들이 작품을 올리고 공유할 수 있습니다. 선생님은 공유된 작품에 작성된 댓글 중 부적절한 댓글을 삭제 조치 할 수 있습니다. 이러한 기능들이 어떻게 이용될 수 있는지 살펴보겠습니다.

상단 메뉴 영역에서 [공유하기]–[학급 공유하기] 메뉴를 클릭합니다.

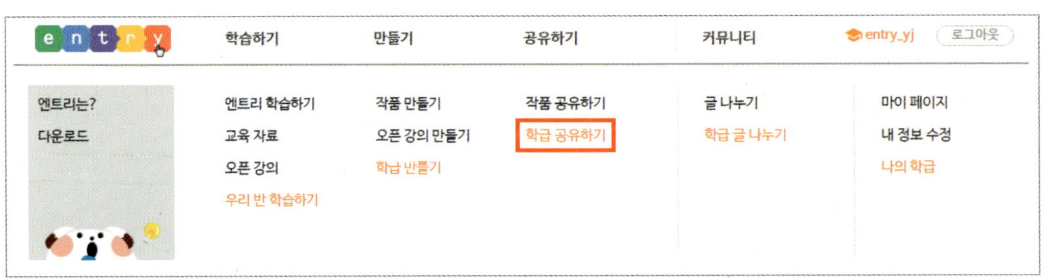

만약 여러 개의 학급에 가입되어 있다면, 확인하고 싶은 학급의 공유하기를 ❶번 영역을 클릭하여 선택하면 되며, 작품의 공유를 위해서는 ❷번 영역의 [작품 공유하기] 버튼을 이용하여 현재 선택된 학급에 작품을 올릴 수 있습니다.

마지막으로 커뮤니티에서 학급 글 나누기 공간의 활용에 대해 살펴보겠습니다. 해당 공간에서는 학급 구성원이 소통을 위해 활용할 수 있으며 학급 개설자인 선생님은 공지사항을 등록할 수 있습니다. 어떻게 해당 기능을 이용할 수 있는지 살펴보겠습니다.

상단 메뉴 영역에서 [커뮤니티]–[학급 글 나누기] 메뉴를 클릭합니다.

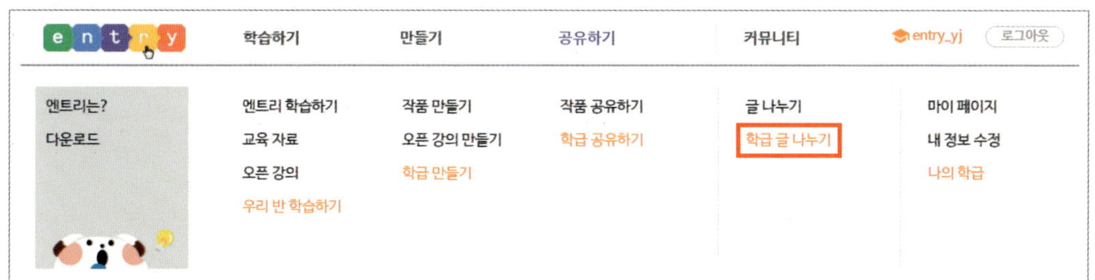

만약 여러 개의 학급에 가입되어 있다면, 좌측 영역에서 원하는 학급을 선택합니다.

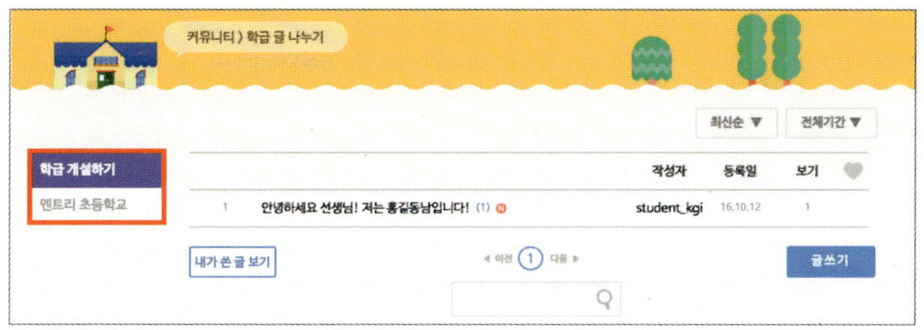

선택된 학급에 작성된 글은 클릭 시 확인할 수 있으며, 만약 부적절한 내용의 게시글 또는 댓글이 있다면 각각 ❶, ❷번 영역에 있는 [삭제] 버튼을 이용하여 임의로 삭제할 수 있습니다.

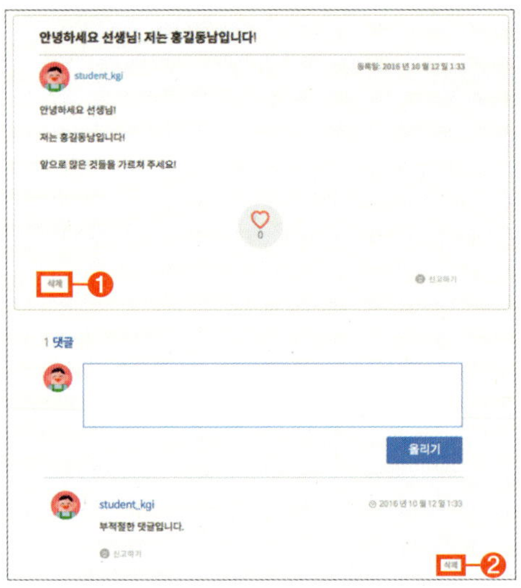

학급 학생들에게 안내할 사항이 있다면, 글 목록의 항상 최상단에 위치하도록 공지사항을 작성할 수 있습니다. 게시판에서 [글쓰기] 버튼을 이용하여 글을 쓴 후 아래 체크 박스에 체크한 후 올리면 공지사항으로 등록됩니다.

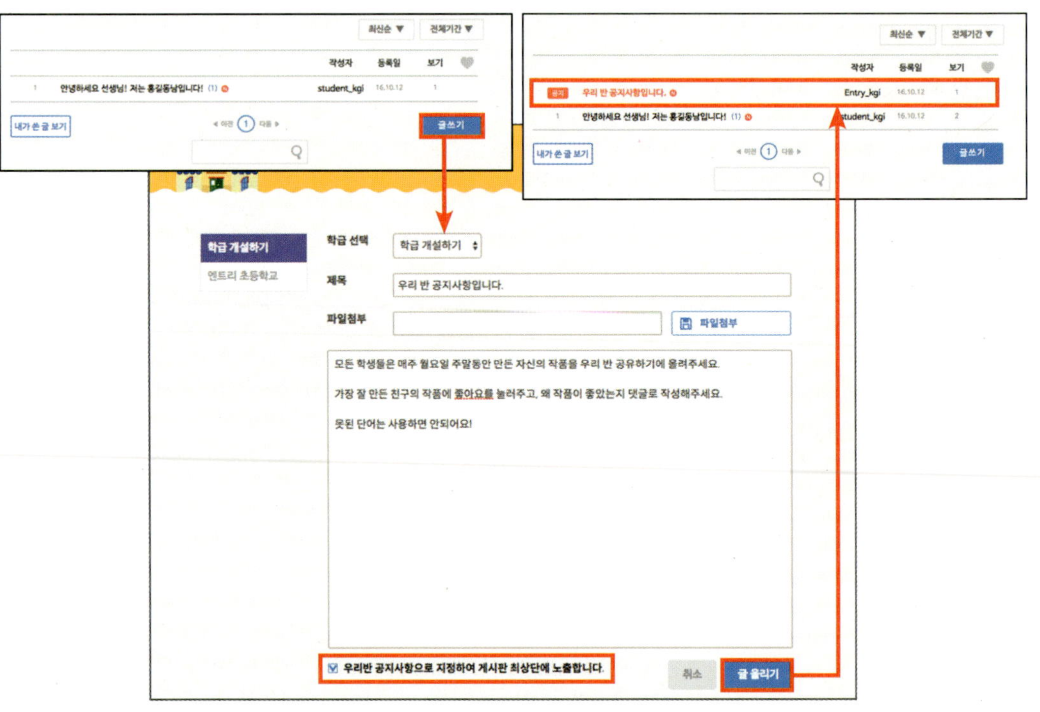

02 효율적인 수업을 위한 강의 기능

(1) 강의 기능 소개 및 구성 요소

엔트리의 만들기 화면에서는 약 170여개의 블록들이 제공되고 있습니다. 이렇게 많은 블록들은 다양한 작품들을 만들기에는 좋지만, 한 차시에 몇 개의 새로운 블록만을 배울 때에는 필요한 블록에 집중하기 어려워 때때로 불편할 수 있습니다. 또, 새로운 블록에 대해서 배웠다고 하더라도 아이들에게 성취감을 안겨줄 수 있는 작품을 만들기에는 새로 배운 블록들만으로는 다소 부족할 수도 있습니다. 이런 경우, 수업 목표에 맞춰서 이번 수업 시간에 필요한 블록들이나 기능들을 학생들에게 노출하거나 배워야 할 알고리즘에만 집중할 수 있도록 수업 목표에서 중요하지 않은 코드들은 미리 완성된 상태로 준비되어 있다면 수업을 시작했을 때 좀 더 효율적인 수업을 진행할 수 있습니다.

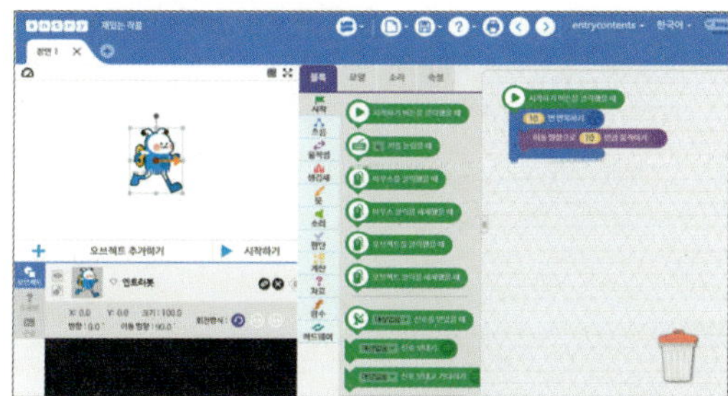

일반과 강의 기능 환경의 차이

일반 엔트리 환경　　　　　　　　강의 기능으로 만든 엔트리 환경

엔트리에서 제공하는 강의 기능은 이러한 필요성을 충족시켜 줄 수 있는 좋은 기능입니다. 구체적으로 강의 기능이 무엇으로 구성되어 있고 어떠한 장점이 있는지 살펴보겠습니다.

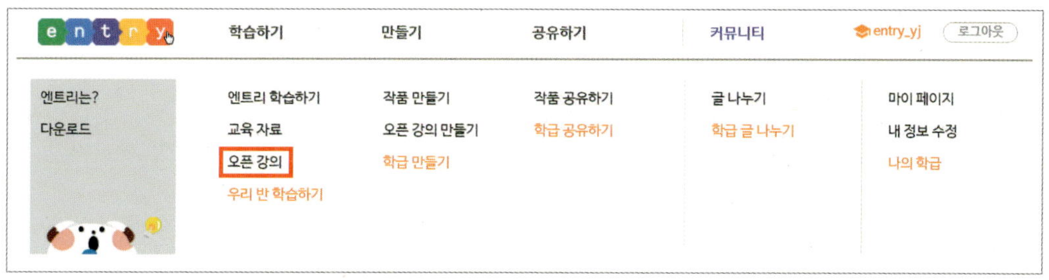

강의는 [학습하기]-[오픈 강의] 메뉴를 통해 확인할 수 있으며, 검색을 통해서 아이들의 수준에 맞는 작품들을 고를 수 있습니다. 먼저 예시로 엔트리에서 만든 강의를 통해 어떻게 구성되어 있는지 확인해보겠습니다.

❶ 학습자가 본 강의를 통해 완성해야하는 작품을 미리 실행해볼 수 있습니다.

❷ 본 강의의 학습 목표, 설명, 추천 학년, 소요 시간, 난이도, 사용 요소 정보를 볼 수 있습니다.

❸ 강의를 학습하려고 할 경우 이용하는 버튼입니다. 클릭하면 학습하기 화면으로 이동합니다.

❹ 교안이나 강의 영상 등을 확인할 수 있는 영역입니다.

이후 원하는 강의 학습하기에 접속하면 강의 개설자가 미리 준비한 작품의 만들기 화면으로 이동합니다. 이때, 만들기 화면은 개설자의 의도에 따라 필요한 블록과 기능만 이용할 수 있으며, 미리 추가한 오브젝트와 블록들이 준비되어 있습니다.

❶ 필요한 블록만을 노출 시키도록 설정하여 불필요한 블록과 카테고리가 보이지 않습니다.

❷ 오브젝트 추가하기 기능을 삭제하여 [시작하기] 버튼만 보입니다.

❸ 미리 필요한 오브젝트가 추가된 학습하기 화면입니다.

오브젝트 목록창 왼쪽에 위치한 탭 버튼들은 학습 중 필요한 도움 자료들을 학생들에게 제공합니다. 각 버튼은 다음의 역할을 수행합니다.

TIP

• 오브젝트(　) : 오브젝트 목록을 봅니다.

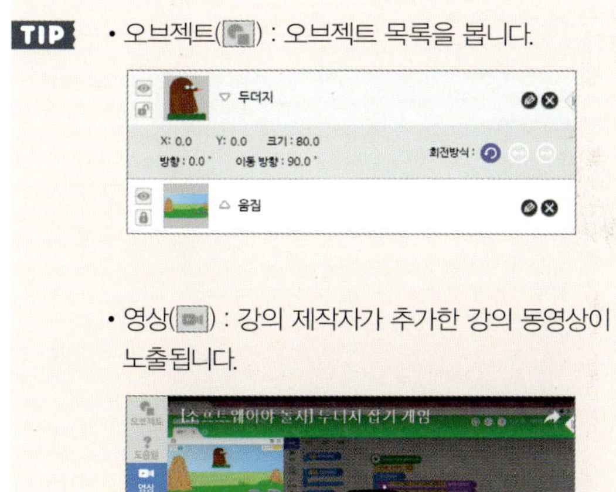

• 도움말(　) : 클릭한 블록의 기능을 설명해줍니다.

• 영상(　) : 강의 제작자가 추가한 강의 동영상이 노출됩니다.

• 목표(　) : 강의 제작자가 추가한 완성해야 할 목표 작품의 예시를 실행해볼 수 있습니다.

• PDF(　) : 강의 제작자가 추가한 PDF 자료를 보며 작품을 만들 수 있습니다.

(2) 강의 만들기

그러면 이제 강의를 만들어봅시다. 강의는 선생님 계정으로만 만들 수 있으므로, 만약 선생님 계정이 아니라면 회원가입을 통해 선생님 계정을 만들어야 합니다.

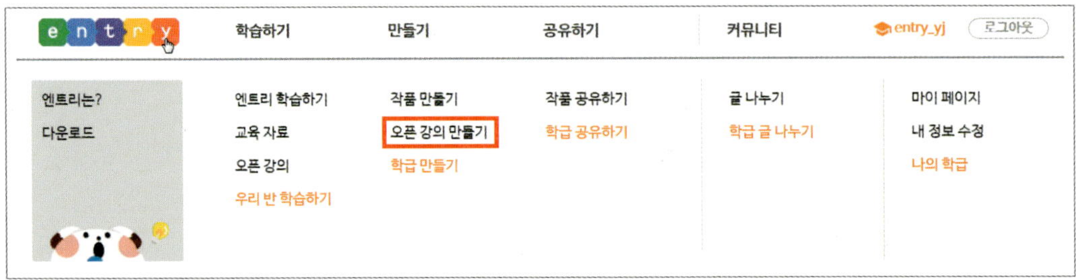

[만들기]-[오픈 강의 만들기]를 클릭합니다.

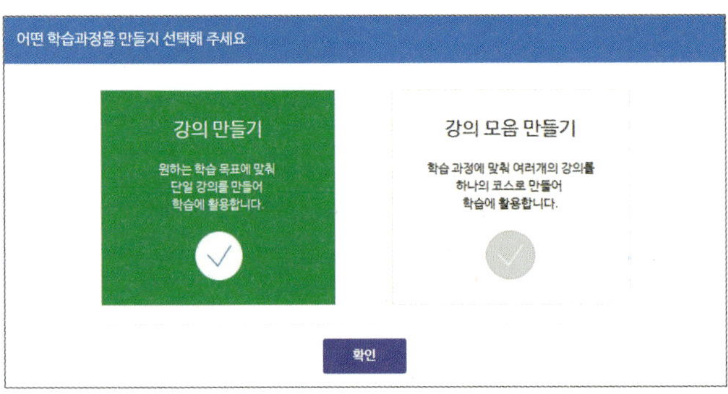

강의 만들기를 선택하고 [확인]을 클릭합니다.

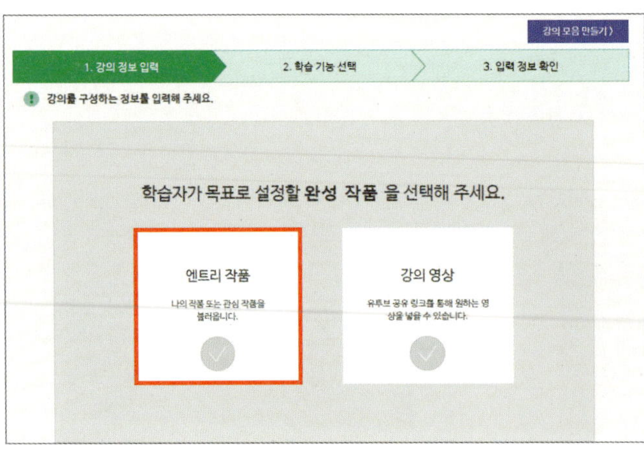

보이는 페이지는 강의 개요를 만드는 페이지입니다. 먼저 학습자가 만들어야 할 작품을 영상으로
보여줄지 작품으로 보여줄지 선택해야 하며, 이번에는 작품으로 보여주도록 선택해보겠습니다.

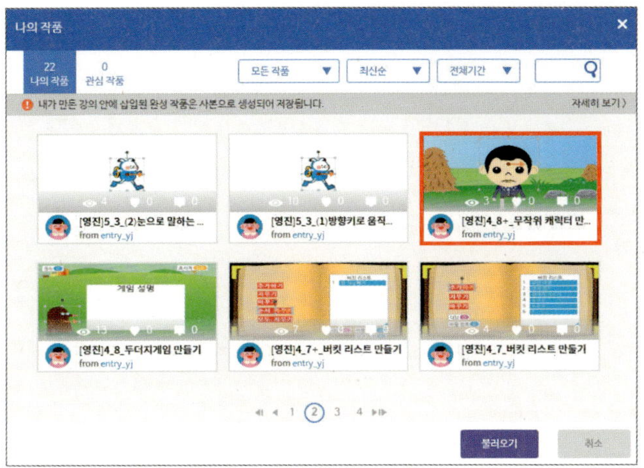

완성된 작품(학습자가 만들어야 할 작품)을 선택하고 [불러오기] 버튼을 클릭합니다.

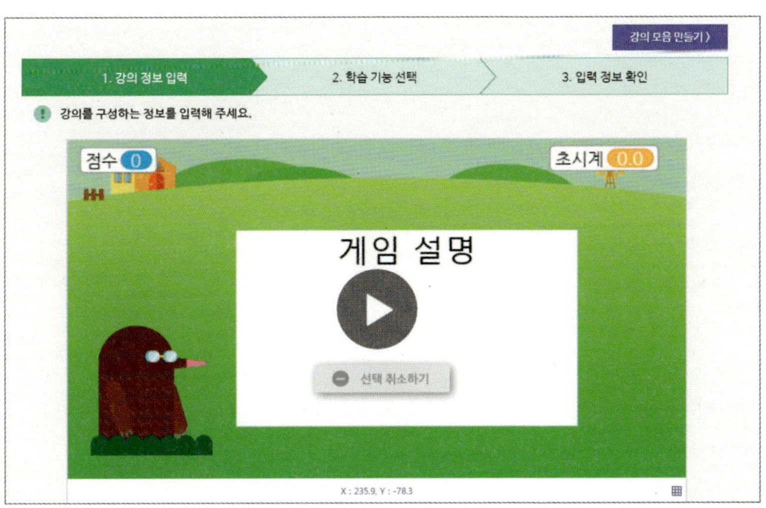

완성된 작품이 등록되었습니다. 올바르게 선택하였는지 실행해볼 수 있으며, 강의가 완성되면 강의 개요 페이지에서 이 작품을 동일하게 실행시켜볼 수 있습니다.

스크롤을 내려 이 강의를 설명하기 위한 각종 정보를 입력할 수 있습니다.

❶ 강의의 기본적인 정보를 입력하는 영역입니다. 강의를 만들기 위해서는 필수로 입력해야 합니다.

❷ 강의를 학습할 때 참고할 수 있는 자료를 업로드할 수 있습니다.

❸ 강의를 학습할 때 참고할 수 있는 영상을 등록할 수 있습니다. 올리고 싶은 영상을 유튜브에서 찾거나 업로드한 후 링크를 삽입하면 됩니다.

❹ 본 강의에서 다루는 개념과 요소등과 같은 정보를 추가로 입력할 수 있습니다.

모든 정보를 입력하였으면 하단의 [다음] 버튼을 클릭합니다.

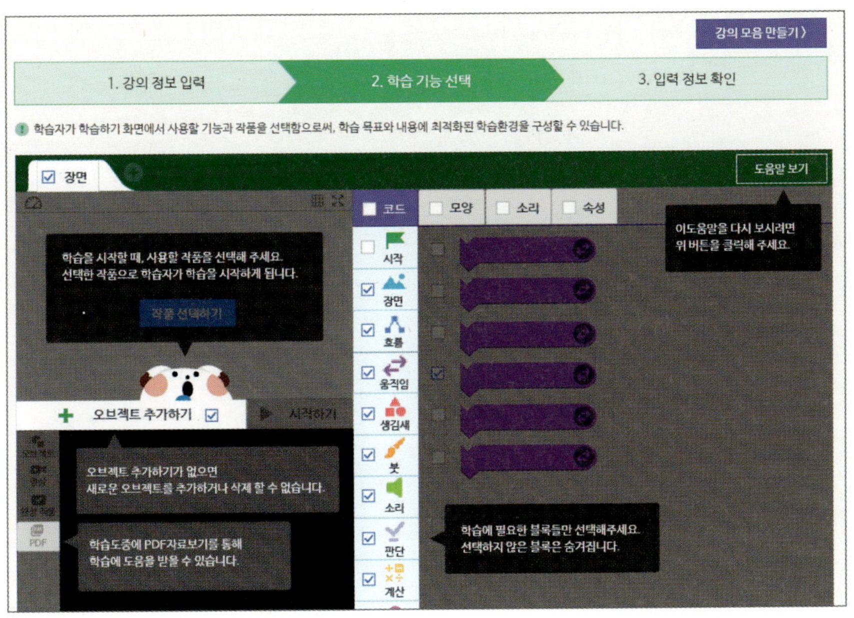

학습자가 학습하기 화면에 들어올 경우 사용할 수 있는 블록과 기능을 선택하는 화면이 나옵니다. 아무 영역이나 클릭하면 창이 닫힙니다.

학습을 시작할 때 학습자에게 기본적으로 주어져야 하는 작품이 있다면 [작품 선택하기]를 선택합니다(선택하지 않으면 엔트리의 기본 작품이 선택됩니다).

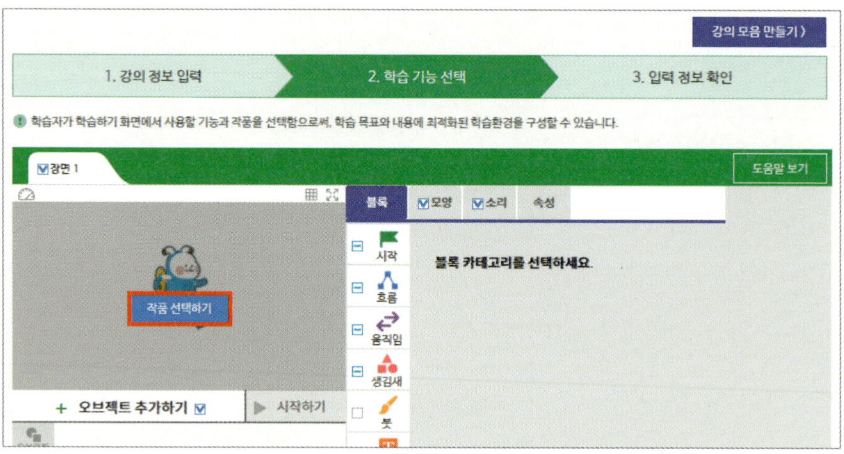

기본 작품을 선택하는 경우 미리 완성 작품에서 학습자가 만들어야 할 부분을 빼놓은 작품을 준비하고 이 단계에서 해당 작품을 선택하는 것이 좋습니다.

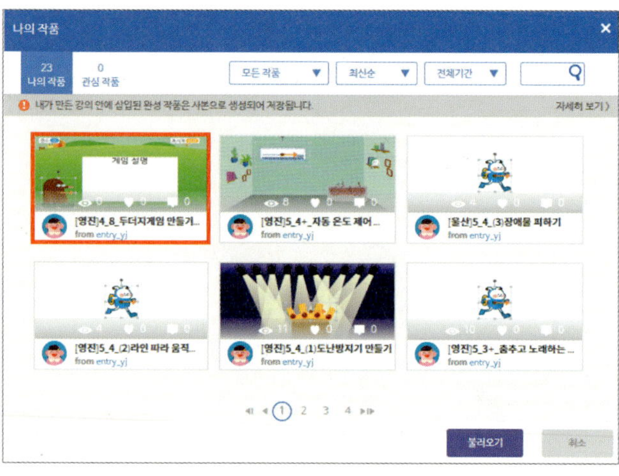

이제 학습자가 사용할 수 있는 블록과 기능들을 선택해줍니다. 선택된 기능들만 학습하기 화면에서 노출되며, 앞의 4단계에서 완성 작품을 선택했다면 완성 작품을 기준으로 사용된 블록과 기능들만 자동으로 선택됩니다.

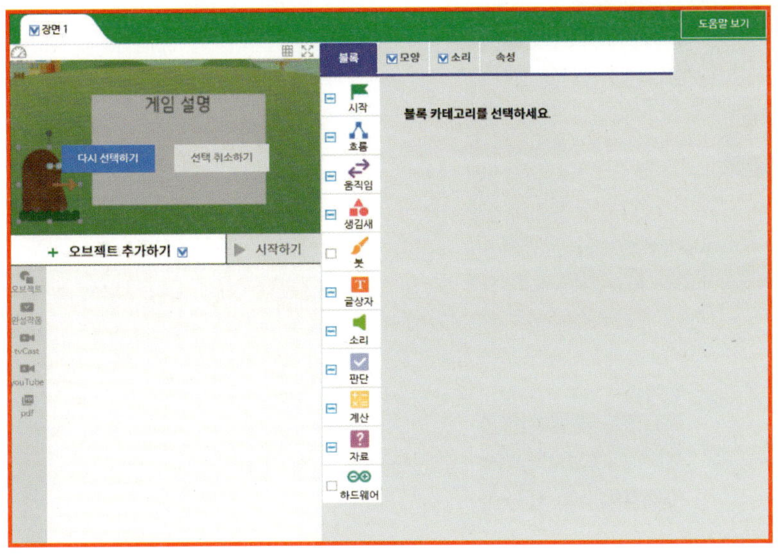

추가로 학습자가 작품 제작 중 같이 보면 좋을 PDF 자료가 있다면 해당 PDF 파일을 추가한 뒤 다음을 클릭합니다.

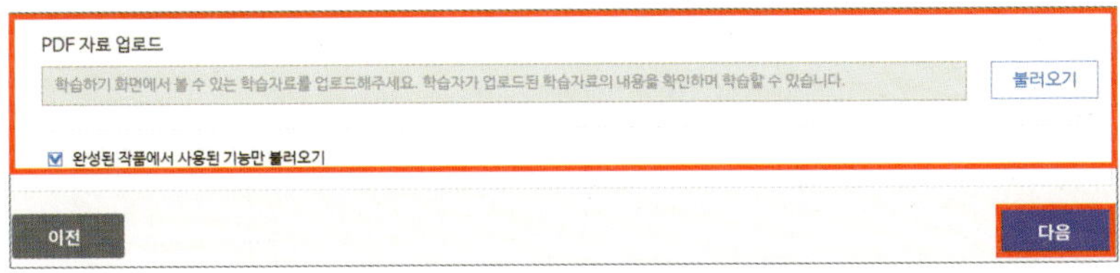

지금까지 입력한 정보가 올바르게 입력되었는지 보고, 마지막으로 [확인]을 클릭합니다.

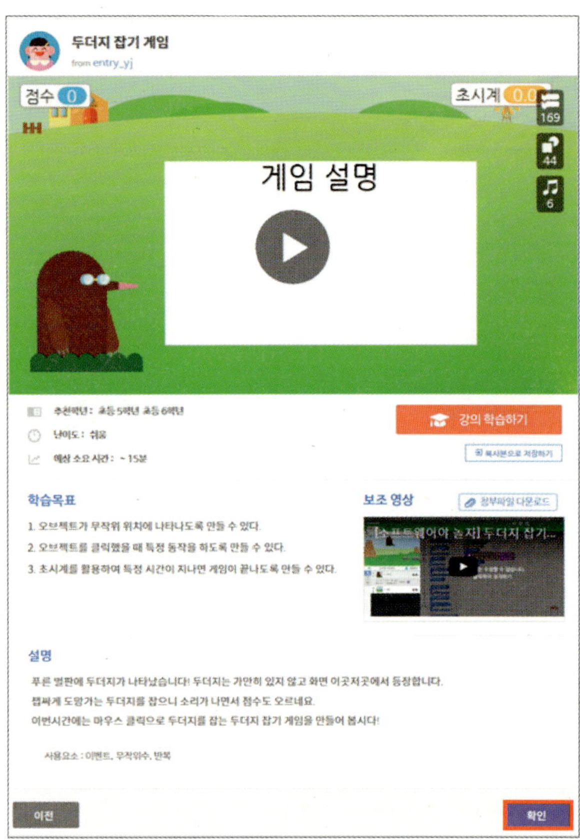

(3) 강의 모음 만들기

강의를 만들었다면, 완성된 강의들을 묶어 강의 모음으로 구성할 수 있습니다. 이는 한 학기, 캠프 등의 교육 과정을 구성할 때 유용하게 사용될 수 있습니다. 만드는 방법은 다음과 같습니다.

[만들기]-[오픈 강의 만들기] 메뉴로 들어간 후 강의 모음 만들기를 선택합니다.

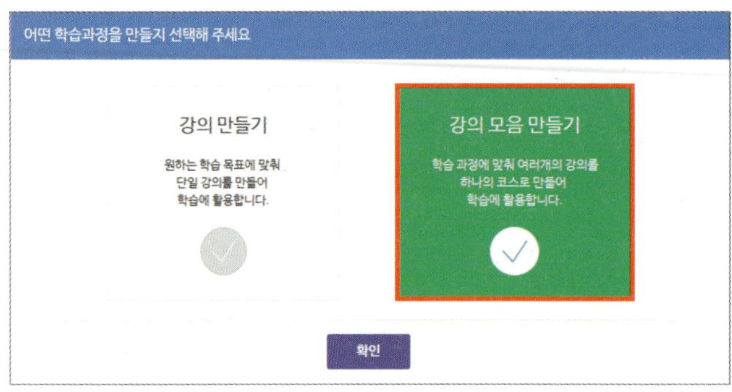

강의 만들기와 동일하게 강의 모음을 소개하는 정보를 입력한 뒤 다음을 클릭합니다.

강의 모음을 만드는 2단계에서는 강의 모음에 포함될 강의를 선택해야 합니다. 우측 상단에 있는
[+ 강의 불러오기]를 클릭하면 노출되는 팝업창에서 강의 모음에 넣을 강의를 선택한 뒤 [불러오
기] 버튼을 클릭합니다.

불러온 강의를 드래그&드롭하여 원하는 순서로 배치합니다.

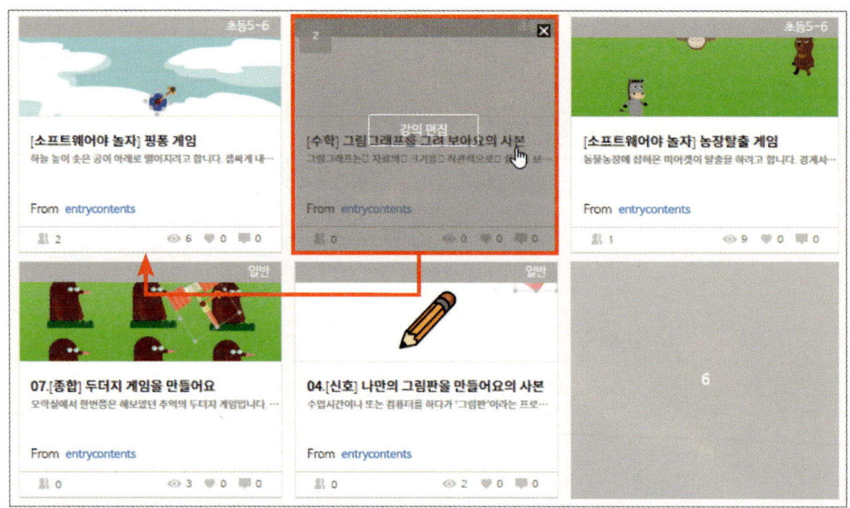

삽입된 강의의 기본적인 정보를 편집해야 하는 경우 해당 강의에 마우스를 올리고 강의 편집 버튼을 클릭합니다.

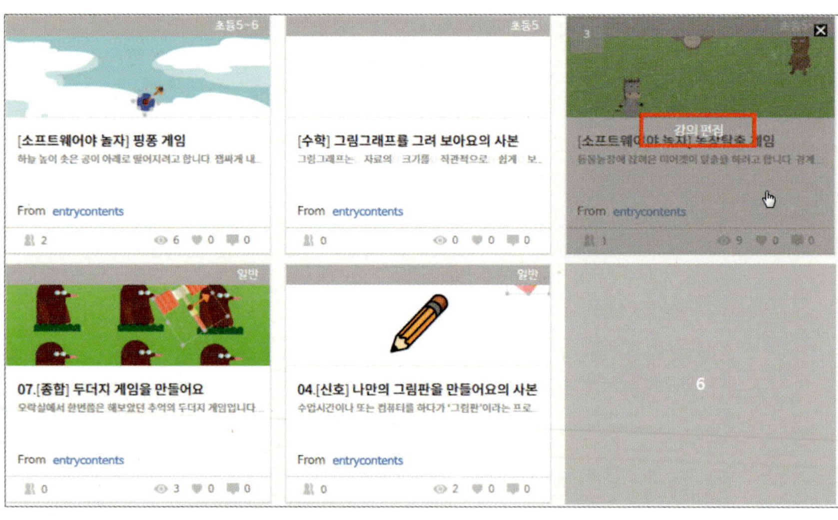

강의 편집에서는 해당 강의의 기본적인 정보를 수정할 수 있으며, 새로운 강의를 추가하거나 강의의 순서를 변경하려면 우측 상단의 [강의 목록 보기] 버튼을 클릭해 이전 단계로 돌아갈 수 있습니다.

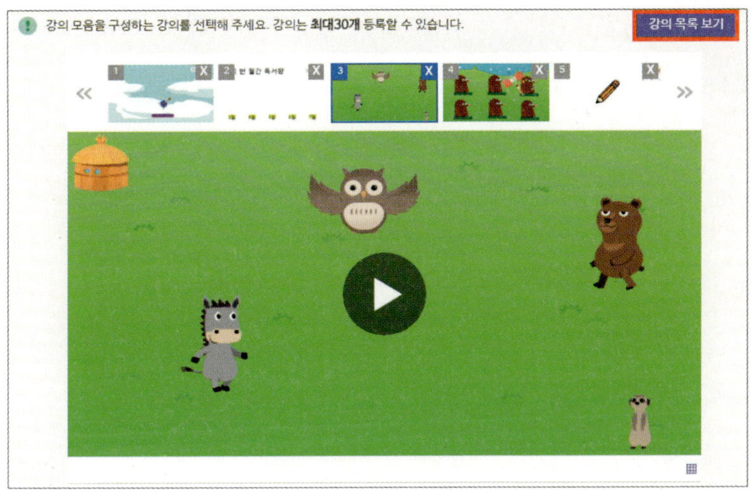

강의 모음을 구성하는 모든 강의의 정보를 수정하였다면 하단의 [다음] 버튼을 클릭해 3단계로 이동하여, 모든 정보가 올바르게 입력되었는지 확인한 뒤 우측 하단의 [확인]을 클릭하면 강의 모음이 만들어집니다.

03 우리 반 학생들의 학습 진도 관리하기

(1) 학급에 강의와 강의모음 추가하기

엔트리에서 우리 반 학급과 수업에 사용할 강의를 만들었다면, '우리 반 학습하기'에 강의 모음을 추가하여 수업시간에 활용할 수 있습니다. 미리 준비한 강의를 학급에 추가해봅시다. [학습하기]-[우리 반 학습하기]-[우리 반 강의] 메뉴에서 [+ 강의 올리기] 버튼을 클릭합니다.

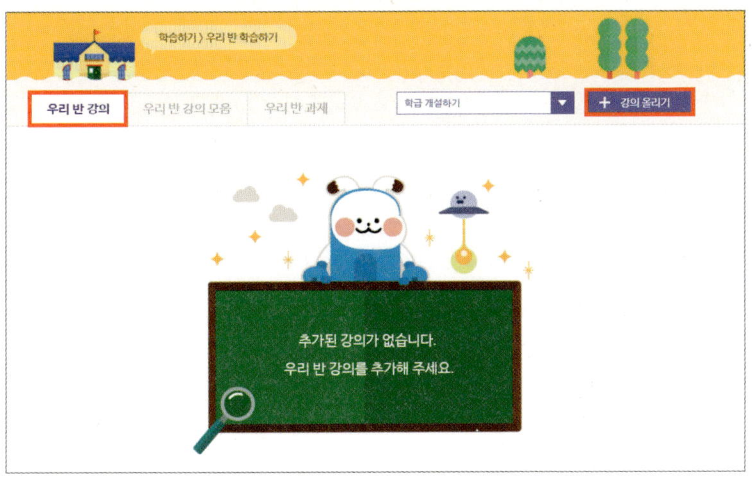

추가할 강의들을 순서대로 선택하고 [불러오기] 버튼을 클릭합니다.

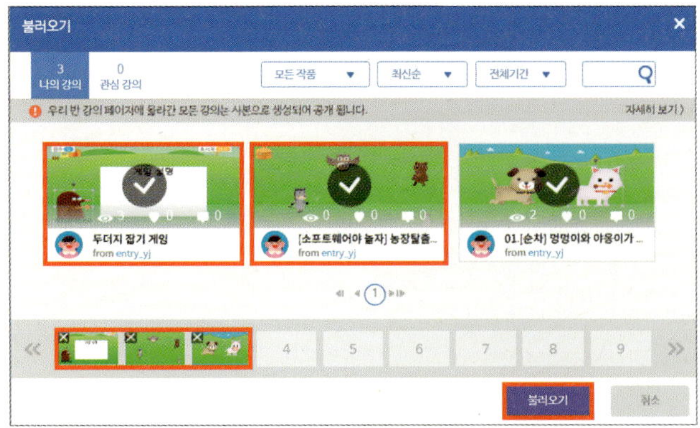

선택한 강의들이 추가된 것을 볼 수 있습니다. 교사는 [공유]를 클릭해서 필요없는 강의를 삭제할 수 있고, 교사가 추가한 강의는 학생들에게 노출되어 수업시간에 활용할 수 있습니다.

이번에는 강의모음을 추가해봅시다. [우리 반 강의 모음] 탭에서 [+ 강의 모음 올리기] 버튼을 클릭합니다.

추가할 강의 모음들을 순서대로 선택하고 [불러오기] 버튼을 클릭합니다.

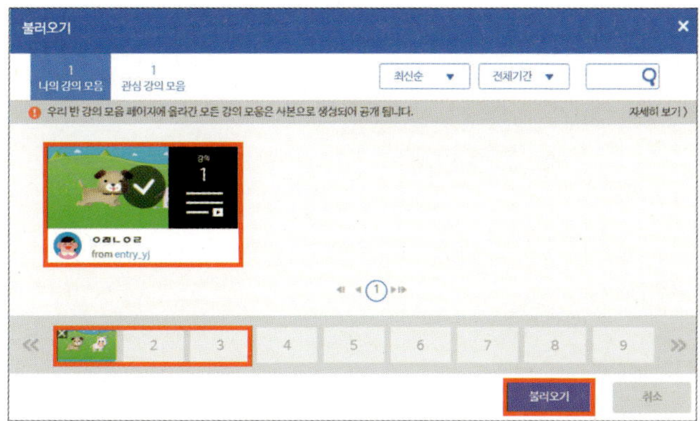

선택한 강의 모음들이 추가된 것을 볼 수 있습니다. 교사는 [삭제]를 클릭해서 필요없는 강의 모음을 삭제할 수 있고, 교사가 추가한 강의 모음은 학생들에게 노출되어 수업시간에 활용할 수 있습니다.

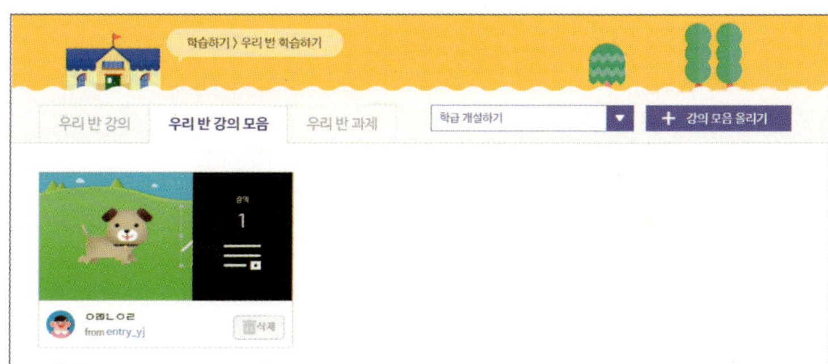

(2) 학급에 과제 추가하기

교사는 강의를 만들어 학생들에게 과제로 낼 수 있습니다. 과제는 일반 강의와 달리 제출 일자를 설정하고, 학생들의 제출 여부 확인할 수 있는 기능을 제공합니다. 또한 주어진 강의환경 내에서만 작품을 만들어야 하므로 다른 사람이 만든 작품을 그대로 제출할 수 없으며, 제출된 작품을 교사만 확인할 수 있습니다. 과제를 추가하여 학생들의 성취도와 학생들의 학습 진도를 관리해봅시다.

미리 준비한 강의를 과제로 올려봅시다. [학습하기]–[우리 반 학습하기]–[우리 반 과제] 메뉴에서 [+ 과제 올리기] 버튼을 클릭합니다.

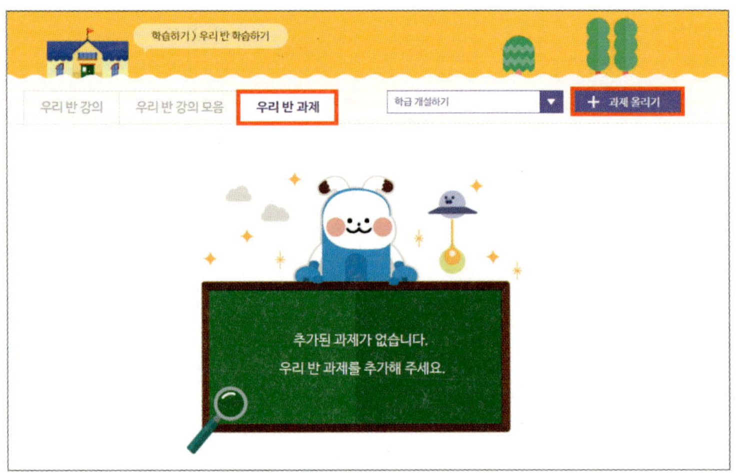

과제로 올릴 강의를 선택하고, 마감일, 과제 제목, 설명을 입력한 후 [과제 만들기] 버튼을 클릭합니다.

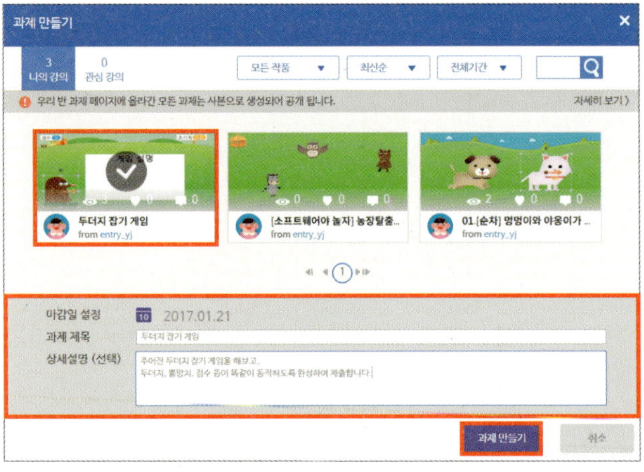

과제가 추가된 것을 볼 수 있습니다. [내용 보기]를 클릭하면 과제 설명을 볼 수 있고, [명단 보기]를 클릭하면 과제를 제출한 사람의 명단을 볼 수 있고 과제를 제출한 사람의 이름을 클릭하면 제출된 과제를 볼 수 있습니다.

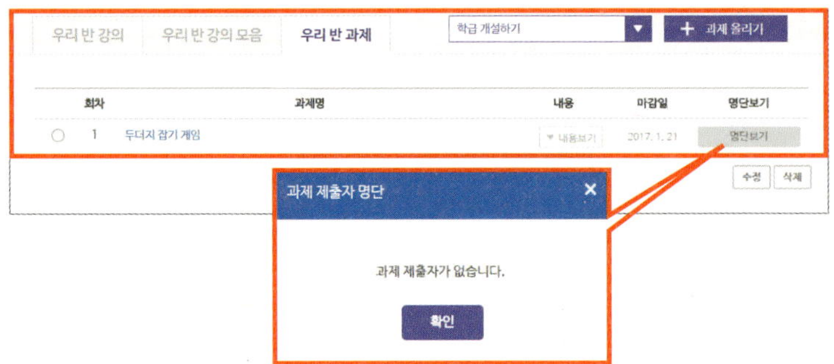

학생 화면에서 과제가 어떻게 보이는지 살펴봅시다. 학생의 화면에는 [과제하기], [진행상태], [제출하기] 버튼이 있습니다. [과제하기]를 클릭해서 강의 화면으로 들어가봅시다.

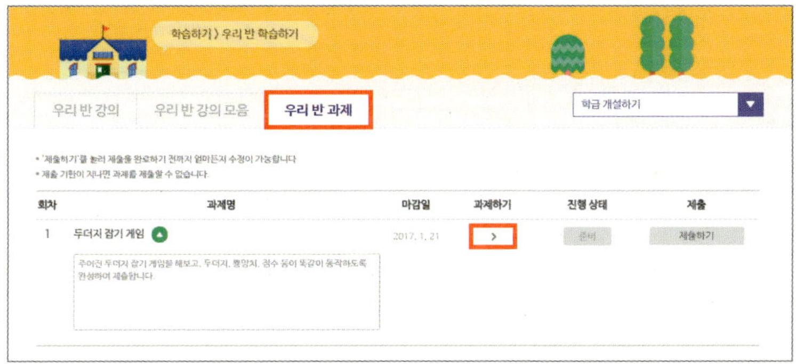

강의 화면에서 과제를 완성한 후 [과제 제출하기]를 클릭하면 선생님께 제출됩니다. 한 번 제출한 후에는 과제를 수정할 수 없고 만약 여러 번에 나누어 완성하고 싶다면 [학습내용 저장하기]를 클릭합니다. 그러면 재접속 했을 때 작업 중이던 내용이 저장됩니다.

강의에 접속해서 [학습 내용 저장하기]를 한 적이 있다면 '진행 상태'가 '진행 중'으로 바뀝니다. 그리고 과제를 제출한 후에는 '완료'로 바뀝니다.

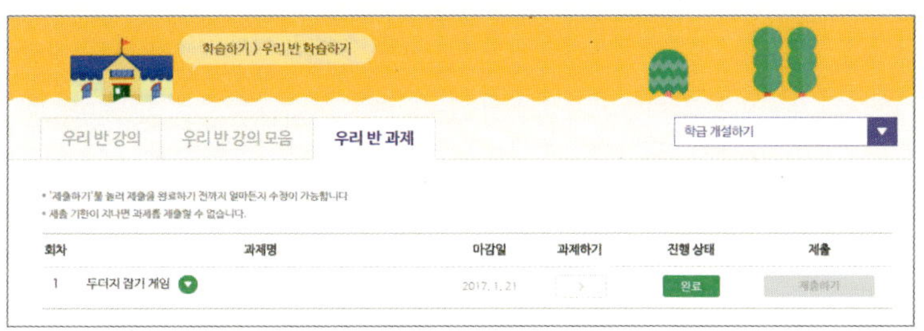

다시 선생님의 화면으로 돌아와봅시다. 선생님은 '나의 학급' 메뉴의 학생 목록에서 자신이 생성한 과제의 목록과 학생들의 제출 여부를 확인할 수 있습니다. 아래는 교사가 총 3개의 과제를 올린 상황입니다. 학생이 제출한 과제에는 색깔이 들어오고 해당 버튼을 클릭하면 학생이 제출한 과제를 확인할 수 있습니다.

(3) 앞으로 추가될 기능

현재 엔트리 학급에는 '과제'를 통해 학생들의 학습 진도율 파악만 가능합니다. 그러나 곧 '우리 반 학습하기'에 올린 모든 강의와 강의 모음에 대하여 학생들의 진도율을 볼 수 있는 기능이 추가될 것입니다. 또한 직접 강의를 만들지 않아도, 다른 사람이 만든 강의를 내 강의로 저장하여 우리 학급에 추가할 수 있게 될 것입니다. 이에 엔트리 자체적으로도 교사가 별다른 준비 없이 바로 소프트웨어 교육을 진행할 수 있을 정도의 양질의 강의를 학년별, 난이도별로 제공하여 누구나 손쉽게 엔트리 대표 강의들을 학급에 담아 활용할 수 있게 될 예정입니다.

학습정리

1. '학급 기능'은 학생들을 쉽게 관리하고 학급만의 학습하기, 공유하기 공간을 만들어줍니다.

2. '강의 기능'은 학습 목표와 연관된 블록과 사용 요소에 집중할 수 있도록 해줍니다.

01 다음 중 엔트리 학급 기능에 대한 설명으로 틀린 것은?

① 교사는 학급을 개설하고 학생들을 초대할 수 있다.
② 엔트리 회원가입을 한 사람만 학급에 가입할 수 있다.
③ 학급 학생들끼리 작품을 공유할 수 있는 공간이 제공된다.
④ 학습할 내용과 과제를 올리고 관리할 수 있다.

02 아래 내용은 엔트리의 무엇에 관한 설명인가?

> 학생들이 학습 목표에 해당하는 알고리즘과 개념에만 집중 할 수 있도록, '만들기'에서 필요하지 않은 기능과 블록들을 제한하고, 일부 실행화면과 코드들이 미리 준비된 상태에서 수업을 시작할 수 있도록 하는 기능이다.

① 강의
② 강의 모음
③ 학급
④ 과제

03 다음 중 엔트리 강의 기능에 대한 설명으로 틀린 것은?

① 교사가 노출할 블록을 선택할 수 있다.
② 만들고자 하는 목표 작품의 코드를 볼 수 있다.
③ 동영상 강의를 보며 작품을 만들 수 있다.
④ 학급에서 강의를 학생들에게 과제로 제공할 수 있다.

정답 해설

01 ②
학생이 엔트리 회원으로 가입하지 않아도, 선생님이 임의로 학생들의 학급 계정을 만들어 줄 수 있습니다. 단, 학급 계정만 가진 학생은 학급 외 엔트리 메뉴 이용 시 일부 제약이 있습니다. 추후 학급 계정으로 엔트리를 이용하던 학생이 엔트리 회원으로 가입할 경우, 학급 계정에서의 활동 내용을 새 계정으로 가져올 수 있습니다.

02 ①
엔트리의 만들기 화면에서는 약 170여개의 블록들과 다양한 기능들이 제공되고 있습니다. 그러나 다양한 기능은 툴에 익숙하지 않은 학생들에게는 오히려 방해 요소가 될 수 있습니다. 이에 교사의 의도에 따라 수업에 반드시 필요한 요소들만 제공하는 맞춤형 환경을 제공하는 것이 엔트리의 '강의' 기능입니다.

03 ②
목표 작품을 '강의 개요' 페이지와 '강의' 페이지에서 실행해볼 수 있으나, 코드는 공개되지 않습니다.

SECTION 15 | 소프트웨어 수업 설계하기

01 소프트웨어 교수 학습 모델 알아보기

(1) 소프트웨어 교육에 대한 접근

소프트웨어 교육의 목적은 문제 해결과정을 자동화하는 과정을 통해 학생들의 창의적, 논리적, 문제해결력을 기르는 것이라고 할 수 있습니다. 그러나 실제 교육 현장의 소프트웨어 교육은 원하는 방향대로 흘러가지 못하는 경우가 많습니다.

교사의 상상	현실

먼저 컴퓨터실 수업은 일반 교실 수업보다 매우 어렵습니다. 학생들의 주의가 산만해지기 쉽고, 선생님과 눈을 맞추기보다는 모니터에 집중하기 때문에 학생들이 이해했는지 파악하기도 어렵습니다. 컴퓨터를 켜는 방법도 잘 모르는 학생부터 배운 것을 응용하는 학생까지 학생들의 수준도 매우 다양합니다. 또한 가르칠 내용 외에 알아야 할 기본적인 기능들도 많기 때문에 컴퓨터 수업은 계획대로 이루어지기 힘들 때가 많습니다. 그러다 보니 "컴퓨터에서 손 떼세요. 선생님 말 집중해서 듣고 그대로 따라하세요!"와 같이 따라하기식 수업이 주를 이루게 됩니다.

하지만 소프트웨어 교육을 통해 컴퓨팅 사고력을 기르기 위해서는 다양한 방법의 접근이 필요합니다. 소프트웨어 교육은 시작 단계이기 때문에 전통적인 교수 학습 모델이 존재하지는 않으나, 기존에 다른 교과에서 사용되던 모델들을 소프트웨어 교육에 맞게 재구성한 5가지 모델을 알아보고, 실제 수업의 예를 살펴보겠습니다.

[출처] SW교수학습 5가지 모델은 한국교육개발원과 한국학술정보원에서 연구를 지원한 'SW교육 교수학습 모형 개발 연구(김진숙, 2015)'를 바탕으로 작성하였습니다.

(2) 시연 중심 모델(DMM)

1) 시연 중심 모델(DMM)의 단계

시연(Demostration)	모방(Modeling)	제작(Making)
• 교사의 설명과 시범 • 표준모델제시	• 학생 모방하기 • 질문과 대답	• 단계적, 독립적 연습 • 반복 활동을 통한 기능습득

시연 중심 모델은 프로그래밍 언어의 문법, 실습 중심의 명령어 등을 지도할 때 유용한 모델입니다. 시연–모방–제작의 단계를 거치며 교사가 모델이 되는 학습 활동의 시연을 하면, 학습자들이 질문과 대답을 통한 모방, 그리고 반복적으로 단계적 · 독립적 연습을 통하여 제작하는 활동을 합니다. 시연 중심 모델은 직접교수법을 바탕으로 하는 교사 중심의 모델이지만, 질문과 대답을 중심으로 학생들의 모방과 제작 활동에 집중할 경우 학습자 중심의 모델로 활동을 구성할 수 있습니다.

2) 시연 중심 모델(DMM) 수업의 예

같은 주제도 어디에 초점을 두고 진행하는가에 따라 다양한 수업 모델로 수업을 설계할 수 있습니다. 앞에서 실습한 '꽃밭 꾸미기' 주제를 학습할 때, 학습자가 '반복 구조'에 대해 처음 배운다면 시연 중심 모델로 구성하는 것이 좋습니다. 구체적인 학습 목표와 학습 활동은 아래와 같습니다.

학습주제		반복 블록으로 예쁜 꽃밭 꾸미기
학습목표		1. 프로그램에서 반복 구조의 역할과 필요성을 배운다. 2. 반복 블록을 사용하여 꽃밭 프로그램을 만든다.
학습활동	시연(D)	프로그램에서 반복 구조의 의미를 설명하고, 관련 명령어를 사용하여 꽃 한 송이를 만드는 방법을 시범을 보인다.
	모방(M)	학생들이 선생님의 시범을 따라하며 궁금한 점에 대해 질문한다.
	제작(M)	학생들이 꽃잎 수와 색상을 다양하게 바꾸며 자신만의 꽃을 만든다. 꽃을 여러 개 생성하여 꽃밭으로 확장하며 반복적으로 연습한다.

엔트리 강의 기능을 사용하면 시연 중심 모델 수업을 좀 더 쉽게 진행할 수 있습니다. 시연 단계에서 목표 작품을 실행시켜 꽃이 만들어지는 과정을 살펴보고, 반복 구조의 의미와 반복 블록의 사용법을 설명합니다. 모방 단계에서 학생들은 이미 화면에 준비된 꽃잎 오브젝트를 가지고 선생님을 따라 꽃을 만들어봅니다. 오브젝트를 추가하고 중심점을 옮기는 과정을 따로 설명할 필요가 없기 때문에 '반복 구조'를 익히는 활동에 집중할 수 있습니다. 또한 화면에 필요한 블록들만 준비되어있어 학생들이 블록을 찾는 데 걸리는 시간을 단축하고 학습해야 할 개념에 집중할 수 있게 됩니다. 제작 단계에서는 꽃 한 송이를 만든 경험을 바탕으로 꽃잎의 수를 다양하게 바꾸어봅니다. 꽃잎 오브젝트를 여러 개 추가하고 다양한 꽃을 만들어 꽃밭을 완성하는 과정을 통해 자연스럽게 반복적으로 기능을 습득합니다.

강의주소	https://goo.gl/ccJqXy
목표작품	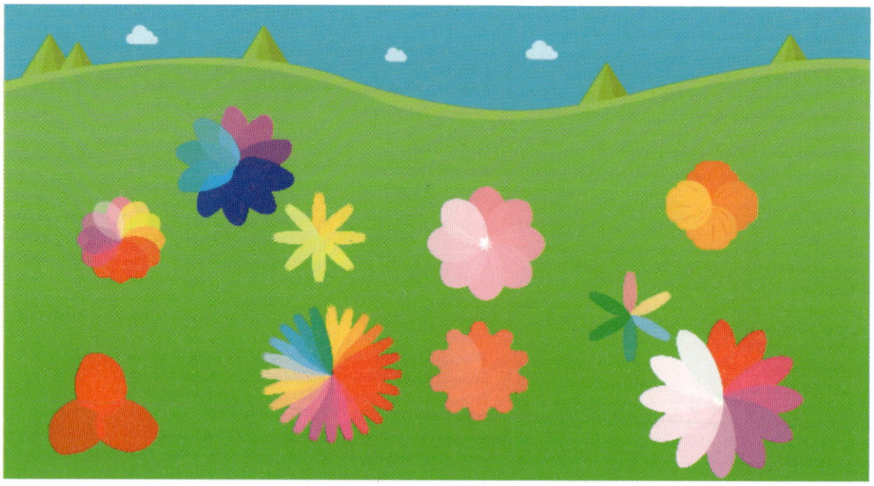
강의환경	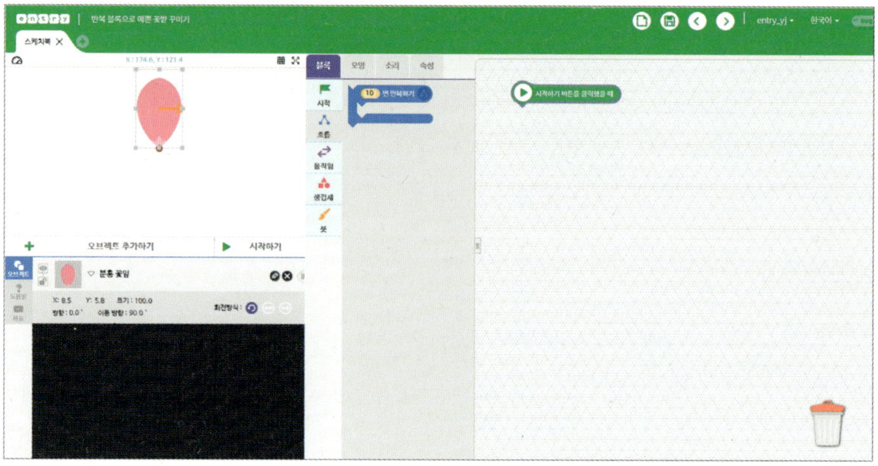

(3) 재구성 중심 모델(UMC)

1) 재구성 중심 모델(UMC)의 단계

놀이(Use)	→	수정(Modify)	→	재구성(reCreate)
• 학습자 체험활동 • 관찰과 탐색		교사가 의도적으로 모듈, 알고리즘을 변형하게 제시		놀이와 수정활동을 확장하여 자신만의 프로그램을 설계/제작

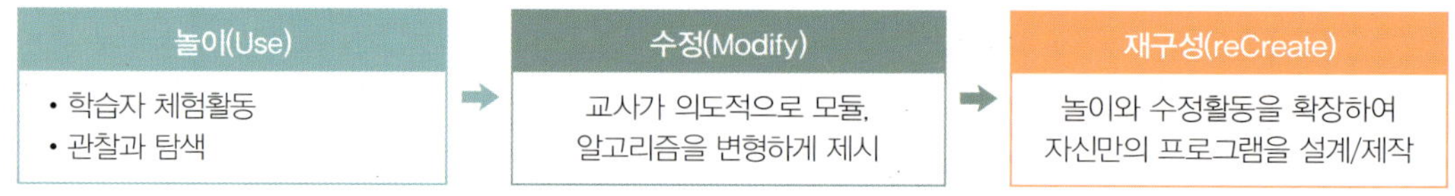

재구성 중심 모델은 발견 학습을 바탕으로 한 것으로, 다양한 사례를 중심으로 핵심 개념과 원리를 발견하고 제시된 사례의 수정과 재구성을 통하여 컴퓨팅 사고를 이끄는 모델입니다. 학생들은 놀이를 통해 배우고자 하는 학습 내용을 스스로 탐색한 후, 사전에 준비된 모듈의 수정 과정을 통하여 개념을 이해하게 됩니다. 그리고 놀이 및 수정 활동과 연계된 재구성 활동을 통해 자신만의 프로그램을 설계하고 제작하며 컴퓨팅 사고력을 기릅니다.

2) 재구성 중심 모델(UMC) 수업의 예

앞에서 실습한 '로봇청소기' 주제를 학습할 때, 재구성 중심 모델로 구성할 수 있습니다. 재구성 중심 모델로 수업을 위해서는 '놀이' 단계에서 체험하고 관찰할 수 있는 자료, '수정' 단계에서 제시할 의도적으로 알고리즘을 변형한 자료 등을 교사가 사전에 준비해야 합니다. 구체적인 학습 목표와 학습 활동은 아래와 같습니다.

학습주제		고장난 로봇청소기 고치기
학습목표		1. 목표 작품을 보고 코드에서 수정하거나 추가되어야 할 부분을 찾는다. 2. 선택 구조를 사용하여 상황에 따라 다르게 움직이는 로봇청소기를 만든다.
학습활동	놀이(U)	로봇청소기의 움직임을 관찰하며 어떤 상황에서 어떻게 움직이는지 파악한다.
	수정(M)	직선으로만 움직이는 로봇청소기의 코드에서 고쳐야 할 부분과 추가해야 할 부분을 찾아 바꾼다.
	재구성(C)	엔트리 실행화면을 자신의 방처럼 꾸며 보고, 가장 효율적으로 움직이는 로봇청소기를 설계하고 제작한다.

엔트리 강의 기능을 사용하면 재구성 중심 모델 수업을 쉽게 진행할 수 있습니다. 놀이 단계에서 목표 작품을 여러 번 실행시켜보며 로봇청소기가 '벽에 닿았을 때, 쓰레기에 닿았을 때, 쓰레기통에 닿았을 때' 각각 어떤 변화가 나타나는지 관찰합니다. 놀이 단계에서 완성 작품뿐만 아니라 로봇청소기에 쓰이는 코드를 주고 마음대로 바꾸며 어떤 변화가 나타나는지 살펴보게 하는 것도 좋습니다. 수정 단계에서는 [학습하기]를 클릭해 교사가 준비한 고장난 로봇청소기를 만납니다. 프로그램을 실행시켜보면 로봇청소기가 위 아래로만 움직이고, 로봇청소기가 지나가도 쓰레기가 사라지지 않습니다. 학생들은 화면에 제시된 코드를 고치고, 필요한 코드를 수정하여 로봇청소기가 정상적으로 움직일 수 있도록 만들도록 합니다. 재구성 단계에서는 놀이와 수정 단계의 활동으로 다양한 오브젝트를 추가하여 엔트리 화면을 자신의 방처럼 꾸며보고, 방을 가장 효율적으로 청소하는 로봇청소기를 만들어보도록 합니다.

강의주소	https://goo.gl/JLVLXG
목표작품	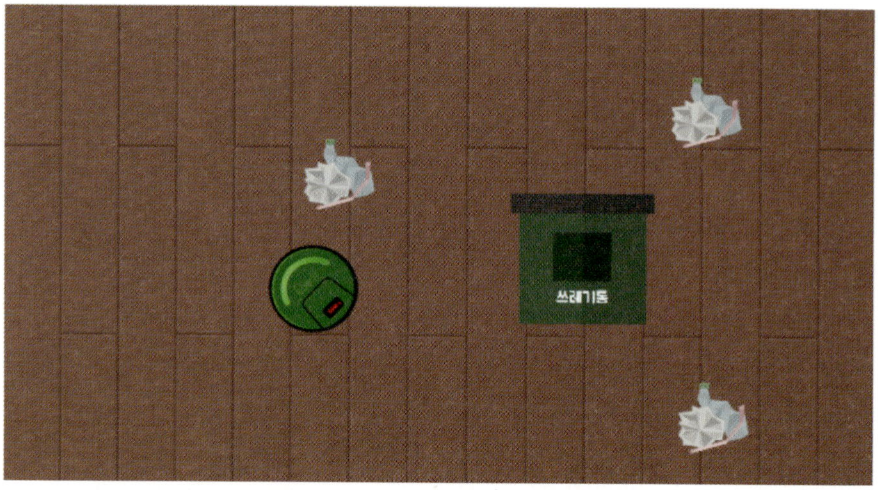
강의환경	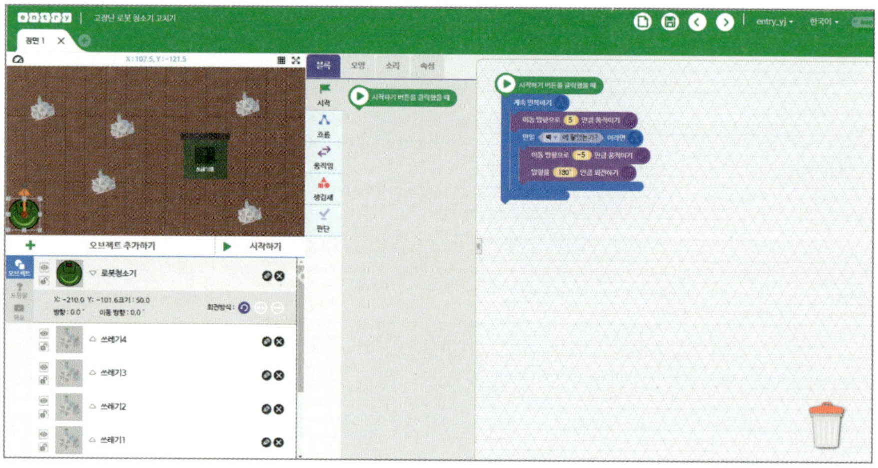

(4) 개발 중심 모델(DDD)

1) 개발 중심 모델(DDD)의 단계

탐구(Discovery)	→	설계(Design)	→	개발(Development)
탐색과 발견을 통한 지식 구성		알고리즘의 계획 및 설계		프로그래밍 언어로 구현 및 피드백

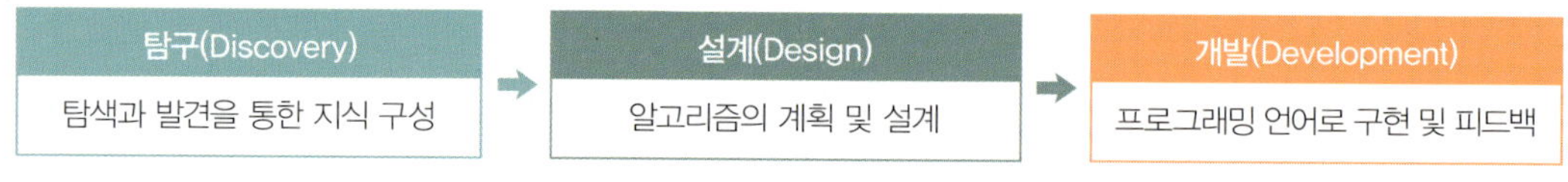

개발 중심 모델은 탐구 학습 모형을 기반으로 소프트웨어 개발의 모든 과정을 이해할 수 있도록 설계된 모델입니다. 교사가 주제와 관련된 프로그램 및 자료를 준비하여 제시하면, 학생이 자신의 선행 지식에 기초하여 탐색과 발견을 통해 관련 지식을 스스로 구성하여, 기초 설계 과정을 거쳐 자신만의 소프트웨어를 개발하게 됩니다. 이 과정에서 교사는 의도적으로 개발의 범위를 제한하고 그에 따른 제약사항을 안내합니다.

2) 개발 중심 모델(DDD) 수업의 예

앞에서 실습한 '전자 도어락' 주제를 학습할 때, 개발 중심 모델로 구성할 수 있습니다. 개발 중심 모델로 수업을 진행하기 위해서는 학생이 개발에 필요한 핵심적인 개념과 기능이 사전에 학습된 상태여야 합니다. 교사는 학생들이 배운 범위 내에서 소프트웨어를 개발할 수 있도록 주제를 선정하고 의도적으로 개발의 범위를 제한합니다. 실제 활동에서는 구성주의적 관점에서 학생들이 스스로 탐색과 발견을 통해 소프트웨어를 개발하는 과정을 체험하도록 하며, 교사는 안내자, 조력자 역할을 하도록 합니다. 구체적인 학습 목표와 학습 활동은 아래와 같습니다.

학습주제	우리 집 전자도어락 만들기	
학습목표	1. 전자 도어락 프로그램을 분석하여 프로그램에 필요한 명령어와 기능을 찾는다. 2. 변수와 입출력을 활용하여 우리 집 전자도어락 프로그램을 만든다.	
학습활동	탐구(D)	전자 도어락 프로그램의 실행 과정을 분석하고 각 단계에 필요한 명령어와 기능을 찾는다.
	설계(D)	우리 집 전자 도어락을 만들기 위한 알고리즘을 그림 또는 글로 적고, 필요한 오브젝트와 화면을 설계한다.
	개발(D)	설계한 프로그램을 개발하고, 결과물을 공유하여 서로 잘된 부분, 잘못된 부분에 대해 피드백을 한다.

엔트리 학급 · 강의 기능을 사용하면 개발 중심 모델 수업을 쉽게 진행할 수 있습니다. 탐구 단계에서 목표 작품을 실행시켜보며 전자 도어락 프로그램의 실행 과정을 작은 단계로 나누어봅니다. 그리고 각 단계에서 어떤 명령어가 쓰였는지, 어떤 오브젝트와 변수가 필요한지 등을 파악해보도록 합니다. 설계 단계에서는 실제로 프로그램을 만들기 위해 필요한 오브젝트와 화면을 설계하고, 알고리즘을 그림 또는 글로 나타내봅니다. 이때, 학생들이 바로 개발에 들어가지 않고 설계 과정을 거칠 때 실제 개발 과정이 더 빠르고 정확해진다는 것을 알도록 합니다. 개발 단계에서는 [학습하기]를 클릭해 실제 프로그래밍 언어로 구현하도록 합니다. 강의환경에는 '목표 작품'에 쓰인 블록뿐만 아니라, 학생들이 다양한 기능을 구현할 수 있도록 필요한 블록들을 더 추가해 줍니다.

예를 들어, 목표작품에는 시작하기 버튼을 클릭했을 때 블록이 쓰였지만 q키를 눌렀을 때, 오브젝트를 클릭했을 때와 같은 블록들도 사용할 수 있도록 해 주어 학생들의 사고를 제한하지 않도록 합니다. 그러나 '리스트', '함수', '본제본'과 같은 고급 기능들은 교사가 의도적으로 개발의 범위를 제한하기 위해 강의환경에 포함하지 않습니다. 개발이 끝나면 각자 만든 작품을 '우리 반 공유하기'에 올리도록 합니다. 반 학생들이 서로의 작품을 실행해보고, 잘된 부분과 잘못된 부분에 대해 '좋아요'와 '댓글'로 피드백 할 수 있도록 합니다.

강의주소	https://goo.gl/RwvY22
목표작품	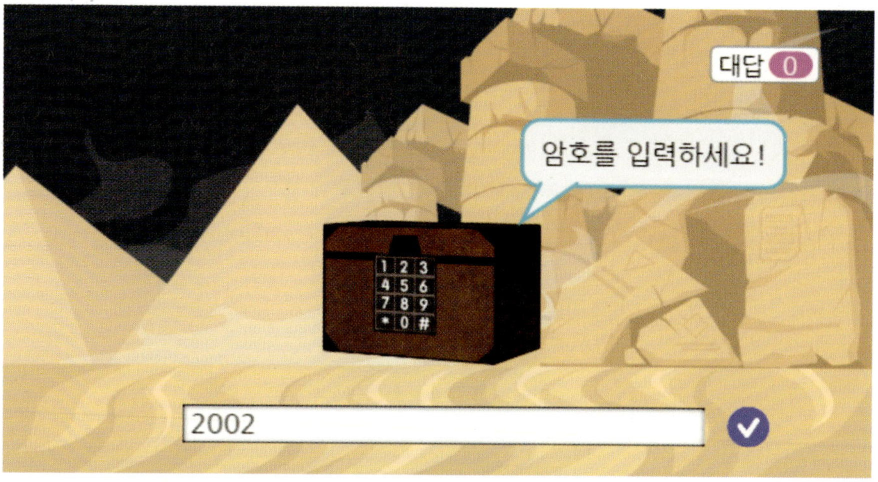
강의환경	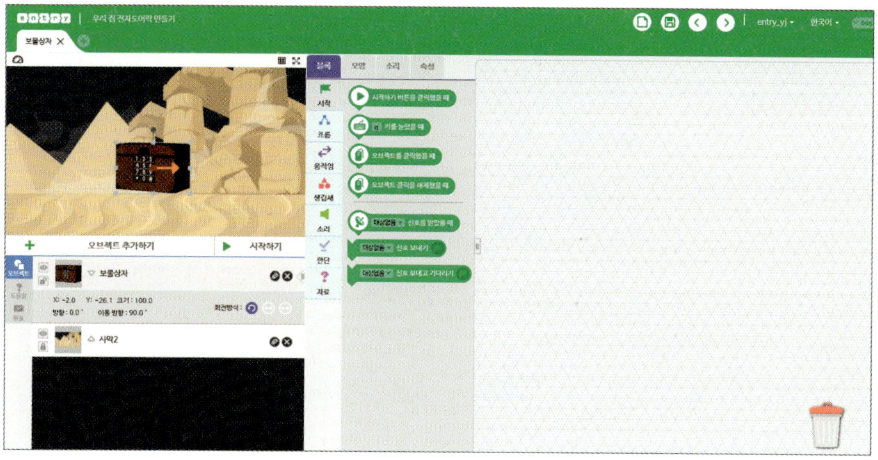

(5) 디자인 중심 모델(NDIS)

1) 디자인 중심 모델(NDIS)의 단계

요구분석(Needs)	→	디자인(Design)	→	구현(Implementation)	→	공유(Share)
주어진 문제에 대한 고찰과 사용자 중심의 요구분석		• 분해와 패턴찾기 • 알고리즘의 설계		프로그래밍과 피지컬 컴퓨팅으로 산출물 구현		산출물 공유와 피드백을 통한 자기 성찰

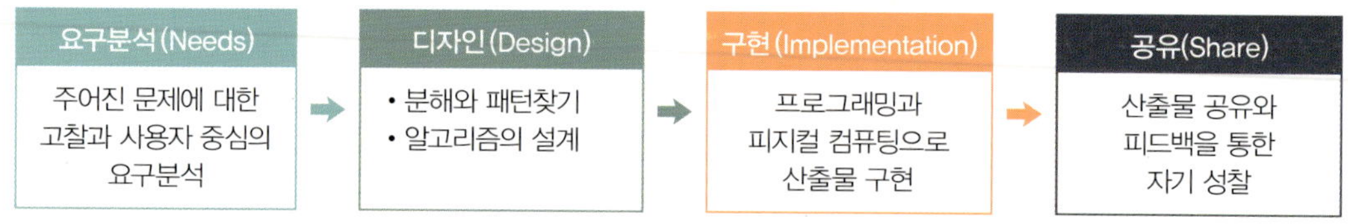

디자인 중심 모델은 프로젝트 수업 모형을 기반으로 설계된 모델입니다. 학생들 스스로가 문제의식을 가지고 주제를 선정하는 단계에서부터 학습의 전 과정에 걸쳐 주도적으로 참여하고, 교사는 안내자, 조력자 역할을 수행하게 됩니다. 이 모델에서 학생들은 기계적인 소프트웨어 개발을 넘어 인간의 삶을 개선하기 위한 인간중심의 요구 분석을 기반으로 고도의 창의적 설계와 개발의 과정 경험하고, 프로토 타입 또는 시뮬레이션 결과물을 공유와 평가를 통해 개선의 방법을 찾으며 컴퓨팅 사고를 신장시킬 수 있도록 합니다.

2) 디자인 중심 모델(NDIS) 수업의 예

디자인 중심 모델은 학생이 배워야 할 핵심 개념과 기능들을 충분히 배운 상태에서 오픈된 프로젝트 형태로 진행할 수 있습니다. 주제부터 학생들이 스스로 찾게 할 수도 있지만, 교사가 제시한 문제 상황 속에서 학생들이 요구를 분석을 통해 작은 주제를 선정하도록 하고 진행해 나갈 수도 있습니다. 앞에서 실습한 '자동판매기' 주제를 디자인 중심 모델로 구성해볼 수 있습니다. 가장 먼저, 학생들이 자동판매기를 이용하는 다양한 상황을 바탕으로 사용자의 요구를 분석함으로써 컴퓨팅 사고력으로 문제를 해결하고자 하는 동기를 갖도록 해야 합니다. 요구 분석 결과에 따라 프로그램을 디자인하고 실제 구현하는 과정 또한 학생이 주도적으로 진행할 수 있도록 돕습니다. 개발 후에는 반드시 산출물 공유와 피드백 과정을 갖도록 합니다. 구체적인 학습 목표와 학습 활동은 아래와 같습니다.

학습주제	○○○을 위한 자판기 만들기	
학습목표	1. 다양한 대상을 고려하여 자판기에서 개선될 점을 찾는다. 2. 개선된 자판기를 디자인하고 실제 구현한다. 3. 결과물을 공유하고 상호 피드백을 통해 개선점을 찾는다.	
학습활동	요구 분석(N)	자판기를 이용하는 다양한 사용자들이 불편함을 느낄 수 있는 상황을 분석한다.
	디자인(D)	불편힘을 개선할 수 있는 방법을 구상하고, 이를 구현하기 위한 알고리즘 설계한다.
	구현(I)	프로그래밍과 피지컬 컴퓨팅으로 프로토 타입 또는 시뮬레이션 구현한다.
	공유(S)	자신의 구현 의도와 결과물을 친구들과 공유하고 피드백을 통해 개선의 방법을 찾는다.

엔트리 학급·강의 기능을 사용하여 재구성 중심 모델 수업을 진행할 수 있습니다. 요구분석 단계에서 일반적인 자판기의 모습을 떠올려보고, 어린이, 장애인, 글을 모르는 사람, 돈이 부족한 사람 등 다양한 상황과 사용자를 바탕으로 불편한 점을 분석합니다. 디자인 단계에서는 불편함을 개선할 수 있는 방법을 구상하고, 이를 구현하기 위한 알고리즘을 설계합니다. 이때, '목표 작품'을 통해 엔트리로 만든 자동판매기를 실행해보고, 추가할 기능에 따른 오브젝트, 피지컬 컴퓨팅 장치 등을 함께 설계합니다. 구현 단계에서는 [학습하기]를 클릭해 기본적인 자동판매기 코드를 바탕으로 자신의 설계한 것을 프로그래밍과 피지컬 컴퓨팅을 통해 변형하거나 추가 구현합니다. 실생활에 활용할 수 있는 형태가 아니더라도, 프로토타입 또는 시뮬레이션으로 구현할 수 있습니다. 이때 강의환경에서는 모든 블록을 사용할 수 있도록 열어둡니다. 공유 단계에서는 '우리 반 학습하기'를 통해 결과물을 친구들과 공유하도록 합니다. 이때 반드시 '작품 설명'을 추가하여 친구들이 자신의 개발 의도와 작동 방법을 알 수 있도록 합니다.

학생들은 서로의 작품에 '좋아요'와 댓글 기능으로 피드백할 수 있습니다. 교사는 결과물의 완성도 보다는 개발 의도와 추상화, 자동화 과정을 거쳐 컴퓨팅 사고력으로 풀어내는 과정에 초점을 두고 상호 피드백을 하도록 안내합니다.

강의주소	https://goo.gl/4gEVVs
목표작품	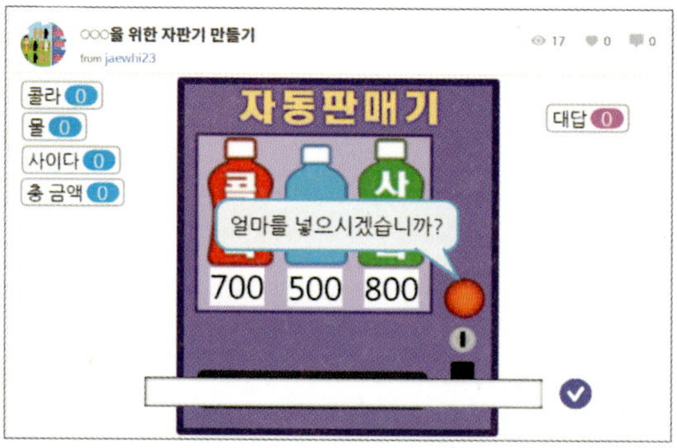
강의환경	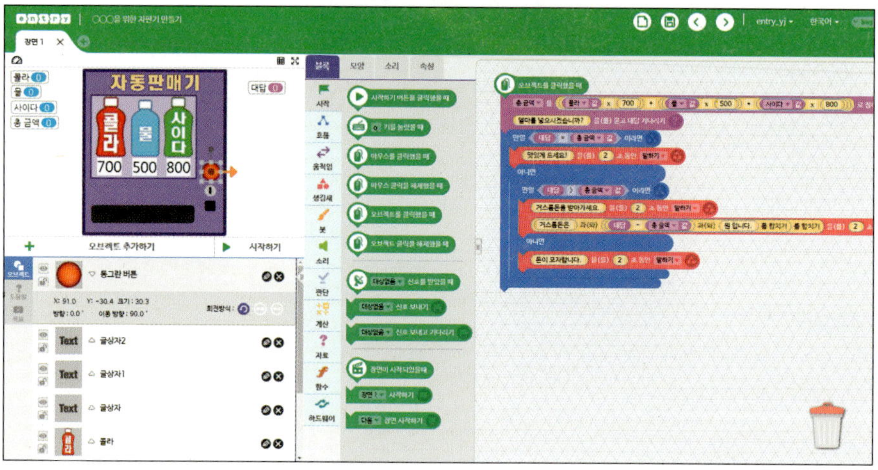

(6) CT요소 중심 모델(DPAAp)

1) CT요소 중심 모델(DPAAp)의 단계

분해 (Decomposition): 컴퓨터가 해결 가능한 단위로 문제 분해

→ **패턴인식 (Pattern Recognition)**: 반복되는 일정한 경향 및 규칙의 탐색

→ **추상화 (Abstraction)**: 컴퓨터가 이해할 수 있는 언어로 구현/실행

→ **알고리즘 (Algorithm)tation)**: • 문제 단순화 • 패턴인식으로 발견한 원리 공식화

→ **프로그래밍 (Programming)**: 추상화된 핵심원리를 절차적으로 구성

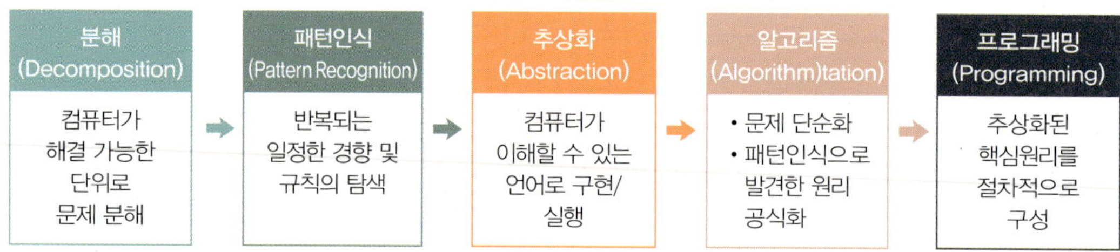

컴퓨팅 사고 요소를 바탕으로 컴퓨터 과학자처럼 생각하는 과정을 거쳐 현실에서 주어진 문제를 해결하는 것에 초점을 두고 설계된 수업 모델입니다. 구글에서 제시한 4단계 모듈(분해–패턴인식–추상화–알고리즘–(프로그래밍))을 전제로 하였으며, 이러한 사고의 흐름이 중요한 것이지 반드시 실제 프로그래밍까지 이어져야 하는 것은 아니기 때문에 프로그래밍의 'p'는 소문자로 나타냈습니다. 위 과정 외에도 필요한 경우 CSTA(2011)에 의해 제시된 '자료수집, 자료분석, 시뮬레이션, 자동화' 등의 다양한 전략을 추가할 수 있습니다.

2) CT요소 중심 모델(DPAAp) 수업의 예

CT요소 중심 모델은 학생이 배워야 할 핵심 개념과 기능들을 충분히 배운 상태에서, 컴퓨팅 사고력을 통해 현실의 문제를 해결하는 것에 중점을 둡니다. 앞에서 실습한 '버킷 리스트 만들기' 주제를 CT요소 중심 모델로 구성해볼 수 있습니다. 구체적인 학습 목표와 학습 활동은 아래와 같습니다. CT요소 중심 모델 수업은 프로그래밍이 필수적인 단계가 아니므로 필요에 따라 엔트리의 학급과 강의 기능을 활용하도록 합니다.

학습주제	버킷리스트 목록 관리하기	
학습목표		1. 버킷리스트 프로그램을 만들기 위해 필요한 기능을 찾는다. 2. 버킷리스트와 비슷한 기존 프로그램들을 분석하고 이를 통해 버킷리스트에 필요한 핵심 요소들을 추출한다. 3. 프로그램을 구현하기 위한 알고리즘을 설계하고 실제 구현한다.
학습활동	분해(D)	버킷리스트를 수첩에 관리할 때 해야 할 일들을 작게 나누고, 버킷리스트에 필요한 기능과 요소들을 적어본다.
	패턴인식(P)	버킷리스트와 비슷한 프로그램들을 살펴보고, 공통점과 경향성을 찾는다.
	추상화(A)	버킷리스트 프로그램을 만들기 위해 꼭 필요한 핵심 요소들을 추출한다.
	알고리즘(A)	각 요소들을 구현하기 위한 알고리즘을 그림 또는 글로 적는다.
	프로그래밍(p)	프로그래밍을 통해 실제 구현한다.

02 교과 연계 소프트웨어 수업 준비하기

(1) 소프트웨어 교육의 추구 방향

2015 개정 교육과정에 따르면 '컴퓨팅적인 사고는 소프트웨어 교육에 국한되는 것이 아니므로, 국어, 사회, 수학, 과학 등 다양한 교과에서도 반영하여 지도한다.'라고 되어있습니다. 소프트웨어 교육의 목적인 컴퓨팅 사고력 향상을 위해서는 일상생활에서 만나는 다양한 문제를 컴퓨팅을 통해 해결하려는 태도를 갖는 것이 매우 중요합니다. 소프트웨어 교육이 이루어지는 '실과', '정보'의 시간만으로는 충분하지 않기 때문에, 해당 시간에는 소프트웨어의 기본 원리와 개념을 배우도록 하고, 다른 교과와 소프트웨어를 연계하여 실생활의 문제들을 해결할 수 있도록 교육과정을 재구성하는 노력이 필요합니다.

교과 연계 소프트웨어 교육의 방법은 크게 표현 중심, 교과 중심, 컴퓨팅 사고력 중심의 세 가지로 나누어 볼 수 있습니다. 표현 중심 방법은 소프트웨어 개발 툴을 다양한 표현의 도구 중 한 가지로써 활용하는 것입니다. 교과 중심 방법은 교과의 내용을 적용하여 소프트웨어를 만들어봄으로써 학습 내용을 적용 및 심화하는 데 중점을 둡니다. 컴퓨팅 사고력 중심 방법은 소프트웨어 교육에서 가장 추구하는 방향입니다. 학생들이 컴퓨터 과학적 지식과 프로그래밍을 바탕으로 실생활 문제를 해결할 수 있도록 하는 것에 중점을 둡니다.

교과에서 다루는 내용을
애니메이션 형태로 표현함

교과의 내용을 적용하여 SW를
만들어봄으로써 학습내용을
적용 및 심화함

교과와 관련된 실생활 문제를
컴퓨팅 사고력을 통해
해결하는 과정을 경험

(2) 표현 중심 교과 연계 소프트웨어 교육

표현 중심 교과 연계 소프트웨어 교육에서는 소프트웨어 개발 툴을 다양한 표현의 도구 중 한 가지로써 활용합니다. 국어 교과에서 '이야기의 앞으로 이어질 내용을 표현해보자.'라는 활동을 한다면, 이를 글이나 만화로 표현해볼 수 있습니다. 이처럼 이젠 소프트웨어 중심 사회의 새로운 도구로서 소프트웨어로 표현해보는 것입니다. 이는 소프트웨어를 표현의 툴로 활용한다는 점에서 소프트웨어 활용 교육에 가깝다고 할 수 있습니다. 표현 중심 교과 연계 교육의 경우 결과물에 대한 평가는 '학생들이 얼마나 표현하고자 하는 것을 잘 표현했는가?'와 '소프트웨어라는 도구의 특징과 장점을 잘 살려 표현하였는가?'에 초점을 둡니다.

아래 예시를 살펴봅시다. 국어 교과와 연계한 소프트웨어 수업에서 '소프트웨어의 특징을 살려 공익광고 표현하기'와 같은 활동을 할 수 있습니다. 공익 광고는 보통 그림, 영상 등으로 제작되나, 소프트웨어로 표현하면서 사용자와 상호적인 광고를 만들 수 있다는 장점이 있습니다. 미술 교과와 연계한 소프트웨어 수업에서 '소프트웨어로 움직이는 사진/애니메이션 만들기'와 같은 활동을 할 수 있습니다. 기존에 여러 장의 그림을 그려 빠르게 책장을 넘기거나 영사기 같은 장치를 만들어 돌리는 등의 활동을 했으나, 소프트웨어로 표현하면 속도를 자유롭게 조절하거나 사진만 바꾸면 쉽게 다른 애니메이션도 만들 수 있다는 장점이 있습니다. 교사는 수업에서 이러한 소프트웨어의 특징을 학생들이 인지하고 활용하도록 유도할 수 있어야 합니다.

국어: 소프트웨어의 특징을 살려 공익광고 표현하기

[활동영상] http://bit.ly/1DdwUTs

미술: 소프트웨어로 움직이는 사진/애니메이션 만들기

[활동영상] http://bit.ly/1qrUohV

(3) 교과 중심 교과 연계 소프트웨어 교육

교과 중심 소프트웨어 교육에서는 학생들이 교과에서 배운 내용을 정확히 이해하고 적용하는 것에 초점을 둡니다. 수학 교과에서 '원의 넓이를 구하는 방법'에 대해 배웠다면, 배운 개념을 이해하고 심화하기 위해 예제 문제를 많이 푸는 것이 일반적인 방법이지만, 같은 목적을 위해 소프트웨어와 연계하여 원의 넓이를 자동으로 구해주는 프로그램을 만들어보는 것입니다. 교과 중심 교과 연계 교육의 경우 결과물에 대한 평가는 '학생들이 배우고자 하는 개념을 얼마나 잘 이해하고 소프트웨어를 만들었는가?'와 '소프트웨어라는 도구를 사용했을 때 장점을 이해하고 있는가?'에 초점을 둡니다.

아래 예시를 살펴봅시다. 과학 교과와 연계한 소프트웨어 수업에서 '물의 양에 따른 설탕의 용해도 시뮬레이션하기'와 같은 활동을 할 수 있습니다. 과학 교과에서 다루는 실험을 소프트웨어 시뮬레이션 프로그램을 만들어 진행할 경우, 통제되지 못하는 변인들에 대한 영향을 최소화하고 이론에 가까운 결과를 도출할 수 있다는 장점이 있습니다. 또한 위험성이나 실험 환경의 한계로 인해 실제로 하기 어려운 실험을 대체할 수 있습니다. 수학 교과와 연계한 소프트웨어 수업에서 '분모가 다른 분수를 통분하여 비교하기'와 같은 활동을 할 수 있습니다. 이 경우 소프트웨어 제작 시 거쳐야 하는 절차적 시고를 통해 통분의 과성을 절차적으로 이해할 수 있으며, 비교 결과를 시각적으로 보여줌으로써 직관적으로 파악할 수 있다는 장점이 있습니다. 이러한 교과 중심 교과 연계 소프트웨어 교육에서 교사는 수업을 진행하면서 '자동화'의 관점으로 봤을 때 소프트웨어를 활용한 시뮬레이션의 장점을 학생들이 이해할 수 있도록 유도하는 것이 좋습니다.

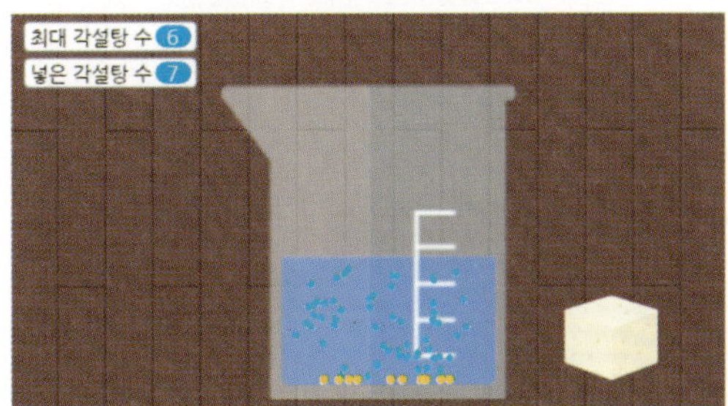

[활동영상] http://bit.ly/1cmyZ4P

[활동영상] http://bit.ly/1AiwtS7

(4) 컴퓨팅 사고력 중심 교과 연계 소프트웨어 교육

컴퓨팅 사고력 중심 소프트웨어 교육에서는 학생들이 실생활의 문제를 컴퓨팅 사고력을 통해 해결하는 것에 초점을 둡니다. 즉, 사람이 할 일을 컴퓨터에게 시키기 위한 추상화, 자동화 과정을 경험하고 결과물의 활용과 변형을 통해 컴퓨팅 사고력을 통한 문제 해결력을 키웁니다. 컴퓨팅 사고력 중심 교과 연계 교육의 경우 결과물에 대한 평가는 '실생활의 문제를 컴퓨팅 사고로 해결하는 이유와 장점 대해 이해했는가?'와 '문제를 컴퓨터로 해결하기 위해 필요한 요소를 분석하고 알고리즘을 설계할 수 있는가?', '결과물을 활용하여 문제를 해결하고, 개선점을 찾을 수 있는가?'에 초점을 둡니다.

아래 예시를 살펴봅시다. 과학 교과와 연계한 소프트웨어 수업에서 '자동 속력 측정기 만들기' 활동을 할 수 있습니다. 100m 달리기 경기를 하는 상황, 도로에서 과속 측정을 하는 상황 등을 제시하고, 이를 해결할 수 있는 소프트웨어를 설계하여 피지컬 컴퓨팅과 연계하여 제작합니다. 사회 교과와 연계한 소프트웨어 수업에서는 '전자투표 프로그램 만들기'와 같은 활동을 할 수 있습니다. 대선, 총선 등의 투표율 자료를 제시하고, 투표율을 높일 수 있는 방법으로 전자투표 프로그램을 만들어보도록 합니다. 전자투표를 활용하면 원격에서도 투표가 가능하여 투표율을 높일 뿐만 아니라 투표 결과의 처리와 분석이 빨라진다는 장점이 있음을 알게 합니다. 또한 전자투표가 상용화 될 경우 생길 수 있는 문제점도 생각해보고 이를 개선할 수 있는 방안에 대해서도 생각해보도록 합니다. 이러한 컴퓨팅 사고력 중심 교과 연계 소프트웨어 교육에서 교사는 소프트웨어 교육의 전반적인 관점에서 학생들이 일상생활의 문제를 바라볼 수 있도록 유도하고, 컴퓨팅 사고력을 통해 실제 문제를 해결하는 과정을 경험할 수 있도록 돕습니다.

[활동영상] http://goo.gl/f71lzQ

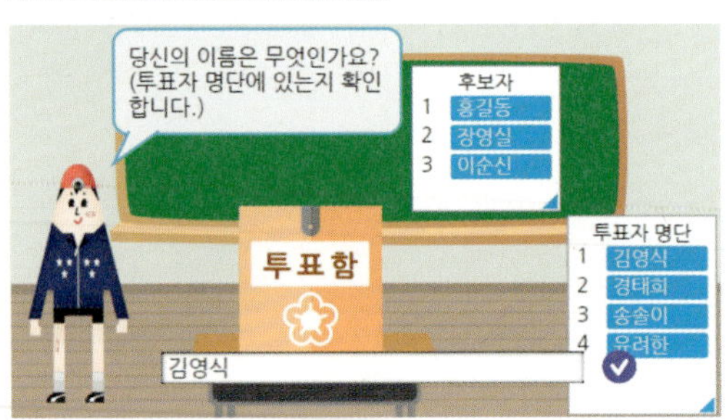

[활동영상] http://goo.gl/XfnUet

03 엔트리의 다양한 교육자료 활용하기

(1) EBS 소프트웨어야 놀자 활용

2015~2016년 EBS에서는 '소프트웨어야 놀자!' 시즌1과 시즌2를 방영하였습니다. '소프트웨어야 놀자!' 시리즈는, 교실에서 학생들이 소프트웨어 수업을 하는 방식으로 진행되기 때문에, 수업 설계의 아이디어를 얻거나 수업의 보조 자료로 활용하기 쉽습니다. 소프트웨어야 놀자 시즌1은 '열려라 자동문', '숫자 맞히기 놀이' 등 주제 중심으로 구성되었으며, 시즌2는 '순서대로! 차례대로! 순차', '정보를 담는 그릇, 변수'와 같은 개념 중심과 '점프 게임을 만들어라!', '데이터를 그림으로 표현해라!'와 같이 프로젝트 중심으로 구성되어있습니다. 두 강의 모두 '언플러그드 활동 → 알고리즘 설계 → 프로그래밍' 과정으로 진행됩니다. 이를 비교하면 다음과 같습니다.

내용영역	소프트웨어야 놀자 시즌1	소프트웨어야 놀자 시즌2
회차	26강	20강
구성	언플러그드 활동 (알고리즘 이해 활동) ↓ 알고리즘 설계 ↓ 프로그래밍 / 피지컬 컴퓨팅	언플러그드 활동 (개념 이해 활동) ↓ 알고리즘 설계 ↓ 프로그래밍 / 피지컬 컴퓨팅
설계	1~26강 : 주제 중심	
대상 학년	초등학교 3~6학년	초등학교 3~6학년 중학교 1~3학년
관련 자료	엔트리 실습 페이지 실습 특별 영상 교사용 지도서	엔트리 실습 페이지 실습 특별 영상 교사용 지도서

엔트리의 [학습하기]–[주제별 학습과정]–[소프트웨어야 놀자!] 메뉴에서 '소프트웨어야 놀자 시즌 1과 2'를 만날 수 있습니다.

또한 엔트리의 [학습하기]–[교육 자료] 메뉴에서는 방송 영상을 활용하여 수업할 수 있는 교사용 지도서를 다운받을 수 있습니다.

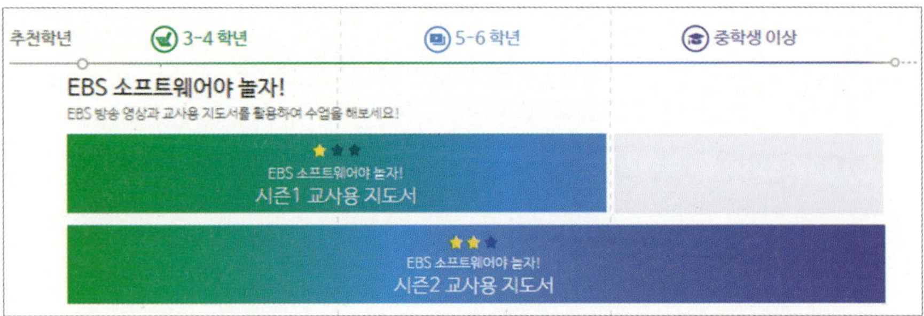

각 강의를 클릭해 들어가면, 강의 개요 페이지에서 해당 회차의 방송 영상과 관련 교육 자료를 첨부파일로 다운받을 수 있으며, [강의 학습하기]를 통해 방송에 나오는 내용을 직접 실습해볼 수 있습니다.

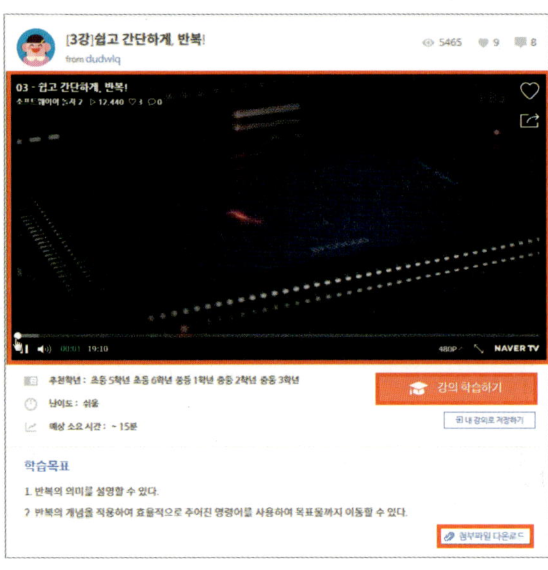

실습 페이지의 'TV캐스트' 영상은 학생들이 보고 따라할 수 있는 특별 영상으로 이를 활용하면 수업에서 뒤처지는 학생들도 놓친 부분을 다시 보며 따라올 수 있습니다.

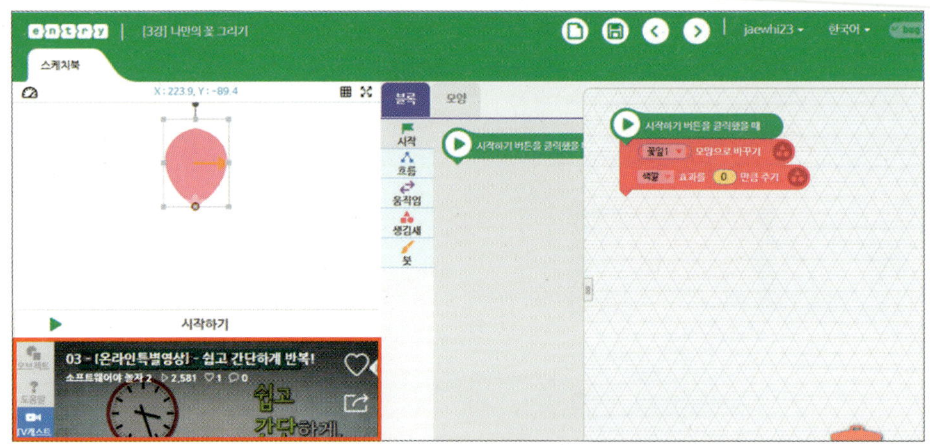

(2) 엔트리 교육 자료 활용

엔트리의 [학습하기]–[교육 자료] 메뉴에서는 교사와 학생을 위한 다양한 무료 교육 자료들이 있습니다. 모든 교육 자료는 다운받아 자유롭게 편집하여 활용할 수 있습니다. 학년별, 주제별, 난이도별 다양한 교육 자료를 활용하여 소프트웨어 교육을 준비하도록 합니다.

TIP '하드웨어' 교육 자료의 저작권은 각 하드웨어 업체에 있습니다.

학습정리

1. 소프트웨어 교수 학습 모델로 시연 중심 모델(DMM), 재구성 중심 모델(UMC), 개발 중심 모델(DDD), 디자인 중심 모델(NDIS), CT요소 중심 모델(DPAAp)를 활용합니다.

2. 소프트웨어 교수 학습 모델에 따라 엔트리 학급 · 강의 기능을 구성하여 활용하면 효율적으로 수업을 진행할 수 있습니다.

3. 교과 연계 소프트웨어 수업은 목적에 따라 표현 중심, 교과 중심, 컴퓨팅 사고력 중심으로 설계할 수 있습니다.

01 아래 설명에 해당하는 소프트웨어 교수 학습 모델은?

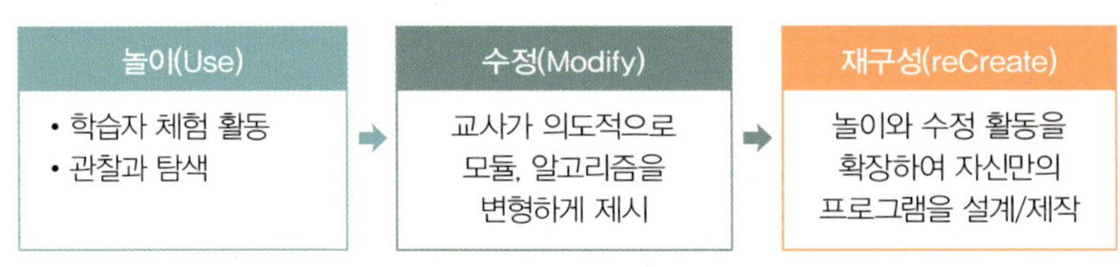

발견 학습을 바탕으로 한 것으로, 사용하는 다양한 사례를 중심으로 핵심 개념과 원리를 발견하고 제시된 사례의 수정과 재구성을 통하여 컴퓨팅 사고를 이끄는 모델입니다.

① 시연 중심 모델
② 재구성 중심 모델
③ 개발 중심 모델
④ 디자인 중심 모델

02 엔트리의 학급 · 강의 기능 활용한 소프트웨어 교육을 방법에 대해 틀린 내용은?

① 목표 작품을 미리 실행해보며 관찰과 탐색을 할 수 있다.
② 수업에 필요한 기능과 블록만으로 구성된 환경을 제공한다.
③ 언플러그드 및 알고리즘 수업에 적합하다.
④ 학급 내에서 작품을 공유하고, '좋아요', '댓글'로 쉽게 피드백을 할 수 있다.

정답 해설

01 ②
재구성 중심 모델에서 학생들은 놀이를 통해 배우고자 하는 학습 내용을 스스로 탐색한 후, 사전에 준비된 모듈의 수정 과정을 통하여 개념을 이해하게 됩니다. 그리고 놀이 및 수정 활동과 연계된 재구성 활동을 통해 자신만의 프로그램을 설계하고 제작하며 컴퓨팅 사고력을 기릅니다.

02 ③
엔트리 강의 기능은 탐색과 프로그램 개발 과정에, 엔트리 학급 기능은 공유와 피드백 시 황용할 수 있습니다. 언플러그드 및 알고리즘 수업은 컴퓨터로 이루어지지 않는 것이 일반적입니다.

03 소프트웨어 교육에 대한 설명으로 옳으면 O, 틀리면 X를 고르시오.

> 컴퓨팅적인 사고는 소프트웨어 교육에 국한되는 것으로 초등학교 '실과', 중학교 '정보'
> 과목에서 충실히 지도하도록 한다.

(   )

정답 해설

03 X

2015 개정 교육과정에 따르면 '컴퓨팅적인 사고는 소프트웨어 교육에 국한되는 것이 아니므로, 국어, 사회, 수학, 과학 등 다양한 교과에서도 반영하여 지도한다.'라고 되어있습니다. 소프트웨어 교육의 목적인 컴퓨팅 사고력 향상을 위해서는 일상생활에서 만나는 다양한 문제를 컴퓨팅을 통해 해결하려는 태도를 갖는 것이 매우 중요합니다. SW 교육이 이루어지는 '실과', '정보'의 시간만으로는 충분하지 않기 때문에, 해당 시간에는 SW의 기본 원리와 개념을 배우도록 하고, 다른 교과와 SW를 연계하여 실생활의 문제들을 해결할 수 있도록 교육과정을 재구성하는 노력이 필요합니다.

memo

엔트리로 시작하는 프로그래밍 첫걸음

1판 1쇄 발행 2017년 3월 30일

저   자 | 문택주, 김재휘
발 행 인 | 김길수
발 행 처 | (주)영진닷컴
주   소 | 서울특별시 금천구 가산디지털2로 123
　　　　　월드메르디앙벤처센터 2차 10층 1016호.

등   록 | 2007. 4. 27. 제16–4189호

ISBN 978-89-314-5553-3

YoungJin.com Y.
영진닷컴